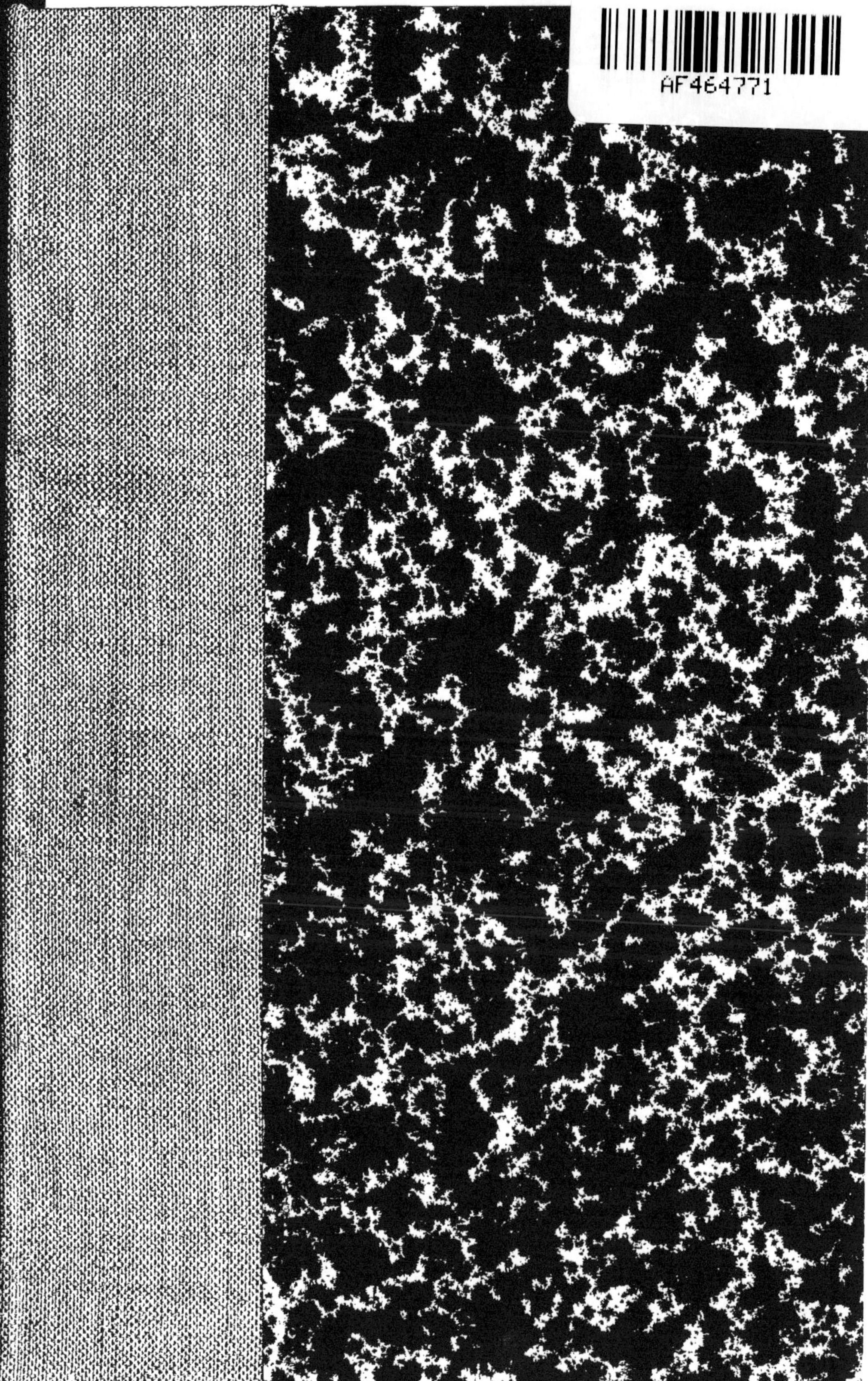

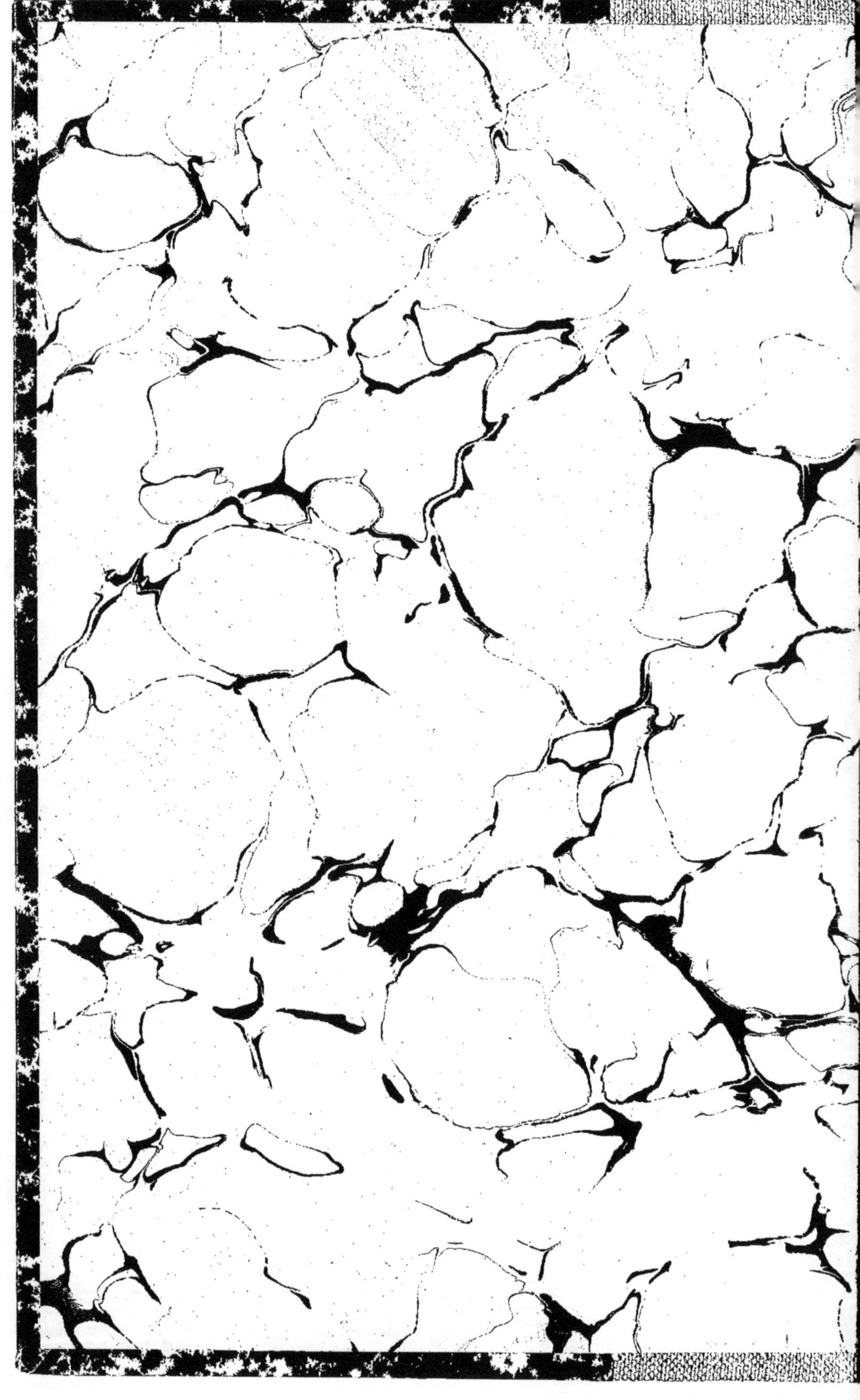

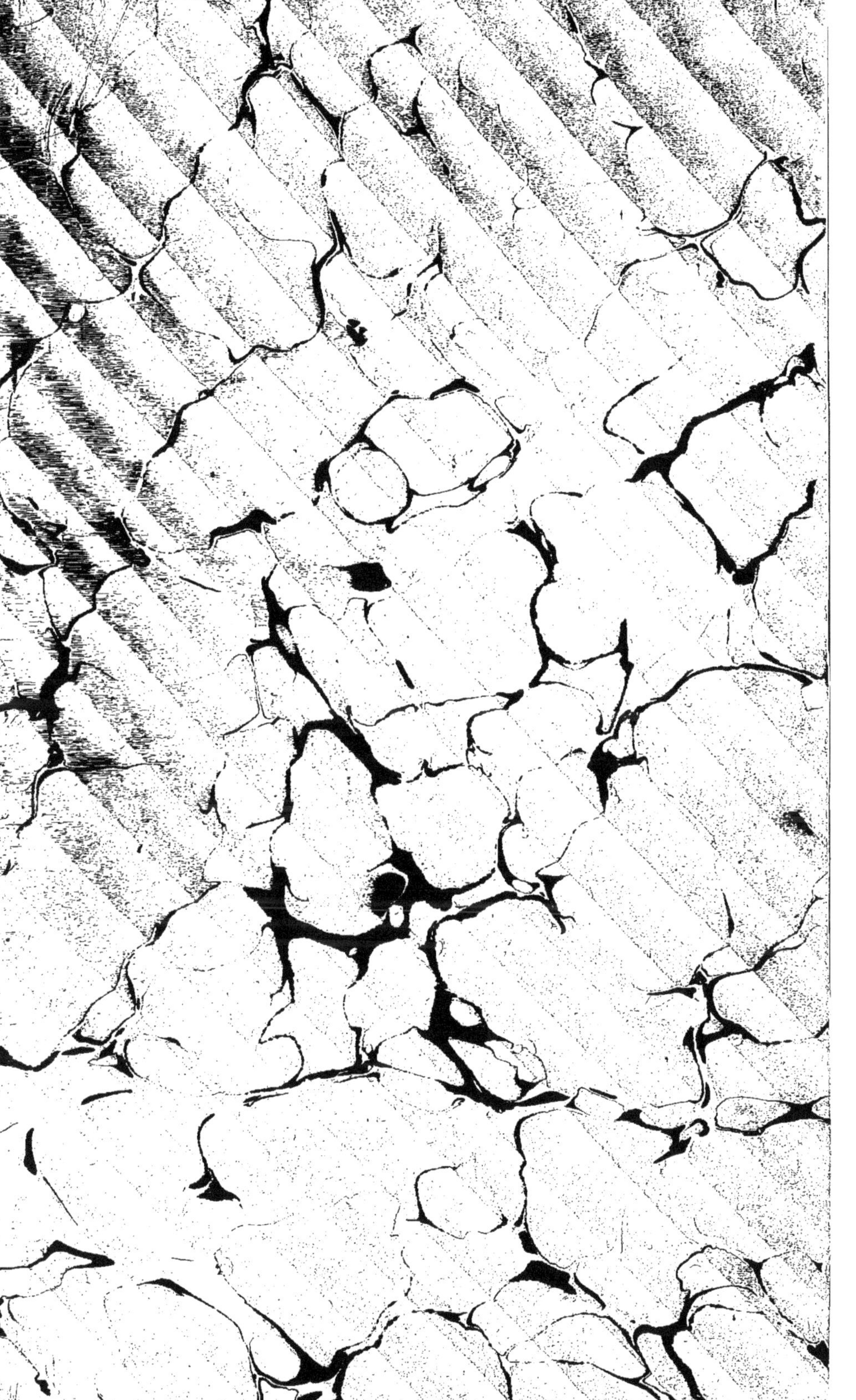

SIR CHARLES WENTWORTH DILKE

L'EUROPE

EN 1887

PARIS

MAISON QUANTIN

COMPAGNIE GÉNÉRALE D'IMPRESSION ET D'ÉDITION

7, RUE SAINT-BENOIT

1887

L'EUROPE EN 1887

SIR CHARLES WENTWORTH DILKE

L'EUROPE

EN 1887

PARIS
MAISON QUANTIN
COMPAGNIE GÉNÉRALE D'IMPRESSION ET D'ÉDITION
7, RUE SAINT-BENOIT

1887

INTRODUCTION

Des six études qui sont rassemblées dans ce volume, et qui ont été publiées dans la *Fortnightly Review*, trois seulement ont paru dans la *Nouvelle Revue*, celles concernant l'Allemagne, la France et l'Autriche. Elles ont été écrites de mois en mois sur le vif de l'heure présente. Mais, telles sont aujourd'hui la rapidité des événements et l'instabilité des situations que, depuis le 1er janvier 1887, date d'apparition de la première, bien des faits sont déjà passés à l'état d'histoire ancienne. Toutefois, ces modifications de détail ne sont pas assez importantes pour enlever à l'ensemble son caractère d'actualité et, je pense pouvoir le dire, de vérité. Elles portent sur les personnes plutôt que sur les faits eux-mêmes. Les tendances auxquelles obéit la politique des cabinets européens tiennent à des causes trop profondes pour ne pas avoir un caractère de permanence qui résiste aux accidents de la vie journalière.

Je me suis efforcé d'apporter dans ces études toute l'impartialité dont je suis capable. Je pense que tout lecteur de bonne foi me rendra justice sur ce point. S'il m'est échappé quelques expressions ou si je me suis permis certaines appréciations de nature à porter ombrage à des susceptibilités patriotiques d'ailleurs légitimes, je puis affirmer que c'est sans aucune intention agressive et uniquement par respect pour ce que j'ai cru être la vérité. Je professe une grande sympathie pour la France, où j'ai des amitiés précieuses. J'aurais pensé lui faire injure en la traitant avec les ménagements excessifs qu'on ne doit qu'aux faibles et que je n'ai pas cru devoir garder vis-à-vis de mon propre pays. Pendant longtemps encore, ce sera, je le crains, l'interêt plus que la justice qui présidera aux relations internationales. De là des froissements inévitables et des reproches réciproques, également bien ou mal fondés, comme l'on voudra, des deux parts, chacun en appelant à la justice quand il est lésé et arguant de ses intérêts quand c'est lui qui lèse les autres. Mais cela ne saurait porter atteinte à l'estime qu'on se doit de nation à nation et peut laisser absolument entières les sympathies individuelles.

CHARLES W. DILKE.

Villa-des-Fleurs. — Royat, 12 juin 1887.

DE L'ÉTAT ACTUEL

DE LA

POLITIQUE EN EUROPE

I

ALLEMAGNE

Jamais, depuis la chute de Napoléon, la force brutale n'a tenu en Europe une place aussi considérable qu'à l'époque actuelle. Les complications résultant de l'enlèvement du prince de Bulgarie et de la mission du général Kaulbars ne sont que les manifestations les plus récentes et les plus significatives de ce retour au droit du plus fort, dont un autre symptôme est la manie colonisatrice qui s'est, depuis peu, emparée de plusieurs grandes puissances. Ce n'est pas d'aujourd'hui, sans doute, que les nations sont tentées de saisir par violence le bien d'autrui; mais, du moins, s'efforçait-on autrefois de sauver les apparences. Particulièrement en ce qui concerne les questions extra-européennes, on ne prend plus guère la peine, comme on le faisait à des époques antérieures, de colorer du spécieux prétexte d'apporter aux races plus faibles les bienfaits de la civilisation, le simple désir de s'approprier leur territoire. Aussi, dans le cours de ces études, m'étendrai-je moins sur des considérations morales ou spéculatives que sur des faits et des tendances qu'il serait fastidieux de déplorer à chaque ligne, mais que ma réserve sur ce point ne m'empêche pas de tenir pour déplorables.

On peut dire que, si la prépondérance de l'Allemagne en Europe date nominalement de 1870, elle remonte en réalité à 1866; quant au règne actuel de la force, il a commencé avec le traité de Berlin en 1878. C'est dans l'annexion de l'Alsace-Lorraine, jugée nécessaire par l'état-major allemand, qu'il faut voir la source de cette prédominance en Europe des considérations militaires, devenue notoire depuis 1878. D'une part, la crainte bien connue, éprouvée par le comte de Moltke, que, pendant un demi-siècle, l'Allemagne ne soit forcée de demeurer sur le pied de guerre afin de défendre le territoire conquis en si peu de temps; d'autre part, le désir de la France de mettre à profit la première guerre européenne pour recouvrer ses provinces perdues, voilà les motifs déterminants de cette course au clocher en matière d'armements, d'augmentation d'effectifs, d'accroissement de forces navales et de gros budgets militaires, dont le résultat a été de faire naître des conflits successifs entre toutes les puissances. Comme tous les traités qui mettent fin à une grande guerre, celui de Berlin a été, dans sa forme, un acte de paix et de réparation; mais il n'en faut pas considérer la lettre seule. Des entretiens confidentiels entre d'importants personnages ont eu lieu au cours des négociations; il a été conclu des conventions secrètes, dont quelques-unes ont été ébruitées. Il en est résulté l'annexion par une grande puissance d'une île turque, par une seconde grande puissance de deux provinces turques, que ni l'une ni l'autre n'avaient eu la peine de conquérir. Il a été insinué à une troisième, la France, qu'elle pourrait bien occuper une autre province de l'empire ottoman; à une quatrième, l'Italie, une invite a été faite de la part de l'Angleterre au sujet d'une certaine île, de la part de l'Allemagne au sujet de Tunis. Bref, ce traité, qui devait être la base d'un règlement pacifique des affaires européennes, sinon éternel, du moins à longue échéance, a ouvert une ère belliqueuse de nature à porter le désespoir dans l'âme des disciples de Richard Cobden. Ce n'est pas, au surplus, que de tels procédés soient nouveaux dans l'histoire diplomatique; mais jamais ils n'avaient été si peu déguisés.

En 1866, elle était déjà inventée, cette « politique de pourboire », et l'Italie avait demandé conseil à Paris sur l'attitude à adopter entre la Prusse et l'Autriche, qui lui offraient chacune Venise pour prix de son alliance. La réponse de l'empereur avait été curieuse. Son intention, disait-il, étant d'attendre que les belligérants fussent épuisés pour s'emparer du Rhin, il souhaitait, avant tout, voir la guerre demeurer le plus longtemps possible sans résultat, et, la Prusse lui paraissant le plus faible des deux adversaires — opinion générale à cette époque, — c'est du côté de cette puissance qu'il engageait l'Italie à se ranger, afin d'équilibrer les forces. En 1870 également, l'Italie avait fortement balancé quant au parti à prendre, et elle a fini par se laisser acheter à un bon prix; quant à l'Autriche, son inaction avait été une violation ouverte de ses engagements. Et cependant, ni en 1866 ni en 1870, on n'avait jamais vu de curée comparable à celle à laquelle s'est ruée, en 1878, l'Europe assemblée dans un but pacifique.

Les événements de Bulgarie sont trop présents à l'esprit du lecteur pour qu'il soit utile de s'y arrêter et de se livrer à leur sujet à de longs commentaires. Qu'il ait été exécuté directement par les agents de la Russie, ou simplement avec la complicité de cette puissance, prête à utiliser à son profit les manœuvres d'un parti dévoué et donnant le singulier spectacle d'une autocratie qui ne recule pas devant l'emploi de procédés révolutionnaires, l'enlèvement du prince Alexandre est plus digne de l'Italie du moyen âge que de ce qui, récemment encore, pouvait s'intituler l'Europe moderne. Assurément la Russie n'a jamais fait preuve d'un grand respect pour la foi jurée. Lorsque nous arriverons à l'étude de sa situation actuelle, nous examinerons les arguments par lesquels elle peut chercher à atténuer ses infractions répétées à ses engagements, dans les affaires de l'Asie centrale d'abord, puis dans celle de Batoum; mais ce ne sont là que bagatelles, comparées à la cynique audace qu'elle a montrée dans les événements de Bulgarie et les incidents de la mission Kaulbars. Il semble que le tsar ait à cœur de se modeler sur Napoléon Ier dans ses mauvais jours, tels que nous l'ont révélé ses plus récents biographes. A l'intérieur, il professe les principes de la Sainte-Alliance; en Bulgarie, il n'hésite pas à mettre en pratique ceux des sectateurs de la dynamite.

Il est de tout autres parties du monde où l'action de la force se fait sentir d'une façon non moins caractérisée : je veux parler de ces régions éloignées où les puissances européennes font main basse, sans le plus léger scrupule, sur les territoires de peuples libres. Nous verrons que les gouvernements mêmes — s'il en est — qui, ne considérant point une extension de territoire comme un accroissement de force, étaient le moins portés aux conquêtes coloniales, se sont vus entraînés à suivre l'exemple des autres. C'est qu'en effet, il devait résulter pour eux, de cette brutale prise de possession de certains points du globe par leurs voisins, la ruine de leur commerce, causée par ces droits différentiels dont la France à coup sûr, et les autres pays fort vraisemblablement, auraient aussitôt frappé leurs produits. Il est déjà fort dur d'être pillé par ceux qui pillent, mais plus encore de se dépouiller de ses propres mains, comme il est arrivé à l'Angleterre lorsque, ses plénipotentiaires ayant suggéré l'occupation de la Bosnie par l'Autriche, mais en oubliant de faire des stipulations en faveur du commerce britannique, cette puissance s'est empressée d'établir des droits ruineux pour nous. Peut-être est-ce là un juste retour des choses d'ici-bas.

Pour en revenir à l'annexion de l'Alsace-Lorraine, les conséquences qui devaient en résulter pour l'Europe avaient bien été prévues par les puissances, et l'Angleterre avait été pressentie à ce sujet, à la fois par l'Autriche et par la Russie. L'Autriche surtout avait des motifs particuliers pour en agir ainsi comme nous pourrons le montrer quand nous exposerons les points faibles des alliances de l'Allemagne eu égard à sa situation militaire dans le centre de l'Europe. C'est que, non seulement l'Autriche s'était formellement engagée, par la dépêche qu'a ultérieurement publiée le duc de Gramont, à prêter à la France le concours de ses armes, mais encore — et ceci est moins connu — l'archiduc Albert en personne avait pris à Paris, avec l'empereur Napoléon, des dispositions pour la campagne, complétées ensuite à Vienne par le général Lebrun, qu'afin de prévenir les soupçons de la Prusse on avait fait passer par Berlin. Donc, les gouvernements russe et autrichien avaient, chacun de son côté, proposé au gouvernement anglais, par l'intermédiaire du baron de Brünow, à Londres, par celui du comte de Beust et de l'ambassadeur d'Angleterre à Vienne, de mettre obstacle à la guerre imminente entre la France et la Prusse, en garantissant à ces deux puissances l'intégrité de leur territoire respectif. Il s'agissait, en somme, de dire au nom de l'Europe : « Battez-vous tant qu'il vous plaira, mais souvenez-vous bien que nous nous opposons à toute annexion qui serait, plus tard, une source de périls pour la paix européenne. » Les négociations engagées n'ont pas eu de suite, mais ce n'est pas sur le fond même qu'on s'est trouvé en désaccord ; l'écueil qui les a fait échouer est la question, plus ou moins directement posée par la Russie, de la clause du traité de 1856 relative à la mer Noire, traité que, l'on s'en souvient, elle a dénoncé peu après cette époque. Il est bien entendu, d'ailleurs, qu'en exposant les maux dans lesquels l'annexion de l'Alsace-Lorraine a précipité l'Europe, je n'émets aucun blâme et n'ai d'autre dessein que d'essayer d'en faire ressortir les résultats indirects, fort différents de ceux qu'avaient prévus les conseillers militaires de l'empire d'Allemagne.

Il importe maintenant de démêler, avec autant d'exactitude que possible, la politique de cette puissance qui, géographiquement parlant, est le centre de l'Europe ; qui, au point de vue militaire, passe pour en être la plus forte, et qui, en tout cas, y occupe sans conteste une situation prédominante. Le premier point à examiner est celui qui concerne les hommes placés à la tête du gouvernement, c'est-à-dire, dans l'espèce, le prince de Bismarck, qui seul compte pour quelque chose en Allemagne, qui seul y comptera toute sa vie durant et à qui, en dépit de l'opinion contraire généralement répandue en France et en Russie, nous n'hésitons pas à considérer comme fort probable que survivront son nom et sa politique. Le seul doute qui puisse être élevé à cet égard viendrait des sentiments bien connus de la princesse impériale, dont le peu de sympathie pour le chancelier n'est un secret pour personne. Peut-être ces deux personnalités sont-elles trop accusées pour pouvoir vivre en bonne harmonie dans une même cour. Néanmoins, tout en admettant l'existence de cet obstacle dans le chemin du prince de Bismarck, nous penchons à croire très fermement qu'une fois la princesse impériale devenue impératrice d'Allemagne, l'accord le plus absolu s'établira entre eux. Nous aurons occasion de nous étendre sur la politique du prince de Bismarck; mais, d'ores et déjà, nous pouvons la résumer en ceci : elle a pour objet le maintien de l'unité allemande qui est son œuvre. Si autoritaire qu'il paraisse dans son langage, le chancelier est prêt à chercher la popularité à tout prix, dût-il, afin de l'acquérir, se prêter à des ambitions colonisatrices pour lesquelles, en tant qu'homme privé, il n'hésite pas à exprimer sa désapprobation, et favoriser des systèmes semi-socialistes dont il est loin d'être partisan. L'opinion qui a cours sur la politique du prince impérial, toute différente, s'imagine-t-on, de celle de son père, causera certainement, à la première nouvelle de la mort du vieil empereur, une hausse considérable des fonds dans certains pays et une baisse équivalente dans d'autres, en même temps qu'elle servira de thème à d'interminables colonnes de polémique; et cependant rien n'est plus dénué de fondement que cette hypothèse. Il n'est pas douteux que le prince impérial n'abdique en grande partie entre les mains de la princesse sa personnalité politique; mais lorsqu'elle sera appelée à partager le trône d'Allemagne, cette femme éminente ne saurait marcher dans une autre voie que celle suivie par le prince de Bismarck pour la gloire et la puissance de l'empire.

La princesse impériale d'Allemagne est une figure intéressante et dont le rôle, sur la scène politique européenne, est trop important pour que l'on puisse négliger l'étude de son caractère. Elle appartient à une famille qui compte plusieurs membres de valeur. En faisant la part de ce qu'enlève à la largeur de l'esprit la pratique constante d'une routine journalière, on peut considérer la reine sa mère comme l'un des plus remarquables souverains qui aient jamais porté une couronne, et la princesse lui est, à certains égards, supérieure ; à tous égards, elle est supérieure aux autres princes de sa maison. Elle possède ce qu'un travail ardu et absorbant, limité dans un cadre étroit, a empêché la reine Victoria d'acquérir : beaucoup de lecture sérieuse et une culture générale qui l'ont faite aussi libérale à certains points de vue que sa mère est résolument conservatrice. Elle n'est pas populaire en Allemagne, et cela pour des motifs assez futiles. Ayant ouvertement patronné des ecclésiastiques connus pour leurs idées avancées, elle passe dans l'opinion publique pour être absolument libre-penseuse, ce qui lui nuit dans certains milieux. Elle tourne volontiers en ridicule les préjugés germaniques, et cela lui fait du tort dans d'autres. Elle est fort intelligente, qualité préjudiciable aux princes dans l'esprit des sots de cour, et passablement instruite, ce qui, en tout lieu, n'est pas le moyen de se concilier les ignorants. Un jour, Son Altesse a demandé en public à certain général prussien, qui était consul de Rome en je ne sais quelle année : de ce jour, l'éminent officier a été plus *bismarkien* que la *Gazette de l'Allemagne du Nord* ou la *Post* elle-même. Il fut un temps où l'admiration que la princesse professait ouvertement pour la France lui avait attiré l'animosité de ses futurs sujets, mais je crois qu'elle a modifié son attitude à cet égard. Cependant, elle ne laisse pas de choquer encore, à l'occasion, les sentiments de la cour, qui lui fait, par exemple, un reproche de partager les inclinations anglaises pour le prince de Bulgarie, membre de cette famille de Battenberg, rien moins que sympathique à Berlin. Quoi qu'il en soit et malgré les illusions dont on se paye encore en France sur ce sujet, il n'est pas douteux que son accession au trône ne la trouve bonne Allemande et disposée à régner comme telle.

On dit la princesse impériale sans influence politique sur son fils aîné ; mais le règne de ce prince est peut-être à longue échéance. Il s'est mis du parti de M. de Bismarck, et sa femme est orthodoxe ; c'est là sans doute qu'est le motif de certaines dissidences dont le temps ne peut manquer d'avoir raison. Quant au prince impérial, ceux qui le connaissent bien le disent parfaitement conscient d'une médiocrité qui vient plutôt de paresse intellectuelle que d'insuffisance de moyens. On se tromperait fort en exagérant la portée de la mésintelligence qui existe entre lui et le prince de Bismarck. Dans quelques circonstances elle a été fort vive, notamment lorsqu'a été rendu certain rescrit impérial contre lequel a énergiquement protesté l'héritier de la couronne ; mais, le plus souvent celui-ci se borne à soutenir la princesse et, en bon mari, il passe pour se considérer comme parfaitement satisfait de la douce chaîne qu'il s'est laissé imposer par une nature plus énergique. Les plus sérieux conflits qui se soient récemment élevés à la cour d'Allemagne portaient sur des questions de personne, celle par exemple du comte Eulenberg, qui a exercé pendant longtemps les fonctions de *hof-marschall* du prince héritier. Nommé à ce poste en sa double qualité d'ardent conservateur et de partisan dévoué du chancelier, il se trouvait tout naturellement en opposition directe avec les opinions de la princesse impériale et, à un degré moindre, avec celles du prince lui-même. De là des occasions continuelles de froissements et une situation fort tendue, que venaient encore envenimer les fréquentes entrevues du comte Eulenberg avec le prince de Bismarck. La crise est arrivée à l'état aigu à la suite d'une proposition faite, dans des circonstances qu'il est superflu de relater, pour l'appel à d'autres fonctions du comte Eulenberg, et il en est résulté à ce moment une rupture ouverte entre la princesse impériale et le chancelier. Mais tous ces différends sont en voie d'apaisement et l'on peut être assuré que le temps saura y mettre fin.

Le prince de Bismarck est une figure si considérable et si généralement connue, qu'il n'y a pas lieu d'insister beaucoup sur son sujet. Lui attribuer l'astuce d'un

Machiavel ou seulement d'un Talleyrand est lui faire honneur — si l'on peut dire ainsi — de qualités qu'il ne possède point. Sa force réside dans la fermeté d'un homme qui sait ce qu'il veut et qui, après avoir joué hardiment une grosse partie et avoir eu la chance de la gagner, est assez habile pour en conserver le bénéfice. En 1866, il avait tout risqué, jusqu'à sa tête; mais il a su depuis justifier les paroles hautaines qu'il avait alors jetées à la face du parlement prussien, quand, violant la loi dans l'intérêt militaire du pays, il avait déclaré qu'avant un an l'indemnité serait votée. A dater de cette victoire, il a régné sur l'Europe avec assez d'autorité pour être au-dessus des artifices diplomatiques. Ce n'est guère que depuis ces dernières années, en présence de l'accroissement de la puissance militaire de la France et de la Russie et de l'affaiblissement récemment révélé de celle de l'Autriche, que le prince de Bismarck a dû recourir à ces petits moyens jusque-là dédaignés par lui. Ceux qui le considèrent comme l'homme fort par excellence, le prototype de la race, l'incarnation de la puissance germanique, sont contraints de déplorer certains détails intimes de névrose et d'indigestion. Le récit de l'entrevue de Ferrières, tel que l'a fait Jules Favre, est plus connu dans le public que certaine histoire d'une conférence tenue à cinq heures du matin autour d'un mélange incendiaire de champagne, de *porter* et d'alcools variés, remué de la propre main du chancelier allemand au moyen d'un tisonnier rougi au feu et dont, par dévouement pour son pays, le plénipotentiaire français dut avaler sa part, non sans faire une forte grimace, tout en discutant les dernières stipulations du traité de Francfort, relatives à l'évacuation du territoire. Peut-être de semblables traits n'ajoutent-ils pas à la dignité de l'homme, mais ils sont caractéristiques. Il est certain que les infirmités du comte de Bismarck jettent une légère ombre sur le triomphe de la Prusse dont il est la personnification. Quelque jour peut-être, il paraîtra moins paradoxal qu'aujourd'hui de prétendre que le chancelier n'est pas tant un homme d'État de la vieille école qu'un caractère très fort et très résolu, sachant exactement où il va et par quel chemin il peut parvenir à ses fins. En disant que le prince de Bismarck est immortel, nous entendons, non seulement que sa politique ne périra pas, mais encore que les affaires de la Prusse porteront l'empreinte de sa personnalité, longtemps après qu'il aura disparu du monde.

Les pronostics que l'on tire des conséquences de la mort de l'empereur Guillaume ne sont pas sans analogie, en somme, avec ceux qui avaient cours en Russie au sujet de celle d'Alexandre II, à l'époque où Aksakoff était le mentor politique du tsar actuel et lui avait suggéré l'idée de mettre à l'amende ceux qui, chez lui, parleraient allemand à la table de jeu, sans en excepter son auguste père qui y était souvent pris. On considérait alors comme presque certaine la perspective d'une guerre entre l'Allemagne et la Russie, le jour où Alexandre III monterait sur le trône; et, cependant, il n'y a pas eu grand changement depuis lors dans la marche des affaires. Il en sera de même en Allemagne.

Si le but politique de M. de Bismarck est parfaitement précis, les moyens qu'il met en œuvre pour l'atteindre sont très variables. Le premier point à considérer est celui qui a rapport aux relations de l'Allemagne avec la France. Les événements de 1871 ont creusé un abîme entre les deux nations et, en froissant ce que les ennemis de la France appellent la vanité française, et que je qualifierai plus poliment de sentiment patriotique, l'annexion de l'Alsace, contrairement à la volonté de la population, a mis un obstacle permanent à la pacification des esprits dans ce pays. Il en résulte que le problème européen a revêtu un caractère purement militaire et que les hommes politiques du jour, désireux de faire œuvre utile, se voient contraints à l'étude de la stratégie comme autant de Jomini ou de Napoléon en herbe.

L'Allemagne occupe, au centre de l'Europe, une position vulnérable, absolument dépourvue de fortes défenses naturelles, entre trois grandes puissances dont une seule, l'Autriche, se trouve vis-à-vis d'elle en état d'infériorité militaire, et, ne pouvant conclure d'alliance durable avec aucune des deux autres, c'est avec la plus faible des trois qu'elle s'est unie par une ligue défensive. Il fut bien un temps où la France était toute disposée à recevoir avec déférence et soumission le mot d'ordre de Berlin, fait qui peut-être est ignoré des Français, ou, ce qui est plus probable, sur lequel ils ont patriotiquement fermé les yeux comme sur une douloureuse nécessité; mais, tant que l'Alsace et la Lorraine seront allemandes, jamais l'empire germanique ne pourra s'attacher à la France par des liens assez solides pour que, le jour où elle se sentira suffisamment forte, celle-ci ne se retourne pas contre lui. Quant à la Russie, il n'y a pas grand fonds à faire sur elle en matière d'alliances : si peu stables, en effet, que soient celles qui reposent sur l'opinion d'une majorité parlementaire, elles le sont encore beaucoup plus que celles qui sont subordonnées au caprice d'un autocrate. Donc l'Allemagne se trouve, par la force des choses, liée à l'Autriche et, par suite, exposée aux coups des deux puissances les plus fortes. Il ne faut pas oublier que l'insuffisance militaire de l'Autriche a été récemment mise en lumière, et qu'en dépit de la faiblesse relative de l'Italie, une attitude hostile de sa part pourrait peut-être bien rendre absolument inefficace le concours prêté à leurs alliés par les Autrichiens. L'Autriche est maîtresse du pays de Trente, territoire qui, entre beaucoup d'autres, est l'objet principal des convoitises italiennes; il y a là un motif suffisant pour justifier l'hypothèse d'une agression de l'Italie à un moment donné.

La grande infériorité de force des petites puissances permet de les négliger. Reste l'Angleterre dont le rôle dans une guerre de longue durée serait important, mais se réduirait à fort peu de chose dans une courte campagne. Non pas qu'elle soit faible, assurément : je la tiens, au contraire, pour aussi grande, plus grande même à proportion, que lorsqu'elle a engagé la lutte avec Napoléon, et aussi grande qu'à l'époque de Waterloo. Seulement, comme je vais le montrer tout à l'heure, elle n'est pas prête. Quant aux autres puissances, elles se rattacheront à un groupe ou à un autre de grands alliés; mais on peut affirmer que, même lorsqu'il a dépêché le prince héritier aux Espagnols pour s'efforcer de les enrôler dans la « Ligue de paix », à quoi ils se sont prudemment refusés, le prince de Bismarck n'attachait pas à leur concours un bien grand prix. A l'heure qu'il est, les grandes armées en état de complète mobilisation sont si considérables, qu'elles peuvent aisément détacher des troupes territoriales en nombre suffisant pour tenir en respect les forces des petites puissances, en cas de besoin, sans affaiblir leurs effectifs de campagne.

Avant de passer à l'examen détaillé des forces respectives de l'Allemagne et de la France, nous ferons observer que l'objet principal de la politique allemande doit être de prévenir, par tous les moyens possibles, une alliance franco-russe. L'Allemagne gardât-elle une attitude purement défensive, l'hostilité de la Russie la contraindrait à laisser sur la Vistule 200,000 hommes et des garnisons considérables dans les places fortes de la Prusse orientale. Aussi le prince de Bismarck pourrait-il bien être amené à prêter son concours à la Russie en Orient, ainsi que dans les Balkans, jusqu'au point où l'Autriche viendrait à regimber. Il a été écrit beaucoup de sottises sur l'alliance austro-allemande. Conclue à Vienne en octobre 1879 et ratifiée à Berlin le 18 du même mois, cette alliance a un caractère uniquement défensif à l'endroit de la Russie et de la France, et elle a survécu à la ligue des trois empereurs. Son point faible consiste en ce qu'elle pourrait bien ne pas résister à une tension un peu violente : on ne saurait oublier que c'est l'alliance autrichienne qui, en 1870, a mené Napoléon III à sa perte. Et pourtant, cette alliance austro-allemande a suffi pour maintenir la paix en Europe pendant quelques années, et elle y suffirait encore dans l'avenir, s'il était possible de faire le moindre fonds sur la politique incertaine de la Russie, subordonnée à la volonté personnelle d'un seul homme, aussi mal informé qu'il est autoritaire.

Naturellement, l'alliance austro-hongroise est renfermée dans le cadre de certaines éventualités : elle ne s'étend pas à toutes les affaires européennes, et, à plusieurs reprises, d'autres projets ont été mis en avant, d'où seraient résultés des groupements différents des puissances. Je crois savoir, notamment, qu'en octobre dernier la France s'est refusée à une alliance avec la Russie, et l'Autriche à une alliance avec l'Angleterre, refus courtois des deux parts, il est vrai. La France se garde de toute démarche de nature à amener un conflit, et l'Autriche a pensé que, dans le but poursuivi à la fois par ses hommes d'État et par lord Salisbury, d'éviter une guerre avec la Russie, mieux lui valait demeurer libre d'engagements. Encore l'alliance austro-anglaise était-elle une alliance pacifique, comme elles sont toutes censées l'être, qui, à mon sens, aurait assuré la tranquillité de l'Europe, tandis que l'alliance franco-russe avait, en réalité, un caractère belliqueux et aurait engendré la guerre à bref délai; aussi les motifs du refus de la France sont-ils bien clairs. M. de Freycinet a pensé que, si la guerre éclatait entre l'Autriche et la Russie, celle-ci obtiendrait sans peine la victoire et qu'avec un peu d'adresse on empêcherait l'Allemagne de bouger; que, n'y réussît-on pas d'ailleurs, la Russie résisterait probablement à une invasion par les armées combinées des deux autres empires, et que l'Allemagne sortirait affaiblie de cette lutte. Mais le plus puissant des mobiles qui ont agi sur l'esprit de M. de Freycinet a été sans doute la pensée que, fût-elle même heureuse, une guerre entraînerait la chute de la République. Je m'étendrai davantage sur ce point dans mon étude spéciale de la France.

Vu la position difficile dans laquelle se trouve placée l'Allemagne, il faudrait au prince de Bismarck des sentiments plus qu'humains pour se laisser attendrir par la perspective des malheurs qui résulteraient d'une lutte prolongée entre deux de ses puissants voisins. Si les forces de la Russie et de l'Autriche pouvaient se balancer à peu près, ou si l'Angleterre et la Turquie venaient à prendre parti pour cette dernière puissance; mieux encore, si les petites principautés slaves combattaient pour sa cause, il s'ensuivrait une guerre de longue durée qui, en épuisant les deux nations, rendrait l'Allemagne d'autant plus forte. Mais le gouvernement anglais a à compter avec un parti pacifique fort considérable, constitué par la plupart des libéraux, auxquels se joindrait sans doute le parti irlandais. Il ne serait nullement certain que lord Randolph Churchill appuyât les idées belliqueuses. De plus, les troupes anglaises ne sauraient pénétrer en Russie par la voie de terre, ni prêter à l'Autriche un concours efficace au début de la campagne. Il faudrait à l'Angleterre un mois pour amener en Turquie un seul corps d'armée, beaucoup plus longtemps encore pour y concentrer, avec une artillerie suffisante, les deux corps d'armée sans lesquels elle ne peut songer à se lancer dans une guerre continentale.

Sans doute, et bien qu'impuissante à frapper la Russie par la Baltique, ou par la mer Noire, ou par la mer Blanche, elle pourrait, au cours de longues hostilités, la saigner à blanc en l'attaquant aux extrémités de l'empire et en recommençant, à Vladivostock et sur l'Amour, la manœuvre de Crimée. Mais, par le temps de mobilisation rapide qui court, les hommes d'État européens ne font entrer en ligne de compte que les quatre premières semaines d'une guerre et, dans son ignorance du système militaire moderne, l'Angleterre ne pèserait pas un fétu dans la balance pendant les premiers mois du conflit européen. Entre temps, l'Autriche serait sans doute écrasée. Bien que le nom de la France ait souvent été prononcé dans les débats du parlement allemand relatifs à l'augmentation des effectifs de l'armée impériale, il n'est pas téméraire de prétendre que ces mesures ont été inspirées au chancelier par le rapport de l'état-major sur la faiblesse militaire de l'Autriche, mise en comparaison avec la force de l'armée russe. Si l'Allemagne consentait à se tenir à l'écart et à laisser écraser l'Autriche, il est probable que la Russie saurait justifier son agression par des prétextes qui sortiraient des limites de l'alliance austro-allemande. C'est en partie sans doute au risque couru par la Turquie de voir les Russes l'attaquer par Erzeroum, mais en partie aussi à l'engagement pris de chasser les Autrichiens de la Bosnie et de l'Herzégovine après la future guerre, qu'il faut attribuer la déférence témoignée dernièrement par le sultan aux vœux de l'ambassadeur de Russie. Mais il est un obstacle à des démarches imprudentes de la part de la grande puissance du Nord, c'est que, tout autocrate qu'il est, le tsar ne saurait s'engager dans une guerre sans l'appui moral de l'opinion de Moscou, c'est-à-dire de l'opinion publique, car cette opinion est très montée contre la Bulgarie et fort mécontente de ce qu'on appelle en Russie l'ingratitude des Slaves du Sud, tandis qu'elle ne prend pour l'instant que fort peu de souci des griefs arméniens. Si l'on considère l'aversion qui existe en Allemagne pour la Russie et le sentiment analogue qui règne en Russie à l'égard de l'Allemagne, il est au moins possible que l'empire germanique soutienne l'empire autrichien, si celui-ci se trouvait entraîné dans une guerre avec l'empire moscovite. La réciproque serait moins probable de la part de l'Autriche. Je m'efforce de faire le moins possible intervenir l'histoire dans ces études; cependant, il est des rapprochements qui s'imposent et l'on ne peut oublier que, si l'antipathie pour les Russes confond dans un même sentiment jusqu'à la princesse impériale d'Allemagne et au prince de Bismarck eux-mêmes, on a vu deux ennemis plus mortels encore unis par l'expérience qu'ils ont faite de la fragilité des alliances. L'impératrice Eugénie et M. Émile Ollivier doivent se rappeler, non seulement les plans de campagne réglés de concert avec l'Autriche, non seulement les promesses d'alliance exprimées dans les dépêches, niées d'abord, puis rendues publiques par M. de Gramont, mais aussi les lettres autographes de l'empereur François-Joseph et du roi d'Italie, dont je crois que les originaux sont entre les mains de l'impératrice.

J'ai interrogé les gens les mieux informés des vues du prince de Bismarck, non sur les principes généraux de sa politique qui sautent aux yeux, mais sur les moyens de détail par lesquels il compte la faire triompher. Ils m'ont répondu : « Nous ne permettrons pas à l'Autriche de rien faire qui puisse précipiter une guerre entre elle et la Russie. » Il n'est pas vrai que le traité d'alliance entre l'Allemagne et l'Autriche n'ait en vue qu'une défense commune contre l'agression éventuelle de deux puissances ; c'eût été là un contrat léonin au profit du seul empire allemand, infiniment plus exposé que l'autre à un semblable danger. Mais il est vrai que ce traité n'oblige pas l'Allemagne à épouser toutes les querelles de l'Autriche. Le prince de Bismarck ne se fera complice d'aucune menace envers la Russie et, si celle-ci veut aller de l'avant, il lui conseillera d'offrir à l'Autriche une compensation que nous pouvons dire cette puissance fort peu disposée à accepter aujourd'hui, les Magyars qui gouvernent la moitié prépondérante de la monarchie austro-hongroise ne se souciant guère de voir s'augmenter le nombre des sujets slaves de l'empereur. En ce qui concerne la Russie, comme dans le reste, M. de Bismarck ne commettra pas les fautes de Napoléon Ier. Pas de menaces ni de rodomontades; il ne prétend pas dicter aux gens leur conduite et ne s'embarquera jamais dans une téméraire politique d'aventures. Ce n'est pas qu'il dissimule nullement ses sympathies ni surtout ses antipathies, ce n'est pas qu'il soit au-dessus de ces préjugés contre les personnes qui étaient au nombre des faiblesses de Napoléon; mais il est absolument exempt de la plus grande de celles dont était affligé l'empereur, la fanfaronnade et la déclamation théâtrale et, depuis de longues années qu'il est l'arbitre de l'Europe, il a assurément usé de son pouvoir avec beaucoup de réserve. Quand Napoléon Ier gouvernait les affaires d'Allemagne, il éprouvait le besoin de le faire savoir au monde entier, et il a payé cher son indiscrétion le jour de Waterloo. Quand, pendant des années, M. de Bismarck a régenté la politique étrangère de la France, il en a gardé le secret pour lui. D'ailleurs, au point de vue militaire, il est de toute nécessité pour l'Allemagne de conserver une attitude pacifique. La France, il est vrai, demeurera isolée, tant qu'elle ne consentira pas à une alliance avec la Russie, conçue dans des intérêts exclusivement russes; mais, du jour où l'empire allemand serait engagé dans une guerre, il se verrait naturellement exposé d'un moment à l'autre à une attaque de flanc sur la frontière des Vosges.

La situation actuelle présente une grande difficulté en ce qui concerne l'Autriche et la nécessité, au point de vue allemand, de la maintenir au rang de grande puissance continentale : c'est que la Russie se considère, et non sans raison, comme assurée de voir tourner à son avantage une guerre avec l'Autriche, cet empire fût-il même soutenu par l'Angleterre, dont le concours ne serait que tardif et pourrait même être rendu inefficace au moyen d'une diversion dans l'Inde. Mais la Russie ne se soucierait pas d'affronter une coalition européenne, et l'attitude de M. de Bismarck, ainsi que la bonne intelligence qui règne entre l'Angleterre et l'Italie, ont jusqu'à présent beaucoup contribué au maintien de la paix. Aussi l'Autriche a-t-elle peut-être eu raison, après tout, de décliner une alliance plus étroite avec l'Angleterre, puisque, si la Russie ne craint guère ni l'Angleterre ni l'Autriche, elle redouterait fort une démonstration combinée des quatre puissances.

A considérer attentivement la politique allemande, on est frappé de la simplicité qui caractérise le système de défense de l'empire germanique. M. de Bismarck consentira-t-il à laisser la Russie s'incorporer les principautés slaves? demande-t-on. Lui permettra-t-il de s'établir à Constantinople, ou mettra-t-il l'Autriche en travers des ambitions russes? Ou bien encore, abandonnera-t-il au tsar la capitale de la Turquie, à condition que l'Autriche obtienne, pour sa part, la

Serbie, une partie de la Macédoine et Salonique? La réponse à faire à ces questions est que, dans l'état présent de la politique européenne, un sage homme d'État ne saurait prévoir les événements de si loin. Le vieil axiome : « A chaque jour sa peine » est singulièrement applicable à la situation actuelle. Pour le moment, la Russie est en termes amicaux avec la Porte; la question de Constantinople n'offre donc pas d'intérêt immédiat. Intimidée par les représentations secrètes du prince de Bismarck et par les déclarations publiques du gouvernement italien, cette puissance ne songe même pas à occuper la Bulgarie. Il y a sept ou huit mois, le danger de guerre était plus imminent qu'aujourd'hui. Pourquoi se préoccuper de périls incertains? Comme le faisait un jour remarquer lord Beaconsfield : « Nous empoisonnons notre vie par l'appréhension de maux qui n'arrivent jamais », et c'est là une faute commune à tous les hommes d'État moins énergiques que le chancelier allemand. La vérité est qu'il laissera la Russie agir s'il ne peut faire autrement, mais qu'il préfèrerait de beaucoup la voir rester tranquille et qu'il s'emploiera de son mieux à la contenir. S'il n'y réussit point, il aura à chercher quelque moyen pour maintenir l'Autriche au rang de grande puissance, par exemple en lui imposant une compensation que, faute de mieux, elle serait bien obligée d'accepter de mauvaise grâce. En ces matières, les considérations de vanité nationale pèsent souvent plus dans la balance que les véritables intérêts du pays et, bien que le recul de ses frontières puisse devenir pour l'empire d'Autriche une cause de faiblesse et une source de périls, ce recul n'en sera peut-être pas moins, à un certain moment, imposé par la nécessité de donner satisfaction à l'orgueil autrichien, froissé par le considérable accroissement de territoire de la Russie et l'apparente augmentation de sa puissance. En attendant, l'on ne peut s'empêcher de trouver piquante la situation, d'ailleurs inévitable, dans laquelle se trouvent respectivement placées l'Angleterre et l'Autriche, en coquetterie réglée l'une avec l'autre et, comme on l'a dit plaisamment, celle-ci se déclarant toute disposée à faire le premier pas, pourvu que celle-là « commence » par faire le second.

Si l'on considère, au point de vue germanique, la politique des voisins de l'Allemagne, il faut se bien persuader que depuis le jour où il est parvenu aux affaires, le comte Kalnocky a marché invariablement dans la même voie. Son langage officiel est connu de tous ceux qui s'occupent des questions européennes. En conversation privée, il ne perd pas une occasion d'affirmer, non seulement que l'Autriche n'éprouve aucun désir de rien ajouter aux droits à elle conférés par le traité de Berlin, mais encore que, personnellement, l'empereur et ses ministres tiendraient pour préjudiciable aux intérêts de l'empire une extension de territoire. Si les mots veulent dire quelque chose, de semblables déclarations ressemblent fort à des engagements.

Bien que les relations entre l'Allemagne et la Turquie soient assez indirectes et entretenues plutôt par l'intermédiaire de l'Autriche, le prince de Bismarck n'est pas sans avoir, de temps en temps, pris en considération attentive la situation de l'empire ottoman. Dans ces dernières années, la Porte a envoyé à trois reprises des ambassadeurs extraordinaires à Berlin et à tous le chancelier a tenu le même langage. Persuadé que les autres grandes puissances convoitent un morceau de ses États, c'est à l'Allemagne que le sultan va demander des financiers et des chefs militaires. Où sont, en effet, les amis désintéressés de la Turquie? Est-ce la France qui, après l'Algérie, lui a pris la régence de Tunis, ou l'Italie qui jette sur Tripoli et sur l'Albanie des regards avides? Est-ce l'Angleterre qui lui a enlevé Chypre et ne lui rend point l'Égypte, ou l'Autriche qui s'est approprié la Bosnie et l'Herzégovine? Est-ce enfin la Russie, dont il est superflu de parler à cette occasion? Tandis qu'au contraire, dégagée de tout intérêt dans le bassin musulman de la Méditerranée, l'Allemagne peut être de bon conseil pour le sultan et lui prêter une assistance efficace.

Le prince de Bismarck se montre convenablement courtois dans ses rapports avec le sultan. Il ne lui dissimule pas qu'il attache un prix médiocre à son alliance qu'il sait avoir été offerte successivement à toutes les grandes puissances; mais il ne lui refuse pas des avis salutaires et au besoin serait disposé à lui prêter son assistance en tant qu'elle ne serait pas trop onéreuse. Il lui fournit des administrateurs pour mettre ordre aux finances ottomanes, des officiers pour réorganiser l'armée turque en temps de paix ; mais il le prévient de ne pas compter sur l'appui de l'Allemagne pour reconquérir sa suzeraineté sur Tunis ni une autorité effective en Égypte et il l'engage fort à se contenter de ce qui lui reste de pouvoir, sans prétendre à une part active dans le concert européen. Toujours secondaire à Constantinople, où la prépondérance dans les conseils de la Porte est exercée tour à tour par la Russie, la France et l'Angleterre, l'influence allemande est la seule qui y soit durable et elle est absolument favorable aux intérêts britanniques. L'unique question relative à l'empire ottoman, sur laquelle le prince de Bismarck se soit trouvé en désaccord avec l'Angleterre, est celle de notre politique sentimentale en matière de réformes intérieures, pour laquelle il ressent un éloignement absolu. Les remontrances qu'il a adressées sur ce sujet à différents cabinets britanniques n'ont pas été divulguées et ne le seront jamais; mais le chancelier n'a pas pour habitude de faire mystère de ses opinions, et l'on sait dans quels termes dédaigneux il parle sans cesse de la pression exercée sur la Turquie, dans le sens d'une réforme sociale poursuivie à tous risques, par sir Henry Layard, par M. Goschen et, à un degré moindre, par tous les ministres anglais, les ambassadeurs à Constantinople et les consuls de la Grande-Bretagne dans toute l'étendue de l'empire ottoman. M. de Bismarck appuie l'Angleterre dans ses efforts pour conserver libre la route de l'Inde, pour maintenir l'ordre en Égypte et le *statu quo* dans la Méditerranée; mais il considère comme un rêve absurde de sa part la prétention d'améliorer la situation des Macédoniens et des Arméniens par des homélies adressées au sultan à tout bout de champ, et cela au détriment des intérêts britanniques à Constantinople. Le prince de Bismarck a une certaine considération pour les Turcs au point de vue militaire, et les approuve de vouloir faire attendre les réformes jusqu'à ce qu'ils aient le moyen d'entretenir leur armée. En ce qui concerne leur pénurie d'argent, une simple anecdote en dira plus que des pages de statistique, et je demande la permission de reproduire deux lignes de la dernière lettre que j'ai reçue d'un de mes correspondants de Constantinople : « Il faut vraiment que les Turcs soient bien mal en fonds », écrit-il, « car ils n'ont même pas de quoi faire face aux nécessités de la vie, telles que l'acquisition de fusils de nouveau modèle. » Ce que les économistes ont entendu jusqu'à présent par « nécessités de la vie », c'étaient des denrées alimentaires; dans l'Europe moderne ce seront désormais des obus, des torpilles et des fusils à répétition.

C'est avec une ironique sérénité que le prince de Bismarck considère les prétendues progrès qu'aurait faits en ces derniers temps l'influence française à Constantinople. En conférant au grand-vizir et au maréchal du palais le grand cordon de la Légion d'honneur, le gouvernement de la République a eu pour but, moins de récompenser ces personnages pour des services rendus, que de faire une démonstration à bon compte et dont la portée ne dépasse pas celle du sultan embrassant peu auparavant un amiral français et renonçant, depuis cette époque, à toute récrimination au sujet de la Tunisie.

M. de Bismarck n'a pas toujours dédaigné de suggérer à diverses des puissances amies de l'Allemagne l'occupation de certaines parties du territoire ottoman ; mais il s'est toujours abstenu de toute rapine pour le compte de son propre pays, ce qui lui est tenu à obligation par les Turcs. En réalité, les travaux du Congrès de Berlin ou ses divertissements avaient si bien troublé les esprits des plénipotentiaires de l'Europe, que jamais on n'a pu démêler au juste d'où étaient parties certaines propositions, ni quel en était bien positivement l'objet. Néanmoins, l'on croit savoir que le bien d'autrui y a été fort disputé et spolié dans une certaine mesure, agissements à la plupart desquels, d'une façon plus ou moins directe, le prince de Bismarck n'a pas été étranger. Il est au moins un fait bien connu : celui d'une offre faite simultanément à deux des parties intéressées, procédé extrêmement ingénieux pour créer des complications susceptibles d'amener une guerre.

Ce que l'on ignore, c'est le sentiment professé par le chancelier allemand sur la ligue pour le maintien du *statu quo* dans la Méditerranée, qu'avait proposée lord Beaconsfield en février 1878. Il s'agissait d'établir une entente entre la France, l'Angleterre, l'Italie et la Grèce et, ces quatre puissances une fois d'accord, de demander à l'Autriche son concours, projet qui ne put aboutir par suite du refus de l'Italie. Peu après, la question méditerranéenne changeait absolument de face et un nouveau groupement des puissances intéressées devenait inévitable. M. de Bismarck a résisté énergiquement à la tentation qu'il aurait pu avoir alors de s'engager dans quelque coalition antifrançaise à l'occasion des affaires de Tunisie. La France s'est imaginé que, dans cette circonstance, l'Angleterre, l'Italie et la Turquie s'étaient efforcées de lui jeter l'Allemagne dans les jambes, et elle en a conçu une vive irritation. Ce n'était pourtant là qu'un soupçon sans aucun fondement et, suivant sa pratique habituelle quand une grande question est en jeu, le chancelier n'a jamais eu deux langages sur ce sujet. Lorsque plus tard il a cru à l'imminence d'une ligue entre les États des Balkans, je crois savoir qu'il a déclaré à la Bulgarie, à la Serbie, au Montenegro et à la Grèce ne pas répondre de ce que feraient l'Autriche et la Russie si cette éventualité venait à se réaliser et que, par suite, il s'opposait à des arrangements qui pourraient provoquer une conflagration européenne. En résumé, rien de plus net, de plus simple, de plus uniforme que la politique de l'Allemagne en ce qui concerne la Turquie.

Il est hors de doute que le prince de Bismarck voit sans déplaisir les jalousies suscitées entre la France et l'Angleterre par la question d'Égypte, et cependant, loin de marquer qu'il les ait pour agréables, il a souvent tenté d'en adoucir l'aigreur. Lorsque j'aborderai le chapitre de la France, j'aurai à m'étendre sur ce sujet. Il suffit, pour le moment, de dire que l'on n'y attache pas grande importance à Berlin, considérant comme certain qu'il n'y a pas là matière à une guerre.

Au nombre des griefs que la France peut nourrir à l'endroit de l'Angleterre et dont la question d'Égypte n'est pas le principal, il en est un, assez singulier, qui a rapport indirectement à l'Allemagne. La reine Victoria passe pour professer des sentiments antifrançais, antirépublicains surtout, et l'on croit volontiers la politique étrangère de l'Angleterre influencée à cet égard par la manière de voir personnelle de Sa Majesté, qui éprouverait pour l'empire allemand d'autant plus d'affection, de sympathie tout au moins, qu'elle ressentirait d'éloignement pour la République française. Il est superflu de discuter sérieusement cette opinion généralement répandue en France et il suffit de dire qu'en tout cas, la réciprocité de sentiments amicaux n'existe pas à Berlin, où l'on connaît mieux la vérité sur ce point. Il est même positif que certains actes du cabinet de Saint-James, dont la reine Victoria a été fort indûment rendue responsable, lui ont attiré quelque inimitié de la part de la cour de Berlin, notamment l'envoi de la Jarretière à de petits princes allemands. De plus, le duc de Cambridge et, à un degré moindre, le prince de Galles passent pour favoriser les particularistes hanovriens, ce qui n'est pas pour les faire aimer dans certains milieux berlinois. Il n'est pas de considération, si futile soit-elle, si absurde même, qui ne pèse dans la balance en matière de sympathies et d'antipathies, aussi bien nationales que personnelles. Pour en citer un exemple, voilà lord Lyons qui est assurément un diplomate accompli. Il ne va pas dans le monde, mais il s'efforce, par de nombreuses réceptions, de mettre le personnel de l'ambassade en contact avec les milieux gouvernementaux. Et, cependant, il n'y parvient pas, car l'ambassade anglaise fréquente dans des salons élégants où la République n'est pas en faveur, ce qui met obstacle à des rapports amicaux avec le monde officiel, ou peut-être plus exactement, avec les personnages officiels. Quelque chose d'analogue a eu lieu en Espagne où, lorsque Castelar est arrivé au pouvoir, il s'est trouvé que la légation d'Angleterre « ne voyait pas Castelar ». Il en est de même, sans doute, de tout le corps diplomatique; mais les Anglais sont particulièrement en vue à Paris, et, comme ils jouissent de la réputation bien établie, quoique nous l'espérons mal fondée, d'être fort désagréables, il en résulte un froid dans les relations dont les conséquences retombent sur le gouvernement britannique.

Le prince de Bismarck se préoccupe fort des rapports de la Russie avec la France. Ainsi que je l'ai dit plus haut, M. de Freycinet s'est toujours piqué, vis-à-vis de ses amis, de repousser les avances russes en vue d'une alliance qu'il leur laisse croire sollicitée par le tsar. En ceci il suit les errements de son grand rival. Gambetta disait constamment, dans son entourage, que la Russie ne cessait de le tirer par ses basques, mais qu'il feignait de n'y pas prendre garde. Il est cependant une différence dans les sentiments de ces deux hommes politiques : c'est que Gambetta nourrissait à l'endroit de la Russie des préventions dont M. de Freycinet est totalement exempt. Il aurait engagé la France dans une alliance contre la Russie, dût-elle, disait-il, « être conclue à Berlin », sans doute avec l'arrière-pensée que la France pourrait mettre au prix de ses provinces perdues un concours qui aurait été le salut pour l'Allemagne, en cas de guerre avec ses redoutables voisins du Nord. Gambetta était imbu des vieux préjugés polonais qui, à une certaine époque, avaient cours dans le parti républicain en France; son éducation politique s'était faite dans l'opposition, et les Polonais ont toujours été en faveur auprès des oppositions françaises. La vie publique de M. de Freycinet, au contraire, s'est tout entière passée au pouvoir, et il sait combien il est avantageux à la France, sinon de contracter une alliance effective avec la Russie, du moins d'exploiter le fantôme de la puissance russe. Je ne fais mention que pour la rejeter de l'hypothèse dans laquelle, trompant ses amis afin d'égarer les soupçons de l'Europe, M. de Freycinet aurait, lors de son dernier passage au quai d'Orsay, signé une alliance franco-russe. Le prince de Bismarck sait bien que cette alliance n'existe pas, mais que la Russie sert de sauvegarde à la France comme la France à la Russie, et, en dépit des efforts de la presse allemande pour démontrer que la Russie a pour unique objet l'exploitation de la France dans l'intérêt de ses propres ambitions, l'existence de ces deux grandes puissances militaires sur les flancs de l'empire est une menace permanente dont l'état-major allemand ne saurait un instant méconnaître la portée.

Les rumeurs belliqueuses sont assez inquiétantes en ce moment, sans que pourtant il soit facile de discerner le sujet d'où pourrait bien naître le conflit. La

France n'est nullement disposée à partir en guerre à propos des affaires d'Égypte, pas plus qu'à attaquer isolément l'Allemagne. L'Allemagne, de son côté, n'a pas la moindre intention d'entrer en lutte avec la France. La Russie seule peut être considérée comme une sorte de comète dont l'orbite excentrique est en dehors du système planétaire européen. Dans ce pays, le pouvoir est aux mains d'un seul homme, disons de deux hommes : le tsar et le roi de la presse moscovite, Katkoff. Une guerre entre l'Angleterre et la Russie est peu vraisemblable pour le moment, et, vînt-elle à éclater, il est probable que les autres puissances n'y prendraient aucune part. L'Angleterre a laissé la Russie violer ses promesses solennelles de 1878 relatives à Batoum; elle la laisserait tout aussi bien réduire à néant la convention anglo-turque et fouler aux pieds son autre engagement de 1878, si même on peut les considérer comme encore valables. Il n'existe pas en Europe de conventions secrètes de nature à compromettre le maintien de la paix générale; l'Angleterre est libre d'engagements et ceux que la Russie a souscrits vis-à-vis d'elle ont un caractère pacifique, bien qu'à vrai dire il n'y ait pas lieu de s'y fier beaucoup. Au cas même où la Russie ne respecterait pas la convention anglo-turque, l'Angleterre, avons-nous dit, n'en ferait pas un *casus belli*. L'opinion professée par lord Randolph Churchill sur les affaires ottomanes est bien connue. Or son influence dans le pays ne doit pas être attribuée uniquement à sa valeur personnelle, toute remarquable qu'elle est, mais en grande partie aussi à ce qu'il s'efforce en tout temps de se faire l'interprète plus ou moins fidèle de l'opinion publique. Si donc lord Randolph Churchill déclare aujourd'hui, comme il l'a toujours fait, que l'Angleterre ne doit pas prendre les armes pour défendre l'intégrité de l'empire ottoman, c'est qu'il croit, non sans raison peut-être, le sentiment du pays opposé à une semblable intervention.

J'ai fait remarquer que l'homme politique de nos jours doit placer avant toutes autres considérations les questions militaires et qu'il est impossible de se faire une idée précise de la situation de l'Allemagne en Europe, sans examiner soigneusement l'état de ses forces, tant au point de vue absolu qu'au point de vue relatif. Si pacifiques que soient les intentions, en Allemagne comme en France, une guerre éclatera infailliblement tôt ou tard entre les deux nations et elle deviendrait imminente le jour où arriverait à se produire, de façon ou d'autre, quelque disproportion sérieuse dans leurs forces respectives. Depuis 1870, la France a fourni une somme énorme de travail en matière d'armements. Kilomètres sur kilomètres de fortifications ont été élevés, derrière lesquels pourraient combattre les soldats les moins exercés. Sur le papier, l'effectif de son armée ne s'élève pas à moins de 4,109,000 hommes, dont 3,408,000 combattants. De mon examen détaillé de la situation militaire en France, tant au cours de la présente étude que de la suivante, entièrement consacrée à cette puissance, il ressortira que, dans l'opinion de critiques compétents, ces chiffres sont sujets à de fortes réductions; je me bornerai ici à évaluer sommairement au nombre de 2,500,000 combattants la force de l'armée française, pourvue d'un contingent de cavalerie et d'artillerie approprié à une armée de deux millions d'hommes seulement, masse en état d'être très rapidement portée sur la frontière et d'opérer aussitôt en rase campagne. Si l'on fait figurer les réserves dans le chiffre de l'effectif, les Allemands n'ont qu'un nombre inférieur d'hommes à mettre en ligne, mais leurs troupes sont mieux exercées et elles ont la force que donne la confiance. En cas de mobilisation complète, l'armée allemande serait plus maniable que l'armée française, parce que les régiments compteraient une quantité moins considérable de réservistes. Et cependant, de l'aveu même de l'état-major allemand, il serait douteux que l'empire germanique fût en état de soutenir contre la France une guerre purement défensive, à moins d'adopter un plan que je vais exposer.

Il n'y a pas lieu de s'arrêter aux discours prononcés au sein du parlement allemand dans la récente discussion sur le septennat militaire. Chacun sait, dans son propre pays, par quelles nécessités parlementaires est dicté le langage des ministres; mais on ne songe pas à appliquer cette simple méthode à l'interprétation des déclarations gouvernementales chez les voisins. Il est bien clair pourtant que, du moment où l'état-major allemand jugeait indispensable l'accroissement des forces militaires, le ministre de la guerre et les grands chefs de l'armée se voyaient contraints à faire usage de paroles alarmistes, afin d'arracher au parlement les sacrifices demandés. Or un examen attentif de la question démontre la nécessité de cette mesure, principalement motivée, je l'ai dit, par la déplorable situation militaire de l'Autriche, sur laquelle j'aurai à revenir dans le chapitre consacré à cette puissance et dans celui où je m'occuperai de la Russie. Tandis que, d'une part, l'armée autrichienne arrivait à l'état de faiblesse qui s'est révélé depuis l'année dernière, que, d'autre part, la Russie augmentait considérablement ses effectifs, et que le système militaire français se fortifiait à l'usage, l'armée allemande, magnifique sans doute, était demeurée à peu près stationnaire.

Jusqu'à présent en somme, l'Allemagne a un peu vécu, au point de vue militaire, sur le prestige que lui ont valu ses mobilisations rapides de 1866 et 1870. Lorsqu'en 1867 on avait évalué à 1,300,000 hommes l'armée de la Confédération germanique, M. Thiers avait déclaré que, si ce chiffre était exact, la France était perdue, mais qu'heureusement il était purement chimérique et que jamais l'Allemagne ne saurait où trouver autant de soldats. Elle les a bien trouvés trois ans plus tard. En 1870, près d'un million d'hommes ont été mis sur pied en dix jours, et le chiffre officiel n'a pas tardé à être atteint. Il est hors de doute qu'en 1874, lorsque, grâce à une intervention russe dont l'Angleterre s'est attribué le mérite, une guerre a pu être évitée entre l'Allemagne et la France, celle-ci eût été écrasée; ce serait infiniment moins certain aujourd'hui. On ne se doute guère des efforts faits à cette époque, en vue d'une guerre qui n'a pas eu lieu. Depuis lors, l'effectif présent sous les drapeaux de l'armée allemande est toujours demeuré dans un rapport exact avec le chiffre officiel; tout homme sorti du rang y est immédiatement remplacé et ce qui était vrai en 1870 l'est encore aujourd'hui, avec des forces plus considérables. En ce qui concerne la France et la Russie, il est plus malaisé de se rendre un compte exact de l'état des effectifs, la corruption administrative qui prévaut dans celle-ci et le gaspillage qui règne dans les finances de celle-là causant de grandes fluctuations dans le nombre des hommes présents sous les drapeaux, particulièrement en France, où cependant la question est d'une importance capitale, tant au point de vue de la solidité des troupes en état de mobilisation, que de la confiance nationale, dont l'influence sur la victoire est considérable en ce pays.

Un examen attentif du budget militaire allemand et sa comparaison avec celui de la France amènent à des conclusions flatteuses pour les deux nations. On remarque, à l'honneur de la France, les énormes sacrifices qu'elle a faits à son idéal patriotique et la sérénité relative avec laquelle elle supporte les charges financières dont elle est écrasée. En Allemagne, c'est tout autre chose. Ici, nous trouvons une précision mécanique, en même temps que la plus scrupuleuse exactitude à payer ce que l'on doit jusqu'au dernier centime. C'est ainsi que des sommes sont prélevées sur le budget militaire extraordinaire, c'est-à-dire sur la caisse de l'armée constituée avec l'indemnité de guerre payée par la France, afin de servir aux vieux soldats français retraités qui habitent l'Alsace-Lorraine leurs pensions de légionnaires ou de médaillés. On est aussi frappé en Allemagne de ce fait curieux : l'état-major général faisant, sur un gros livre de sa façon, un bénéfice de plus de 20,000 livres sterling — il n'est guère d'auteurs qui en puissent dire autant — spéculant prudemment sur les fonds de la caisse de l'armée et en augmentant considérablement le capital au moyen d'heureuses opérations de Bourse. Cette différence de système tient en partie sans doute au caractère national. mais aussi à ce fait qu'en Allemagne les chefs de l'armée ont vieilli dans leurs emplois, tandis qu'en France, sans parler des continuels changements de ministères, les jalousies sont trop surexcitées pour qu'un homme soit laissé longtemps à même de présider aux destins de l'armée. L'Allemagne trouve un grand avantage à avoir un parlement qui ne met pas obstacle à la permanence absolue des institutions militaires — le voulût-il d'ailleurs, il ne le pourrait — et un souverain qui conserve sa confiance à un groupe d'hommes de guerre, non moins remarquables dans leur cabinet que sur le champ de bataille, et qui dirigent l'éducation militaire du pays.

Cependant, au point de vue de la France, on ne saurait partager le pessimisme professé par la plupart des écrivains militaires de ce pays, dans le but sans doute, comme nous l'avons fait remarquer à propos de l'état-major allemand, d'intimider une opposition rebelle à certains votes. Les hommes compétents disent en France que le chiffre réel de l'effectif allemand présent sous les drapeaux est, non pas de 427,000 combattants, mais de 454,000 ou 468,000, chiffre invariable, car chaque homme qui meurt ou devient indisponible est aussitôt remplacé dans le rang, ce qui ne se fait pas en France; que le contingent des soldats français instruits annuellement n'est que de 117,000 hommes, au lieu de 151,000 Allemands; que l'Allemagne compte dans ses réserves 680,000 hommes de plus que la France, et que la cavalerie française est inférieure de 6,000 sabres à celle de ses voisins. En déduisant du chiffre nominal de l'effectif de l'armée française, qui est de 523,000 hommes, les états-majors et la gendarmerie, ainsi que 13 pour 100 d'indisponibles, ils le réduisent au chiffre réel de 414,000 hommes présents sous les drapeaux, dont 71,000 employés au dehors, tant en Algérie et en Tunisie qu'au Tonkin, tandis que l'Allemagne a tout son monde sous la main. Bref, ils arrivent à conclure que, sur le pied de paix, la France n'a que 343,000 hommes disponibles à opposer au chiffre très supérieur que nous avons indiqué plus haut pour l'Allemagne.

Mais les erreurs commises par ces écrivains pessimistes sautent aux yeux des moins compétents. Lorsqu'il s'agit de la France, ils défalquent du chiffre de l'effectif la gendarmerie et les états-majors, tandis qu'ils font toujours figurer ceux-ci, et quelquefois celle-là, dans l'armée allemande; on pourrait encore relever bien d'autres inexactitudes. Cependant il faut reconnaître avec eux que, si l'Algérie a cessé d'être pour la France une source de faiblesse, on n'en saurait dire autant de la Tunisie et du Tonkin, sans compter Madagascar, qui, pendant longtemps encore, seront pour elle, au point de vue des affaires européennes, une cause de déperdition de forces vives.

En résumé, après avoir apporté un soin extrême au maniement des chiffres, on est amené aux conclusions suivantes. En faisant la part des fâcheux effets d'une imprudente politique de conquêtes soi-disant coloniales, et en admettant qu'en cas de mobilisation complète, les unités tactiques de l'armée française compteraient une plus forte proportion d'hommes insuffisamment exercés que celles de l'armée allemande, ce qui serait pour elle un obstacle à des opérations compliquées au début de la campagne, la France n'en serait pas moins en mesure de mettre sur pied une masse d'infanterie plus considérable que l'Allemagne, et elle possède un contingent de cavalerie et d'artillerie suffisant pour une armée de deux millions d'hommes. La qualité des troupes est d'une appréciation plus difficile que leur quantité. Elles sont toutes en état de se bien battre derrière des murailles, et la frontière française est aujourd'hui un immense rempart. Les esprits enclins à juger d'après des règles générales les aptitudes d'une race affirment que les Français se laissent facilement démoraliser et qu'il est de nécessité absolue pour eux de remporter l'avantage dans les premiers engagements. Cependant Montmirail et, plus récemment, la campagne du général Faidherbe, en décembre et janvier 1870-1871, sont là pour montrer que, même avec des troupes inexpérimentées, les Français savent soutenir de la façon la plus brillante une bataille désespérée.

Aujourd'hui, les deux grands rivaux du continent sont trop forts l'un pour l'autre. Même avec le concours de la Russie, l'armée française ne pourrait pas aisément ni franchir les lignes de Metz et Strasbourg, ni passer le Rhin ; il ne saurait être question pour elle de traverser la Suisse et une invasion de la Belgique lui serait périlleuse. Quant aux Allemands, ce n'est que par la frontière belge qu'ils auraient accès en France. En 1879 encore, la route leur était ouverte jusqu'aux portes de Paris, et rien ne leur était plus facile que d'occuper la Champagne et de s'y retrancher solidement pour prendre le temps de combiner leur plan de campagne. Actuellement, il n'est que Nancy d'ouvert et, en arrière de la frontière géographique, la France a élevé une frontière militaire absolument inexpugnable, dont la force artificielle supplée à la faiblesse naturelle de celle qui, précisément pour ce motif, lui a été imposée par l'état-major allemand.

Les accroissements successifs de l'armée française l'ont faite supérieure en nombre à celle de l'empire germanique ; les procédés de mobilisation sont aussi rapides des deux côtés, les moyens de concentration par voie ferrée aussi puissants. Les places fortes françaises sont plus fortes que celles de l'Allemagne. Sur une étendue de 330 kilomètres, il n'est pas un point de la frontière qui ne soit protégé par des pièces de gros calibre, et les deux trouées qui ont été ménagées à dessein sont considérées dans l'état-major allemand comme impraticables. On est en droit d'affirmer que, si elles doivent être assiégées au cours de la prochaine guerre, les places fortes françaises seront défendues comme l'ont été en 1870, Bitche, Phalsbourg et Belfort, et non pas livrées à l'ennemi comme toutes les autres, depuis Metz et Strasbourg jusqu'à Toul et Longwy. C'est qu'alors les garnisons étaient démoralisées par les habitants, qui finissaient par imposer une capitulation, tandis qu'aujourd'hui la frontière est défendue par des forts détachés, sans population civile. Il y a aussi à compter maintenant avec l'usage du fusil à répétition, dont le rôle est plus important dans la défense de retranchements que dans l'attaque. Le pis qui pourrait arriver à la France serait de se voir enlever Nancy par un coup de force. Mais le vrai problème est celui-ci : les Allemands demeureront-ils sur la défensive en face des Français, comme ils le feront sur la frontière russe, ou envahiront-ils la France par la Belgique ?

Il est assez singulier que cette question, d'une importance capitale pour les intérêts de l'Angleterre, n'ait jamais été débattue et que l'on n'ait pas encore paru se préoccuper d'une violation possible de la neutralité belge par l'Allemagne lors de la guerre à venir, ni se demander ce que ferait en ce cas le gouvernement britannique. Un fait certain, c'est que, si la Belgique voulait prendre des mesures préventives en vue de sa défense, sa neutralité serait respectée ; mais elle n'en fait rien[1]. Il n'y a pas à songer à une invasion par la Suisse que ne voudraient tenter ni l'un ni l'autre des belligérants; mais si, au point de vue militaire, une invasion française par la Belgique est fort douteuse, il n'en est pas de même d'une invasion allemande, tant que les Belges auront une armée aussi restreinte et persisteront dans leur système de retraite sous les murs d'Anvers. Amonceler défenses sur défenses autour de cette place, à l'exclusion de toutes les autres, dans le but de la faire servir, le cas échéant, de refuge au roi et au parlement, sous la protection de la moitié de l'armée — lisez l'armée entière — est la plus absurde conception militaire qui se puisse imaginer. Anvers est située à l'extrémité septentrionale du royaume, en un point excentrique, tout à fait en dehors du rayon des hostilités. L'occupation d'Anvers par des forces considérables, fût-ce par toute l'armée belge et toute l'armée anglaise réunies, n'opposerait pas d'obstacle sérieux à une armée d'un million d'hommes marchant de Coblentz sur Paris par la province de Namur. Je n'ignore pas que, dans ses récents volumes d'études militaires livrés au public, le service des renseignements au ministère de la guerre justifie le choix d'Anvers en l'opposant à celui de Bruxelles; mais Bruxelles aussi est situé à une extrémité du royaume, et, si la neutralité de la Belgique doit être sauvegar-

1. Peu après la date à laquelle a paru cet article (*Nouvelle Revue* et *Fortnightly Review* du 1er janvier 1887), de vives discussions ont eu lieu sur ce sujet en Belgique, et le gouvernement a, dans la suite, déposé un projet de fortification de la vallée de la Meuse.

dée, elle ne saurait l'être que par Liége et la vallée supérieure de la Meuse[1].

A moins, en effet, que l'Angleterre n'apporte de profondes modifications à une organisation militaire surannée et ne se décide à adopter un système plus en harmonie avec les progrès modernes, il lui faudrait autant de temps pour porter sur Anvers un seul corps d'armée, qu'à l'Allemagne pour amener sur le théâtre de la guerre près de deux millions d'hommes et à la France pour en amener deux millions et demi. Anvers étant imprenable, sa défense ne signifie rien. La seule protection efficace pour la Belgique, ce serait une armée en état de combattre en rase campagne et de se porter sur les communications de celui des belligérants qui aurait violé la neutralité. Sans doute, l'Angleterre pourrait à bref délai occuper la Belgique avec une forte masse d'infanterie et quelque cavalerie, à titre de démonstration militaire, favorisée par les sentiments du pays et la facilité des ravitaillements, mais une semblable armée serait incapable de tenir la campagne et ne pourrait, sans marcher à un désastre certain, se porter sur la ligne de la Meuse. Pour cela il faudrait un corps expéditionnaire composé de deux corps d'armée anglais et d'un troisième corps comprenant la moitié de l'armée belge ; mais avant qu'il eût pu parvenir dans le pays de Liége, le sort de la guerre serait décidé. La tentation est bien grande pour l'état-major allemand, et il en sera ainsi tant que la France

1. Il a été décidé depuis de fortifier Liége et Namur.

n'aura pas rendu sa frontière en arrière de Maubeuge aussi forte que l'est actuellement celle des Vosges, ce qui exigera bien des années et un nombre incalculable de millions; car, y compris la partie qui touche au Luxembourg, placé, au point de vue de la neutralité, dans les mêmes conditions que la Belgique, elle ne mesure pas moins de 420 kilomètres.

On objectera, sans doute, que le système adopté pour la défense de la Belgique était encore le meilleur que l'on pût choisir; que le déclassement des places fortes de la vallée de la Meuse a été un acte de sagesse, la Belgique n'étant en mesure de les défendre ni contre l'Allemagne ni contre la France; que la neutralité de la Belgique étant garantie par toutes les grandes puissances, celles-ci sont tenues de lui prêter assistance le cas échéant, et qu'Anvers serait le point de débarquement de leurs troupes, d'où, une fois concentrées en quantité suffisante, elles pourraient se porter dans le Sud; enfin que, d'une part, le gouvernement allemand est trop strict observateur des engagements internationaux pour qu'on le puisse soupçonner de vouloir porter atteinte à la neutralité belge, et que, d'autre part, la France est, au point de vue militaire, intéressée à la respecter.

Cependant il est certain que, dans l'éventualité d'un conflit entre la France et l'Allemagne, aucune des puissances, à l'exception de l'Angleterre, ne songerait à venir au secours de la Belgique. Elles s'excuseraient sur ce que l'ancien traité est tombé en désuétude, comme il appert de ce fait qu'en 1870, lorsqu'il était d'intérêt général d'assurer pratiquement cette neutralité dont le principe avait été établi en 1839, on a jugé devoir la confirmer par des conventions spéciales et temporaires. Au cas où une nouvelle guerre viendrait à éclater, si on voulait sauvegarder le territoire, il faudrait se hâter de conclure des traités analogues, sinon les parties intéressées s'arrangeraient pour faire traîner en longueur les négociations et, pendant ce temps-là, la violation de neutralité serait commise comme par surprise.

La publication officielle anglaise consacrée à l'étude de la situation militaire de la Belgique donne comme motif déterminant d'une occupation d'Anvers par les troupes britanniques, en cas de violation de la neutralité belge, que l'Angleterre « est considérée comme ayant intérêt à empêcher l'annexion de cette place par une grande puissance ». C'est envisager la question par son petit côté. Si là était vraiment la seule justification d'une intervention anglaise en faveur de la Belgique, on pourrait supposer qu'en somme il ne serait guère plus inquiétant pour la Grande-Bretagne de voir Anvers au pouvoir de l'Allemagne ou de la France que Cherbourg aux mains de celle-ci, et qu'en tout cas, l'accroissement de danger qui en pourrait résulter pour elle ne vaudrait pas d'être mis en balance avec les risques auxquels l'exposerait sa participation à une grande guerre continentale. Dire que l'Angleterre est tenue par traité à défendre la Belgique et qu'elle doit rester fidèle à ses engagements aurait été un argument plus fort sous la plume des compilateurs de ce manuel militaire, bien qu'insuffisant encore pour faire accepter au parlement britannique la perspective d'une intervention isolée. Si respectables que soient les lois internationales de l'Europe, on pourrait objecter qu'il ne nous appartient pas de nous en constituer les uniques défenseurs. Admettons d'ailleurs l'hypothèse, nullement invraisemblable, d'un consentement virtuel du gouvernement belge à l'occupation d'une partie de son territoire, dont on aurait connaissance au début des hostilités, il est bien évident qu'en ce cas l'opinion publique en Angleterre n'accepterait pas une intervention sans le concours de toutes les autres puissances, qui serait fort douteux et qu'au surplus elle n'aurait pas le temps de s'assurer. C'est là une grave question, car il est hors de doute que, si certains hommes d'État dont il est superflu de prononcer les noms étaient à ce moment-là en possession du pouvoir d'une façon effective et non pas purement nominale, l'Angleterre se trouverait engagée dans une intervention en faveur de la neutralité belge dès le jour où celle-ci serait menacée, tandis qu'avec d'autres, tels que par exemple lord Randolph Churchill et M. Chamberlain, on y regarderait à deux fois avant de franchir ce pas redoutable. Or l'attitude d'un pays en pareille matière ne devrait pas être subordonnée à la présence aux affaires d'une individualité ou d'une autre et, si l'on ne veut pas que notre politique étrangère soit en proie à des oscillations et à des hésitations perpétuelles, il serait bon qu'une ligne de conduite fût déterminée par avance sur ce point important. Ce n'est qu'en se maintenant avec fermeté sur un terrain solide que l'on peut éviter les erreurs — et elles sont graves, les erreurs de ce genre! — les risques de guerre, l'abaissement de la dignité nationale, la destruction de la confiance en la foi publique. L'attitude prise en 1870 par M. Gladstone dans la question de la neutralité belge avait conquis les suffrages de l'opinion ; mais, si l'on considère les changements apportés depuis lors dans la constitution du corps électoral anglais, l'augmentation de l'élément démocratique dans les deux grands partis de gouvernement et la nouvelle distribution du pouvoir politique, il paraît probable que ni l'esprit public ni celui du parlement ne se trouveraient actuellement en harmonie avec les sentiments manifestés à cette époque. Maintenant que les souvenirs de Waterloo commencent à s'effacer en Angleterre, ainsi que ceux du traité de 1839, non seulement on envisage, à tort ou à raison, la question belge comme moins étroitement liée aux intérêts britanniques, mais la sympathie publique ressentie pour cet État jusqu'à ces dernières années se trouve considérablement affaiblie. Les affaires du Congo, les bruits qui ont couru de négociations secrètes entamées par le roi des Belges successivement avec la France et avec l'Allemagne pour la cession éventuelle de ses territoires africains ont singulièrement nui à la Belgique dans l'esprit de la nation anglaise.

Il est cependant un point bien établi. Si nous croyons devoir un jour prendre les armes pour la Belgique contre l'Allemagne, il est sage, afin d'alléger nos charges en cette occurrence, d'amener le gouvernement belge à entretenir une armée en état de coopérer à la défense de son territoire et de combiner avec lui à l'avance un plan défensif comportant la concentration rapide de forces suffisantes dans la vallée de la Meuse.

Une fois la neutralité de la Belgique violée par l'un quelconque des belligérants, c'en est fait de son indépendance, quels que puissent être les engagements pris. Je me suis hasardé à prévoir une violation du fait des Allemands comme plus probable, au point de vue militaire, que du fait des Français. La Belgique, en effet, couvre sur sa plus grande étendue la frontière nord-est de la France, et précisément dans la partie dépourvue de défenses naturelles. D'autre part, le chemin le plus direct de la Prusse centrale à Paris passe par la Belgique pour arriver sur l'Oise, à Creil, et le chemin de fer de Berlin à Paris par Maubeuge est à la fois la meilleure ligne d'attaque pour les Allemands et, en cas de défaite, la ligne de retraite la plus sûre. De quelque côté que doive être la victoire, ce serait toujours la Belgique qui en ferait les frais : la totalité ou, tout au moins, une grande partie de son territoire deviendrait la proie de l'un des belligérants, à moins qu'elle ne fût partagée entre eux. Mais si l'Allemagne avait des raisons de croire que, le cas échéant, au lieu de se retirer immédiatement sur Anvers, les Belges se battraient assez vigoureusement pour forcer la main au gouvernement anglais, fût-il peu enclin à une intervention, elle se garderait de prendre leur pays pour champ de bataille. Toutefois, le gouvernement belge paraît peu disposé à augmenter ses effectifs. En tout cas, voilà des considérations de nature à montrer aux hommes politiques français, combien il est imprudent de provoquer la colère de l'Angleterre contre la France par d'absurdes annexions comme celle des Nouvelles-Hébrides, ou par des exigences déraisonnables. Si, en effet, la France s'aliène nos sympathies, il est évident que, dans l'éventualité d'un conflit, les ennemis d'une intervention anglaise en faveur de la Belgique auraient beau jeu à la rendre impopulaire, en l'interprétant comme un concours indirect prêté à la France contre l'Allemagne. Ce n'est pas d'ailleurs qu'il y ait en Allemagne le moindre désir de faire de nouvelles conquêtes; les considérations auxquelles nous nous livrons ici sont d'ordre purement militaire et non pas politique.

Reste à envisager l'éventualité d'une guerre dans laquelle la France et l'Allemagne se maintiendraient respectivement sur la défensive. Militairement parlant, les petites puissances ne comptent pas. Les armées danoise, suédoise, espagnole, sont trop faibles pour causer la moindre inquiétude à l'Allemagne ni à la France, dont les places fortes et les troupes territoriales suffiraient à défendre les frontières contre une agression de leur part. Donc, dans l'hypothèse où, poussés à la guerre par la force des choses, sans que ni l'un ni l'autre voulût prendre l'offensive, les belligérants adopteraient cette attitude expectante, lequel serait en état d'en soutenir le plus longtemps l'effort?

N'étaient les folies du Tonkin, et je dirai même de la Tunisie — bien que cette expédition soit plus justifiable que l'autre — ainsi que le gaspillage et le désordre qui règnent dans les finances de la France, c'est pour elle que je parierais aujourd'hui et pendant longtemps encore. Au surplus, pour l'une comme pour l'autre de ces deux puissances, il serait impossible de se maintenir longtemps dans un état de mobilisation complète. La prochaine guerre entravera presque absolument le commerce continental et, plus que jamais, les puissances européennes seront intéressées à ce que la durée en soit brève. La seule Angleterre serait en mesure de soutenir une guerre prolongée et cela est fort heureux pour elle, quand on songe combien elle est impuissante à jouer un rôle dans une courte campagne.

Il est curieux que, malgré ce qui se dit de sa situation financière, la Russie vienne en seconde ligne à ce point de vue; c'est qu'en effet, si considérable qu'elle soit, son armée immobilise une moins forte proportion des forces laborieuses du pays qu'en Allemagne, en France, en Italie et en Autriche, sans compter que le peuple russe est endurci aux fatigues et animé d'un merveilleux esprit patriotique. Mais, pour les quatre puissances que nous venons de nommer, une longue guerre serait une calamité terrible. Pour laquelle le serait-elle davantage? On sait bien en Autriche de quels périls politiques autant que militaires serait grosse une lutte prolongée. La France, qui, si elle avait un peu plus de sagesse, posséderait la plus grande force de résistance, se ruine tant par des dépenses excessives à l'intérieur, que par d'onéreuses aventures, dites coloniales. Mais elle est en mesure de rétablir ses finances compromises et de remédier à l'insuffisance de son armée au point de vue des effectifs exercés; il lui suffirait pour cela de se résoudre bravement à l'abandon de territoires d'outre-mer qui seraient perdus pour elle dans l'éventualité d'un conflit avec l'Angleterre. D'autre part, la France commence à se remettre des effets de la guerre de 1870; elle a conscience de la force de sa frontière des Vosges et, sans souhaiter la guerre, elle envisagerait une lutte nécessaire avec courage et fermeté. Gambetta disait un jour que son fameux discours de Cherbourg, qui a causé une si grande sensation en Europe, avait été le premier verre de vin versé au convalescent. A la suite de la mort de Gambetta, le convalescent a eu une rechute et c'est le général Boulanger qui semble l'avoir remis sur pied. Mais, comme il arrive souvent, peut-être fait-on honneur au médecin d'une cure due à la Providence ou, tout simplement, à la force de constitution du malade.

Si l'on embrasse d'un coup d'œil le champ de la politique européenne, il est un fait qui ne peut manquer de frapper l'observateur : tandis que, d'une part, l'attitude équivoque de la Russie constitue le principal péril dont soit menacée la paix générale, d'autre part, une considération fort sérieuse rend peu vraisemblable une agression de cette puissance contre l'Autriche. On pourrait en effet résumer ainsi, en langage vulgaire, les conséquences d'une lutte entre les deux nations :

« Si c'est face, je gagne; et tu perds, si c'est pile », dirait l'Autriche à la Russie, car, si complet que pût être le désastre du premier de ces empires, il serait impossible à l'Allemagne de le laisser démembrer sans compromettre considérablement son propre prestige vis-à-vis de l'Europe. C'est bien plus à la conscience de ce fait qu'aux discours des ministres anglais, autrichiens et italiens qu'est due la déférence généralement marquée jusqu'à présent à Saint-Pétersbourg pour les avis du prince de Bismarck. Aussi le langage tenu par lord Salisbury n'est-il pas aussi téméraire que l'ont jugé bien des gens, tant en Angleterre qu'à l'étranger. Lord Salisbury est encore le maître absolu de la politique étrangère dans le parti tory, suprématie qui pourrait bien pourtant toucher à son terme, et il fait preuve d'infiniment plus de prudence dans sa ligne de conduite actuelle qu'il n'en a montré il y a quelques années.

Nous n'avons plus qu'à rechercher si, outre ceux dont il a déjà été fait mention, il ne resterait pas à examiner quelques points de nature à intéresser particulièrement l'Angleterre en ce qui concerne ses rapports avec l'Allemagne. Il y a quelques années, on croyait volontiers que le prince de Bismarck ressentait pour les libéraux anglais une aversion de nature à faire de leur présence au pouvoir un véritable danger pour le pays. Mais il faut se rappeler que la presse de Londres est généralement hostile au parti libéral; aussi, lorsqu'il est aux affaires, donne-t-elle des extraits de certains journaux allemands peu favorables à l'Angleterre et dont l'antipathie constante, quelle que soit la couleur de notre gouvernement, est alors interprétée comme ayant pour objet ce seul parti. En octobre dernier, alors que les conservateurs venaient de prendre le pouvoir, la *Gazette de Cologne* raillait l'Angleterre non moins amèrement que du temps de M. Gladstone et déclarait que, depuis le traité de Berlin, nous n'avons plus aucune action dans le concert européen. Si, au lieu de consulter les sentiments de la presse allemande, on veut bien s'attacher à ceux du prince de Bismarck, on reconnaîtra qu'en dépit de l'opinion contraire généralement répandue, le chancelier ne ressent pas plus d'antipathie pour les libéraux anglais qu'il n'éprouve de tendresse pour les conservateurs. Il s'accommodera tout aussi bien des hommes nouveaux du parti libéral — dirai-je des partis libéraux — lord Rosebery d'une part, de l'autre lord Hartington et M. Chamberlain, que de lord Salisbury. Il est un point sur lequel le prince de Bismarck se trouve en désaccord avec son entourage : il ne partage pas le dédain professé pour la puissance militaire de la Grande-Bretagne par l'état-major allemand qui, la jugeant d'après la faiblesse de nos effectifs, la lenteur de notre mobilisation, l'insuffisance de notre artillerie, les imperfections de notre équipement au point de vue d'une prompte entrée en campagne, la placent vraiment trop bas dans leur estime. Il est vrai que nous avons rejeté le fusil à répétition — dont, après tout, les grandes puissances ne se sont guère pressées de faire usage, tandis que voilà plus de vingt ans que la cavalerie américaine en est armée, et qu'il a été employé dans plusieurs occasions par les Turcs et les Chinois — il est également vrai que nous ne fabriquons pas les nouveaux obus, et qu'en somme, nous ne faisons pas grand'chose pour nous mettre en mesure de soutenir une guerre prochaine. Mais, en dépit de ces infériorités, le prince de Bismarck sait bien que nous possédons assez de richesse, d'énergie, de puissance industrielle pour écraser, dans une lutte un peu longue, la plus forte des nations européennes, l'Allemagne exceptée, qui est invulnérable pour nos armes, cela au risque, il est vrai, de compromettre gravement notre situation ultérieure dans le monde.

Une source de conflits entre le prince de Bismarck et le gouvernement anglais est née récemment de la question coloniale. On sait qu'après avoir pendant longtemps exprimé hautement son peu de goût pour la colonisation allemande, le chancelier a fini par juger nécessaire de donner satisfaction à l'opinion publique désireuse de se procurer quelques colonies à bon compte. Il a fort sagement évité de tomber dans les erreurs de la France et, si les territoires qu'il a acquis n'offrent pas grand profit immédiat, du moins ne lui coûtent-ils pas cher. Tous avaient été plus ou moins dédaignés par l'Angleterre, pour des motifs malheureusement inapplicables aux circonstances actuelles, maintenant que les produits britanniques sont frappés par certaines puissances de droits différentiels : tels la partie non hollandaise de la Nouvelle-Guinée, dont une fraction est devenue allemande ; le territoire des

Cameroons, que nous avaient offert leurs chefs; les chimériques possessions allemandes du Congo; enfin, le protectorat de Zanzibar, depuis longtemps sollicité de l'Angleterre par le sultan de cet État. En réalité, les colonies où flotte depuis peu le pavillon de l'empire germanique n'ont d'allemand que le nom. Les vues des adversaires du chancelier en faveur d'établissements coloniaux nécessaires à l'expansion du commerce, reprises par lui à son compte ont abouti à un certain nombre d'annexions sur le papier de districts où florissaient déjà des comptoirs allemands, tels qu'Angra Pequeña, divers points de l'Afrique centrale, de la côte de Zanzibar, de la Nouvelle-Guinée septentrionale, et quelques-unes des îles Pacifiques. Il nous aurait été possible de devancer l'Allemagne, en recourant à ce même procédé contre lequel elle aurait protesté, mais sans chercher à y mettre obstacle par la force.

En résumé, à la réserve de ce qui concerne l'Australie, infiniment moins menacée d'ailleurs par l'Allemagne que par la politique coloniale de la France et son système pénitentiaire, on peut affirmer que les intérêts britanniques n'ont guère eu à souffrir du fait de l'empire germanique, depuis qu'il a pris le premier rang parmi les puissances continentales, et tout porte à croire qu'il n'y a pas à redouter de sérieux sujets de conflits entre ces deux gouvernements.

II

FRANCE

Nous avons vu dans le chapitre précédent que l'Allemagne et l'Autriche sont tenues de conserver une attitude pacifique et qu'elles ne prendront pas l'offensive si elles n'y sont provoquées; que l'Angleterre n'est plus d'humeur guerroyante et qu'il lui faudrait un mobile bien puissant pour la rendre agressive ; enfin que, seule, la politique russe demeure un facteur inconnu de l'avenir européen, lequel se trouve ainsi dépendre des caprices du tsar. Il nous faut maintenant considérer la question au point de vue français et voir dans quelle mesure l'action personnelle des hommes qui sont en France à la tête des affaires peut influer sur la politique de ce pays. Absolu comme l'est, en Europe, l'empire de la force, les trois premières des puissances que nous avons nommées n'en paraissent pas moins, pour le moment, animées d'intentions pacifiques ; ce n'est évidemment pas de l'Italie que viendra une agression : les seules qui semblent susceptibles de mettre le feu aux poudres sont donc la Russie et la France.

Or quel est l'état de l'opinion en France? La masse

des électeurs et, en particulier, la population rurale, étant de complexion pacifique et portée à l'épargne, se trouve-t-il dans ce pays un homme qui, à un moment donné, aurait la volonté et la puissance de le précipiter dans une guerre en exploitant la vanité nationale? Ici il faut distinguer entre les sentiments et les paroles. Les hommes qui exercent le pouvoir en France sont, dans une forte proportion, originaires de ces provinces méridionales où ce qui est qualifié de « chauvinisme » par les gens du Nord est la monnaie courante du langage. Non seulement la Ligue des patriotes parle très haut, mais elle écrit beaucoup et, s'il fallait prendre au pied de la lettre certaines de ses assertions, on en pourrait inférer que l'Europe est à deux doigts d'une conflagration générale. On a pu voir, par les considérations développées dans mon premier chapitre, que je ne partage pas cette opinion et que je ne crois nullement la France disposée à partir en guerre de son plein gré; bien plus, la Russie entamât-elle une guerre avec l'Angleterre, avec l'Autriche, ou avec ces deux puissances réunies, je m'imaginerais volontiers la France se contentant, si cela lui est possible, de marquer les points et n'entrant dans le jeu qu'à la dernière extrémité.

Bien que l'un des membres du cabinet Goblet passe pour être imbu de chauvinisme, la déclaration ministérielle est pacifique[1]; elle n'aborde qu'en termes vagues

1. Écrit peu de jours après l'avènement du cabinet Goblet. Il ne semble pas, au surplus, que le changement de gouvernement survenu depuis doive modifier la politique étrangère de la France, bien au contraire.

et généraux la question de politique extérieure et il n'y est fait mention qu'incidemment des affaires militaires. Cependant la presse française, comme la presse allemande, retentit de rumeurs belliqueuses. On prête à M. de Courcel ce propos, quand il a refusé le portefeuille des affaires étrangères : « qu'il ne voulait pas être le duc de Gramont de la République ». D'autre part, à une seule exception près peut-être, tout ce qui en France compte, a compté ou comptera un jour pour quelque chose, veut la paix. Le président Grévy, plus pacifique que M. Bright lui-même; M. de Freycinet, type accompli de l'homme d'État prudent; M. Spuller, germanique de caractère comme il l'est de race; M. Clémenceau, esprit ouvert, ami des Anglais et rien moins que russophile, tous sont aussi peu enclins que possible à favoriser une politique d'aventure. Après s'être brûlé les doigts au Tonkin, M. Ferry, qui pourrait bien quelque jour revenir aux affaires, n'a plus envie de jouer avec le feu.

Quant à l'unique exception que nous avons admise, on a déjà nommé le ministre de la guerre actuel, dont on ne saurait nier qu'il a su, en France comme en Allemagne et en Russie, exciter à un point rare l'attention publique. Ce n'est pas une personnalité ordinaire que celle du général Boulanger. Il est parvenu très vite au premier rang. Gambetta le classait parmi les quatre meilleurs officiers de l'armée française, au troisième rang, si je ne me trompe. Il est jeune encore, sympathique et beau parleur. C'est à M. Clémenceau qu'il doit sa fortune, mais il commence à éclipser son patron qui n'a jamais été très populaire. Il est généralement considéré comme ne s'étant pas conduit en galant homme dans une circonstance dont le souvenir est encore présent à toutes les mémoires, mais on reconnaît non moins généralement que cela n'a porté aucune atteinte à son prestige. Si je ne craignais de paraître exagérer, je dirais que, depuis Napoléon à l'apogée de sa puissance, et peut-être La Fayette en 1830, jamais homme n'a joui en France d'une popularité comparable à celle du général Boulanger. Ce n'est pas que le monde des salons ne lui soit hostile ; mais, en France, moins qu'en aucun autre pays, les salons n'ont aujourd'hui d'influence. Il est plus généralement populaire dans la masse de l'armée que ne l'était, en 1849-1850, le prince-président et, s'il rencontre peu de sympathie dans les cadres supérieurs, on n'ignore pas que celui-ci était dans le même cas. En réalité, le nom du général Boulanger est, avec celui peut-être de M. de Lesseps, le seul qui soit vraiment populaire en France. Chose singulière d'ailleurs, en même temps qu'il est redouté de tous les hommes politiques, personne ne parle de lui qu'avec un sourire : on en a peur sans le prendre au sérieux, et, méconnaissant son prestige auprès de leurs propres lecteurs, les journaux le traitent volontiers de saltimbanque. On ne saurait nier qu'il y ait du charlatan dans son fait et on a lieu de ne pas le croire absolument étranger à la réclame qui se fait autour de son nom.

Cependant, en Allemagne, on ne semble pas rassuré sur la situation que le général Boulanger s'est faite, et la presse germanique le représente volontiers comme partisan des idées belliqueuses. C'est là, à mon sens, une grande erreur. Sa tendance à mettre un frein aux expéditions soi-disant coloniales me semble dictée, moins par une arrière-pensée d'agression européenne, que par une prudence absolument louable à tous égards. Pour tout dire, je ne suis pas de ceux qui croient à une sérieuse influence du général Boulanger sur l'avenir de la France et de l'Europe. Il y a quelque temps, j'avais chargé un de mes amis qui venait à Paris de me renseigner sur ce personnage déjà marquant alors et de me dire si, dans ce « Bonaparte sans victoire », il fallait voir un homme, un soldat, un sauteur ou un sot. Mais je n'en ai pas été beaucoup plus avancé, car le résultat de cette enquête est que, sur chacun de ces points, il y aurait à prendre et à laisser. En somme, tout en déployant de sérieuses capacités dans la direction de son département, il a montré par plusieurs de ses discours qu'il n'est pas homme à casser les vitres.

J'ai donné, dans le chapitre précédent, les raisons pour lesquelles je crois que, si la France est peu portée à l'offensive, elle est très forte au point de vue défensif. Sa situation présente sans doute bien des désavantages. L'instabilité de son gouvernement favorise le gaspillage qui règne dans ses finances, mais sans entraver cependant ses préparatifs militaires. La durée de la forme républicaine y est souvent mise en question, et pourtant on peut la regarder comme plus assurée que toute autre contre la révolution intérieure, et tenir pour certain qu'elle subsistera aussi longtemps que ne sera pas troublée la paix européenne. Aux yeux d'un étranger qui considère l'état des partis en France, la droite actuelle paraît bien faible. La tentative de M. Raoul Duval pour constituer un nouveau parti conservateur qui aurait loyalement soutenu la République a abouti à un échec, parce que son programme venait à l'encontre des déclarations personnelles faites par les chefs du parti prétendu conservateur actuellement existant; et cependant, il avait pour lui l'opinion de presque tous les membres sensés de ce parti.

Au surplus, fût-il même moins faible qu'il ne l'est en réalité, si faible qu'il doit à peine être mis en ligne de compte, le parti monarchique eût été fatalement amoindri par ses divisions en bonapartistes cléricaux et bonapartistes démocrates et anticléricaux, en légitimistes et royalistes constitutionnels, cléricaux ou non. Le groupe qui veut la restauration de la maison de France, sous l'étiquette du légitimisme ou sous celle de l'orléanisme, est numériquement plus considérable au sein du parlement que les diverses fractions bonapartistes; mais cela tient à ce qu'il a pour lui le vote des catholiques et celui des mécontents qui ne sont pas nécessairement royalistes. En réalité, si la France veut se donner un maître, il est à croire qu'un homme nouveau aura infiniment plus de chances qu'aucun membre des familles qui ont régné dans le pays. Ainsi que l'a dernièrement fait remarquer le *Journal des Débats*, les conservateurs modérés ayant à leur tête le comte de Paris, s'il consent jamais à s'y mettre, se sépareraient des séides de M. Paul de Cassagnac, qui peut-être se rallieraient à la « dynastie des Boulanger ». Si le prince Victor arrive jamais à portée appréciable du trône de France, ce n'est pas à l'action de son parti qu'il le devra, mais à ses qualités sympathiques, à son caractère remuant, à son esprit aiguisé.

Il est d'ailleurs singulier que l'ambition de porter la couronne de France puisse exister chez quelqu'un, comme c'est, dit-on, le cas de la comtesse de Paris. On peut affirmer que, dans l'état actuel de l'opinion publique et dans celui que l'on peut prévoir pour un avenir éloigné, le plus clair résultat d'une restauration monarchique serait de fortifier le parti révolutionnaire. Il n'est pas probable qu'aucun gouvernement puisse, pendant une période de quelque durée, être plus conservateur que ne l'a été la République depuis quinze ans, et, quel que soit leur langage public, tous les vrais conservateurs reconnaissent en particulier qu'une république modérée est la meilleure chance de salut qu'aient la société française contre l'anarchie, et l'Église contre la spoliation. Ils le savent si bien que, livrés à eux-mêmes, ils se rallieraient tous aux républicains modérés. On est généralement fort mal informé sur ce point en Angleterre. La légitime compassion qu'y inspire chez quelques-uns le sort de l'impératrice Eugénie, les liens de sympathie qui en unissent d'autres aux membres si distingués de la famille d'Orléans, l'idée généralement répandue de la supériorité de la monarchie constitutionnelle sur la forme républicaine, tous ces sentiments, combinés avec la mauvaise humeur qu'a excitée la récente attitude de la France dans certaines questions, concourent à y entretenir de l'antipathie contre la République française. De là on part pour se persuader que, de façon ou d'autre, elle n'en a plus pour longtemps. Tous les gouvernements européens et plusieurs de ceux d'Amérique sont actuellement exposés à des bouleversements révolutionnaires et, pas plus que les autres pays, la France n'est à l'abri de ce danger. Il serait donc possible que la troisième république fût renversée par les socialistes. Il ne serait pas non plus impossible qu'une monarchie résultât de la violente réaction provoquée, dans la suite, par le triomphe du parti socialiste. Mais, à mon avis, la France a moins à redouter de la question sociale que plusieurs monarchies voisines et, je le répète, je m'attends à y voir la république durer tant que durera la paix en Europe.

Malgré sa faiblesse, la seconde république de 1848 s'est trouvée mieux en état de résister à la violence que ne l'avait été la monarchie constitutionnelle, dont la ruine, il est vrai, a été causée par sa résistance à l'extension du droit de suffrage. Jamais république ne se serait effondrée comme le gouvernement de Juillet, et il n'est pas de monarchie qui eût pu survivre aux journées de Juin. A l'époque de cette insurrection, le parti socialiste était plus puissant en France qu'aujourd'hui, dirigé par des chefs de plus grande valeur, et c'est un remarquable témoignage de la force que porte en soi une république, même faible, que cette victoire dont, il est vrai, elle devait mourir plus tard. La troisième république française ne sera tuée ni par le socialisme ni par quelque chose que ce soit, la guerre exceptée.

L'Angleterre est infiniment mieux informée sur les affaires européennes que n'importe quelle autre nation, tant par la presse que par la parole d'hommes d'une haute compétence en ces matières ; aussi les doutes répandus dans les classes supérieures sur la durée possible de la république en France ne peuvent être attribués qu'à une idée préconçue contre cette forme de gouvernement. L'expulsion des princes a été à peu près, sinon tout à fait, unaniment condamnée par la presse britannique. Si elle ne l'avait été qu'au point de vue de la justice, je n'aurais pas à en parler ici, puisque je m'efforce uniquement d'établir des faits, sans prétendre juger de leur plus ou moins de moralité, ni faire intervenir mes préférences personnelles. Mais les journaux anglais ne se sont pas bornés à blâmer cette mesure comme étant inique; presque tous l'ont présentée comme devant être nuisible à la république. Voilà bien un exemple des idées fausses qui ont cours chez nous au sujet de la France. L'événement a démontré, au contraire, que les républicains français n'ont pas été si maladroits, car la réaction conservatrice qui s'était produite d'une façon si caractérisée lors des dernières élections générales, semble enrayée aujourd'hui. Les élections partielles qui ont eu lieu depuis dans des départements même d'opinion modérée montrent que les masses ont regardé cette mesure comme un acte de vigueur nécessaire, commandé par le souci de la sécurité et de la dignité nationales.

Nous venons de dire que les ambitions prêtées au général Boulanger ne semblent pas devoir être une menace pour la paix. En sont-elles une pour la république? Si la France veut un maître, ai-je dit, il est probable qu'elle le cherchera dans un homme nouveau. Avec le goût que l'on a pour l'introduction dans la politique des questions de personne, on se trouve naturellement conduit à me demander : « Avez-vous quelqu'un en vue? » Non, je n'ai pas particulièrement en vue le ministre de la guerre actuel, mais celui quel qu'il soit qui, à quelque époque que la guerre éclate, se trouvera à la tête de l'armée française. Pour les raisons que j'ai données dans mon étude sur l'Allemagne, je ne crois pas la France exposée à une défaite complète dans le prochain conflit. Pour mettre de son côté toutes les chances de succès, elle devra confier la conduite des opérations au meilleur de ses généraux, lequel sera virtuellement investi de la dictature pendant toute la durée des hostilités. Il est permis de supposer que. dans ces conditions, à la tête de quatre millions d'hommes, un généralissime aura des chances pour être vainqueur. Ne le fût-il pas, tout porte à croire que la France n'aurait pas à supporter une diminution considérable de territoire et que le dommage subi se réduirait à une augmentation d'impôts et à une perte de bras pour l'agriculture et l'industrie. Dans cette éventualité même, avec un peu de sagesse, ce généralissime pourra être aussi redoutable pour le gouvernement que s'il avait été victorieux. Enfin, au cas peu probable d'un écrasement complet de la France, la république s'effondrerait nécessairement au profit, soit d'une des anciennes dynasties, soit d'un homme moins compromis que les autres dans la catastrophe : quelque général, par exemple, qui aurait fait une brillante défense. Il me semble impossible qu'un observateur désintéressé n'envisage pas une guerre, qu'elle qu'en doive être l'issue, comme destinée à porter à la République le coup mortel. Je ne dis pas que le nom de république ne serait pas conservé par celui qui détruirait les institutions républicaines; il le serait même probablement, si celui-là a quelque sagesse.

Mais, dès qu'on écarte l'éventualité d'une guerre prochaine, rien ne fait croire que le général Boulanger doive grandir encore. Si l'élection présidentielle appartenait au suffrage universel, sa popularité pourrait lui donner des chances; tant qu'elle sera aux mains du Congrès, il n'en aura guère, pour ne pas dire aucune. De même que celui du prince-président en 1850, le prestige du général va s'amoindrissant à mesure que l'on monte dans l'échelle sociale. Ses faiblesses ont été habilement mises en lumière dans un article de M. Cherbuliez sur l'administration de M. Cambon, paru dans la *Revue des Deux Mondes* du 15 décembre. Dans les affaires de Tunisie, c'est le côté charlatanesque de son caractère qui s'est révélé. Mais la guerre de 1870 l'avait montré bon soldat, et les actes les plus récents de son ministère dénotent du sens et de la prudence, « ce qui ne l'en rend que plus dangereux », m'ont d'ailleurs dit, à ce sujet, des hommes politiques républicains. Sa popularité a survécu à son désaveu des lettres au duc d'Aumale ; mais, à la fin de l'année dernière, ses ennemis ont cru avoir trouvé le défaut de la cuirasse. Le général Boulanger, M. Clémenceau et d'autres ont été pris à partie au sujet de la croix de grand officier de la Légion d'honneur conférée au docteur Cornélius Herz. On a révélé que ce personnage était un des actionnaires de la *Justice*, souscripteur au fonds électoral de M. Clémenceau, et qu'il avait été l'amphitryon du ministre de la guerre. On pensait faire succomber celui-ci sous un scandale financier, mais on n'a pu trouver la preuve qu'il ait jamais, non plus que le directeur de la *Justice*, trempé dans aucune spéculation douteuse. Assurément, la corruption financière est grande à Paris ; excepté la courte république de 1848, tous les gouvernements en sont là depuis la Restauration : monarchie de Juillet, second Empire et troisième République. Cependant les adversaires mêmes de M. de Freycinet reconnaissent qu'il a les mains nettes et ceux du général Boulanger ont dû renoncer à incriminer ses relations avec le docteur Herz. Le plus clair résultat de ces attaques a été d'accroître encore sa popularité.

Au cas où la guerre éclaterait à bref délai, c'est évidemment le général Boulanger qui serait le tout-puissant généralissime. D'aucuns pensent que, si quelque commotion intérieure venait à se produire en France, il pourrait également être appelé au rôle de sauveur et mis ainsi à même de renverser les institutions républicaines. Je ne suis point de cet avis. Le général à qui incomberait la tâche de réprimer par la force des troubles civils s'attirerait, de ce fait même, de vifs ressentiments dans la masse populaire, et ce ne serait pas pour lui le moyen de se tailler une dictature. Tout autre serait le résultat d'une guerre étrangère : malheureuse, elle pourrait restaurer la monarchie; douteuse, donner la présidence à celui qui l'aurait conduite; heureuse et restituant l'Alsace-Lorraine à la France ou lui donnant la Belgique, elle confèrerait à celui-là un pouvoir absolu, dissimulé sous l'étiquette républicaine. Il est certain que le futur César français ne s'entourera pas d'archichanceliers en bas de soie et en habit de cour, qu'il sera désigné par le titre de président de république ; mais l'autocratie d'un homme énergique, aussi déguisée que l'on voudra, n'en doit pas moins être envisagée comme parfaitement possible dans l'avenir.

Cependant, si populaire qu'il soit à l'heure actuelle, le nom du général Boulanger pourra fort bien, dans quelques années, être tombé dans l'oubli. En France, les personnalités marquantes sont mises de côté bien plus vite et bien plus complètement qu'en Angleterre. Ici, lorsqu'ils ne sont pas aux affaires, les hommes capables et désireux de servir le pays sont considérés comme la réserve de l'avenir; ils sont, pour ainsi dire, en état de disponibilité. Là, au contraire, nous voyons l'opinion écarter absolument du pouvoir, non seulement les partisans déclarés des anciennes familles régnantes, mais encore des personnages tels que M. Ollivier, par exemple, dont le seul tort est d'avoir échoué dans une tentative honorable, ou M. Léon Say, le plus éminent peut-être des hommes d'État français, sans qu'on puisse même découvrir une apparence de motif à leur exclusion du gouvernement. Les hommes politiques qui durent et qui reviennent sont ceux qui pratiquent le système des compromis, les disciples de la politique d'expectative et de circonspection, tels que ce premier ministre, déjà trois fois descendu du pouvoir, que l'on a surnommé « la petite souris blanche ».

Étant donné qu'à tort ou à raison le président Grévy et les plus prudents de ses conseillers envisagent une guerre comme devant sonner le glas de la république, il ne faut pas s'étonner de voir la France hésiter devant une alliance russe et, quel que puisse être le langage tenu dans différents pays, il y a lieu de croire au maintien de la paix européenne. L'automne dernier, l'entente entre la France et la Russie était assez sérieuse pour avoir, à bien des égards, les effets d'une alliance formelle, qu'elle n'impliquait pourtant en aucune façon. Ces deux puissances ont exercé de concert à Constantinople une pression considérable dont, particularité intéressante, il ne semble pas, d'après l'attitude de l'ambassadeur d'Allemagne auprès de la Porte, que le prince de Bismarck ait pris grand souci. A deux reprises pendant ces six derniers mois, le bruit s'est répandu soudain d'une alliance russo-allemande à laquelle on a cru, parce qu'elle n'a été démentie qu'à Vienne, et pas à Berlin ni à Saint-Pétersbourg. La vérité est que la Russie n'est pas plus alliée aujourd'hui à l'Allemagne qu'elle ne l'était à la France vers la fin de l'année passée. Le tsar et le prince de Bismarck ont intérêt à laisser courir cette rumeur, mais le chancelier s'est certainement défendu vis-à-vis de l'Autriche d'une alliance dont l'effet immédiat, si elle était pleine et entière, serait la dislocation de cet empire, car, dans l'esprit des Russes, elle serait tout particulièrement dirigée contre la politique autrichienne en Orient.

Le bruit s'est répandu aussi à Constantinople que les conservateurs anglais seraient aujourd'hui d'accord avec les libéraux, pour envisager le fait d'une mainmise sur cette ville par le tsar comme ne devant porter aucune atteinte aux intérêts britanniques. C'est la Russie qui a mis ce bruit en circulation. Elle dit aux Turcs que l'Angleterre se désintéresse absolument de leur sort et que leur unique ressource pour sauvegarder leur autonomie est d'agir en bons voisins vis-à-vis d'elle, c'est-à-dire de se soumettre aveuglément à sa direction politique. Aussi, avec l'assentiment au moins apparent de l'Allemagne, qui désire avant tout éviter la guerre, le sultan en arrivera bientôt à jouer vis-à-vis de la Russie le rôle du bey de Tunis à l'égard de la France.

D'autre part, les relations de la France et de l'Allemagne ne sont point telles qu'on pourrait le supposer après les coquetteries récemment échangées entre

Berlin et Saint-Pétersbourg. Quoique actuellement les premiers commis dont le département des affaires étrangères fait des ambassadeurs à Berlin ne prennent plus comme autrefois le mot d'ordre du prince de Bismarck, il ne semble pas y avoir rien de changé aux bonnes relations entre les deux gouvernements. Le comte Münster ne possédant pas la confiance du chancelier, c'est par l'intermédiaire de l'ambassade de France en Allemagne que se font les communications de Berlin à Paris. Ni M. de Courcel, ni jusqu'à présent que je sache M. Herbette, n'ont rencontré de difficultés sérieuses dans l'accomplissement de leur mission. L'Angleterre se flatte volontiers d'avoir les sympathies de l'Allemagne et cependant, sous le ministère Salisbury, en 1885, ses rapports avec cette puissance étaient infiniment moins amicaux que ceux de la France. Sir E. Malet a pu, dans une certaine mesure, modifier la situation; mais il n'en est pas moins certain que, la Grande-Bretagne s'étant orgueilleusement refusée à se mettre à la remorque de la politique germanique, contrairement à ce qu'a fait la France pendant plusieurs années, il en est résulté quelques froissements entre les gouvernements allemand et britannique. Les relations personnelles entre le prince de Bismarck et lord Ampthill ont toujours été excellentes, aussi la mauvaise humeur provoquée par l'attitude rien moins que soumise de l'ambassadeur anglais est-elle retombée plus sur son gouvernement que sur lui-même. Lord Rosebery, lui, passait pour être très Allemand, et sa présence aux affaires a coïncidé avec une recrudescence de l'esprit militaire en France poussant ce pays à s'affranchir de la sujétion à laquelle, depuis 1870, il s'était plié vis-à-vis de l'Allemagne. Actuellement, il ne s'est pas encore produit de refroidissement entre les cabinets de Paris et de Berlin, ce que l'Allemagne s'efforcera d'éviter le plus longtemps possible ; mais les relations de l'empire germanique avec le Royaume-Uni sont devenues plus étroites.

Je ne crois rien avoir à modifier dans l'évaluation des forces respectives de la France et de l'Allemagne que j'ai essayé d'établir dans la première de ces études. L'armée française va se démocratisant de jour en jour, tandis que rien de pareil ne se produit en Allemagne. Dans ce pays, le système de volontariat, sagement appliqué, ne donne que d'excellents résultats à tous égards; en France au contraire, les abus qu'on avait laissés s'introduire dans cette institution ont conduit à une réforme qui rend le service militaire égal pour tous. On pourrait conclure de ce fait qu'avec autant d'aptitudes pour la guerre que pour la science, le peuple français est inférieur dans l'application à l'art de la guerre des principes scientifiques. En Allemagne, presque tous les engagés conditionnels, dont le nombre est restreint, fournissent d'excellents officiers ou tout au moins sous-officiers de réserve. Il n'en est pas de même en France où le nombre en est beaucoup plus considérable, et l'impatience du caractère national a amené la suppression absolue d'un système qu'il eût sans doute été possible d'améliorer au moyen de réformes successives.

Quelques doutes ont été élevés sur l'exactitude de mes chiffres d'effectifs. On m'a représenté qu'une réduction de 40 pour 100 doit être apportée au chiffre supérieur à quatre millions que j'avais indiqué pour le total de l'armée française mobilisée : or le résultat de cette opération donne exactement les 2,500,000 combattants que j'avais dit représenter l'effectif réel présent sous les drapeaux. On estime généralement que, le vingtième jour de la guerre, qui est le dernier de la mobilisation complète, la France aura 1,200,000 hommes en première ligne, 400,000 dans les dépôts, les garnisons des places fortes au complet, plus les troupes algériennes et coloniales, soit ce même total de 2,500,000 hommes.

On a fort discuté aussi mes considérations, non pas politiques, mais militaires, sur l'éventualité d'une invasion de la France par l'armée allemande à travers la Belgique. Depuis le directeur du principal organe de l'opinion bruxelloise jusqu'à l'éminent officier général qui, dans les études publiées avant la mienne sur ce sujet par la *Revue de Belgique*, a voulu garder l'anonyme, bien que la signature y soit d'usage, tous les écrivains belges qui traitent cette question partagent ma manière de voir quant à la probabilité d'une violation de leur territoire. La seule divergence d'idées qui existe entre nous consiste en ce qu'ils croient la neutralité également menacée par les deux belligérants et non, comme moi, par l'Allemagne seule. Mais, loin de diminuer la portée de l'avertissement que j'ai donné à l'Angleterre, cette légère dissidence ne fait que l'accentuer davantage. L'énorme quantité de matériel de guerre accumulé dans le camp retranché de Cologne suffit, pour quiconque a l'expérience des choses militaires, à démontrer la vérité de ce que j'ai dit. La Belgique étant particulièrement intéressée dans la question, on pourrait considérer les arguments présentés par ses écrivains comme destinés à sonner l'alarme. Aussi m'appuierai-je sur l'opinion presque unanime qui a cours dans les milieux militaires des pays hors de cause. Au point de vue politique, je prierai ceux qui croient à la neutralité belge de se reporter à la correspondance diplomatique échangée en 1870 : ils y verront comment l'Autriche et la Russie se sont refusées à agir de concert avec l'Angleterre pour protéger la Belgique jusqu'au jour où, en présence des désastres éprouvés par la France, elles ont vu que cette action ne pouvait entraîner pour elles aucune responsabilité. Je les renvoie aussi à la circulaire du 3 décembre 1870, dans laquelle le gouvernement prussien déclare « ne pas se considérer comme lié plus longtemps par aucune considération relative à la neutralité du grand-duché de Luxembourg qui serait de nature à entraver les opérations de l'armée allemande ». Ils pourront juger par là des difficultés que rencontreraient le Luxembourg et la Belgique elle-même à maintenir leur neutralité dans le cas où une grande guerre viendrait à se produire.

La France ne peut compter pour sa défense que sur ses propres forces militaires et navales, car elle n'a pas d'alliés en Europe. Tout en éprouvant pour la République française peu de sympathie, l'empereur de Russie serait naturellement assez disposé à utiliser son concours dans une certaine mesure ; le sultan emboîte le pas derrière le tsar. Mais où trouver en Europe des gouvernements vraiment sympathiques à la France? Elle a détruit l'effet de l'amitié traditionnelle de la Suède par son entente avec la Russie, l'ennemie héréditaire de cette puissance. Dans une guerre générale, partagée entre ses inclinations de longue date pour la France et son désir de reprendre la Finlande à la Russie, la Suède se déciderait à demeurer neutre, comme elle l'a fait pendant la guerre de Crimée, alors que cependant la tentation était plus forte. L'Autriche marche avec l'Allemagne ; l'Italie est irrémédiablement brouillée avec la France; l'Espagne est condamnée à l'impuissance, tant par sa situation intérieure que par sa position géographique. Le gouvernement actuel y est impopulaire à cause de l'origine étrangère de la reine, et la nation espagnole se divise en deux partis : les indifférents et les républicains, ceux-ci l'emportant sur ceux-là. Il est vrai que, si la France ne doit pas compter sur l'Espagne comme alliée, d'autre part, elle est certaine de ne pas l'avoir pour ennemie, tant qu'elle saura résister à la tentation d'occuper le Maroc.

Reste la question des rapports avec l'Angleterre, qui est pour la France le point le plus important et le plus épineux de sa politique étrangère. Les intérêts français et britanniques se trouvent trop en contact dans les différentes parties du monde pour que de fréquents conflits ne s'élèvent pas entre les deux gouvernements. Si la monarchie de Juillet et le second Empire n'avaient pas pris plus de soin que ne l'a fait, dans ces dernières années, la troisième République, pour éviter toute cause d'irritation réciproque, le milieu de ce siècle aurait certainement vu une guerre franco-anglaise, et, si la paix n'a pas encore été troublée de ce côté, il en faut rendre grâce à la force du sentiment pacifique dans ces deux pays, nonobstant l'apparente hostilité de la France contre l'Angleterre. Ce n'est assurément pas que les sujets de guerre aient fait défaut. Voilà, par exemple, le cas des Nouvelles-Hébrides : il semble qu'en cette circonstance le gouvernement français ait pris à tâche d'exaspérer l'opinion anglaise. A Madagascar, les sujets britanniques ont été traités de telle sorte que, si la ligne télégraphique de Tamatave avait existé alors, ce qui eût permis aux journaux anglais d'être renseignés jour par jour sur les événements, il est fort probable que la guerre eût éclaté. Mais, lorsqu'on aborde ce sujet des rapports de la France avec l'Angleterre, la question capitale qui s'impose à tous les esprits est celle des affaires d'Égypte.

Sur cette matière délicate j'aurai soin de faire appel à toute la modération dont je suis capable. Si, en effet, je disais contre la politique de la France en cette occasion la moitié seulement de ce qui a été dit contre elle dans quelques organes de la presse française, je serais accusé de céder au préjugé national et de violer la règle que je me suis prescrite de n'exposer que des faits et non pas des sentiments personnels. De la part d'un compatriote, les Français supporteront ce qu'ils n'admettraient pas, dit par un Anglais. Je n'en veux pour exemple que le cas de M. J.-J. Weiss, — celui que Gambetta appelait « la première plume de France » quand il l'a placé aux affaires étrangères. Ce n'est pas impunément que le *Times* aurait pu établir entre l'Allemagne et la France actuelles une comparaison un peu défavorable à celle-ci et montrer l'officier allemand marchant au milieu de ses hommes « avec les allures d'un Dieu ». C'est ce que fait M. Weiss dans son récent ouvrage et, même dans sa préface consolante, ce qu'il trouve de mieux à dire en faveur de son pays, c'est « qu'en somme la France n'est pas en état d'infériorité manifeste vis-à-vis de l'Allemagne ». Dans ce même livre, soit dit en passant, il déclare — et je ne crois pas qu'avant lui aucun écrivain français ait osé le reconnaître — que, toutes les fois qu'il l'a voulu, le prince de Bismarck a été le vrai ministre des affaires étrangères de la République française. Mais si je m'aventurais, moi, à dire la dixième partie de ce qu'a dit M. Weiss, je risquerais fort, lors de mon premier voyage à Paris, d'être reconduit entre deux gendarmes à Boulogne ou à Calais.

Essayons donc de juger la position de la France au regard de l'Égypte. De concert avec la Russie et la Turquie, elle insiste pour savoir de nous combien de temps encore nous comptons occuper ce pays, à quoi nous répondons invariablement que nous y resterons jusqu'à l'entier accomplissement de notre tâche[1]. Nous

1. Écrit en février, c'est-à-dire avant les négociations du mois de mai.

plaçant au point de vue français, il est superflu de représenter à la France qu'elle a volontairement renoncé à sa part dans le protectorat de l'Égypte quand, après avoir elle-même inspiré la note dont il est parlé plus loin, donnant à ce protectorat un caractère militant, elle a refusé le concours de son sang et de son argent au maintien de l'ordre dans ce pays. Les négociateurs français seraient en droit de répondre que ces événements remontent à plusieurs années et que cette abstention de leur gouvernement, que personnellement ils regrettent, ne doit pas avoir d'influence sur l'avenir. Aujourd'hui c'est l'Angleterre qui a le plus d'intérêts dans le transit du canal et elle en a non moins dans le transit par terre, lequel, fort important depuis une cinquantaine d'années, serait appelé à remplacer l'autre si, en cas d'une guerre avec la Chine ou d'une insurrection de l'Inde, le canal venait à être obstrué par suite d'un accident plus ou moins fortuit. Cependant la France essaye de se créer un empire colonial dans l'extrême Orient, ses difficultés avec la Chine et avec Madagascar lui imposent des obligations militaires et elle ne saurait admettre que la question du transit égyptien ne soit, pour elle aussi, absolument vitale. Si l'on considère qu'elle possède sur la Méditerranée des ports magnifiques et que, lors d'une guerre générale, l'accès de cette mer serait assez malaisé aux flottes anglaises, on pourrait même prétendre que, dans certaines conjonctures, l'Égypte serait plus utile à la France qu'à l'Angleterre.

Mais la liberté du transit égyptien a toujours été

l'objectif de cette dernière puissance. On n'a pas oublié à ce sujet le célèbre entretien de l'empereur Nicolas avec sir Hamilton Seymour, dans lequel celui-ci a refusé l'Égypte qui lui était offerte, en disant que « les vues de l'Angleterre sur ce pays n'allaient pas au delà de la garantie nécessaire de communications sûres et rapides entre l'Inde anglaise et la mère patrie ». Quand plus tard Napoléon III a renouvelé cette offre, lord Palmerston a répondu dans des termes qui, par le temps de spoliation générale qui court, doivent être rappelés à son honneur : « Comment justifier une agression sans motif par laquelle, la France prenant le Maroc, la Sardaigne Tunis, et l'Angleterre l'Égypte, nous recommencerions en Afrique le partage de la Pologne? Et comment, après avoir garanti l'intégrité de l'empire turc, la France et l'Angleterre pourraient-elles ravir l'Égypte au sultan?... Et d'ailleurs nous ne voulons pas de l'Égypte... Ce que nous voulons, c'est y avoir libre passage et libre trafic, mais non pas y assumer le fardeau du gouvernement. Et quant à la question d'équilibre de forces, nous ne considérerions à aucun point de vue, soit militaire, soit maritime, soit politique, la possession de l'Égypte comme un contrepoids à la possession du Maroc par la France. »

On voit que lord Palmerston n'accordait pas grande valeur à la conquête de l'Égypte. En 1878, lord Salisbury a dit officiellement que l'Angleterre n'avait pas la moindre velléité de colonisation dans ce pays, et des déclarations analogues ont été faites à plusieurs reprises depuis la suppression du contrôle. Je le répète, nous n'avons d'autres intérêts en Égypte que la liberté des communications par le canal de Suez, ou, faute de mieux, par la voie de terre à travers l'isthme, et la protection du commerce britannique. Or, pour arriver à ce double but, nous croyons préférable de laisser l'Égypte indirectement rattachée à l'empire ottoman, et indispensable qu'aucune puissance n'y puisse créer d'établissement colonial. L'honneur britannique est engagé à soutenir le khédive actuel. La France s'est volontairement imposé une semblable obligation; on l'accuse pourtant d'avoir suggéré plusieurs fois la déposition de Tevfik pacha au profit du prince Halim. Quant à nos intérêts dans les finances égyptiennes, ils se confondent avec ceux des autres nations et seraient absolument sauvegardés par une convention européenne.

On se souvient que, du temps de M. Goschen, bien que la France eût une part importante dans le contrôle, l'Angleterre y jouait un rôle prépondérant. Avec lord Salisbury, l'équivalence s'était à peu près établie et elle a été rendue complète par la réforme apportée en novembre 1879 au système du contrôle. A la fin de décembre 1881, l'Angleterre et la France se sont réunies pour déclarer au khédive actuel que son maintien sur le trône était considéré comme une garantie indispensable d'ordre et de sécurité pour le pays; les deux gouvernements ajoutaient, dans les termes les plus formels et les plus comminatoires, qu'ils étaient résolus d'un commun accord à le défendre contre toute complication intérieure ou extérieure. Gambetta, qui avait suggéré cette déclaration, a été renversé sur ces entrefaites et remplacé par M. de Freycinet, ennemi de toute action militaire. Cependant, après avoir longtemps balancé et proposé la déposition du khédive, qu'a refusée l'Angleterre, il a consenti, mais trop tard, à une démonstration navale anglo-française combinée avec une intervention armée de la Porte. Il avait d'abord beaucoup insisté pour qu'on ne fît pas mention du recours aux armes ottomanes. Ses hésitations, ou peut-être l'opposition de ses collègues ont favorisé l'explosion du mouvement révolutionnaire en Égypte, et, lorsqu'il a fini par consentir à ce que la France coopérât à une démonstration navale, la Chambre lui a refusé les crédits nécessaires.

On connaît la suite des événements et l'on n'ignore pas que, dans l'accès d'alarme et d'indignation provoqué chez lui par l'occupation de la Tunisie et les procédés de la France à son égard, le sultan a renouvelé à l'Angleterre, qui l'a de nouveau rejetée, l'offre de l'Égypte déjà faite précédemment par les empereurs Nicolas et Napoléon III. Au surplus, il a toujours fait preuve dans ces affaires d'Egypte d'une remarquable incertitude d'esprit : tantôt sur le point d'avouer qu'il avait perdu sans retour tout empire sur les populations égyptienne et arabe, tantôt inclinant à croire qu'après l'évacuation du pays par les troupes britanniques, il pourrait y établir dans une certaine mesure sa suzeraineté.

Il n'est pas douteux que, lorsque le gouvernement anglais a cru devoir occuper l'Égypte pour y réprimer une insurrection militaire, son dessein était d'en retirer ses troupes dans le plus bref délai possible. Le refus opposé par le sultan au recrutement en territoire turc de soldats pour l'armée khédivale et, par suite, la difficulté d'organiser une armée indigène suffisamment solide l'ont empêché d'en agir ainsi. M. Gladstone a résisté énergiquement à la pression exercée en 1882 par quelques hommes politiques, dans le sens d'une annexion pure et simple de l'Égypte. Son plan consistait à réduire graduellement à 3,000 hommes au plus le corps d'occupation qui serait alors concentré à Alexandrie, et, bien que contrariée par les événements du Soudan, c'est cette politique qui prévaut encore actuellement. Le gouvernement britannique demeure fidèle à la résolution prise de longue date de ne pas se laisser tenter par cette conquête qui lui eût été facile entre 1870 et 1875 ou 1876 et à laquelle s'est toujours refusé le cabinet conservateur de 1874-80. Il l'a bien montré par l'établissement du contrôle franco-anglais, comportant la reconnaissance officielle des droits de la France, lesquels ont été plus tard admis sur le pied d'égalité avec les nôtres.

Cependant l'Angleterre ne saurait oublier le rejet par la Chambre française, à une majorité énorme, des crédits demandés pour exécuter la convention consentie par M. de Freycinet, en vue d'un concours limité de la France dans la campagne contre Arabi. Nous considérons naturellement cette puissance comme déchue de ses droits par le seul fait de cette abstention. A la fin de 1882, elle a rejeté notre proposition de lui donner dans le gouvernement de l'Égypte une certaine part, relativement petite, il est vrai, insistant pour le rétablissement des institutions abolies avant notre intervention, notamment du contrôle. Le gouvernement français était fondé à prétendre que des obligations régulièrement consenties par trois États ne peuvent être ni annulées ni modifiées que d'un commun accord entre les parties contractantes. D'autre part, le cabinet britannique arguait que l'établissement du contrôle était un acte personnel du khédive, et qu'il n'avait d'ailleurs pas été pris d'engagements quant à sa durée. En fait, voilà quatre ans que le contrôle est supprimé, sous réserve des protestations de la France. On se souvient que, dans l'été de 1884, cette puissance a proposé de renoncer au rétablissement du contrôle, s'engageant aussi à ne jamais envoyer de troupes en Égypte qu'après entente préalable avec l'Angleterre, en retour de quoi nous promettions l'évacuation pour le commencement de 1888, si toutefois les puissances n'y voyaient pas de péril pour la paix et la sécurité du pays. Cet arrangement était subordonné à l'approbation de mesures financières que le gouvernement britannique devait soumettre à la conférence. Cette conférence s'est dissoute avant d'avoir abouti à une résolution, mais non sans avoir pris connaissance des systèmes financiers respectivement présentés par l'Angleterre et par la France, et dont il semble que le français était le meilleur.

Le gouvernement britannique avait aussi manifesté l'intention de proposer à la conférence de 1884 un projet de neutralisation de l'Égypte, conçu d'après les principes appliqués à celle de la Belgique. C'est probablement là que sera la solution si les troupes anglaises évacuent jamais le pays, éventualité que nous allons discuter tout à l'heure. Et cette neutralité garantie par les parties contractantes ne serait nullement incompatible avec le maintien d'une ombre de suzeraineté turque et du payement d'un tribut à la Porte, comme le montre, entre autres exemples que l'on pourrait citer, celui de la neutralité du Chablais.

Pour le moment, voici où en est la question. Quand la France nous demande de fixer une date pour l'évacuation de l'Égypte, nous répondons qu'un gouvernement national, aussi faible que celui du khédive, est impuissant à maintenir l'ordre dans le pays, tant que les nombreux Européens de bas étage résidant à Alexandrie, et en moins grande quantité dans les autres villes, ne seront pas soumis à la loi commune. Or on sait la France peu encline à laisser modifier le régime des capitulations ; aussi lui reprochons-nous, non seulement de ne rien faire pour nous faciliter cette évacuation qu'elle réclame, mais même d'être responsable des difficultés qui rendent nécessaire notre présence dans le pays. Dès 1857, cette question de la tourbe européenne dont est infestée l'Égypte était considérée comme demandant une prompte solution, et, fait singulier, c'est d'Angleterre qu'étaient d'abord venus les obstacles. Il faut bien avouer que, d'un côté comme de l'autre, cette question si grave a été exploitée pour se tromper réciproquement.

Au surplus, on peut dire de l'occupation anglaise qu'elle ne prendra pas fin tant que la France continuera à protester avec cette véhémence. Les plus sensés et les plus modérés des journaux français l'ont déclaré eux-mêmes, c'est avec l'assentiment de l'Europe que l'Angleterre est allée en Égypte pour y rétablir l'ordre et elle y est allée seule, à ses risques et périls, au prix de sérieux sacrifices. Ils pourraient ajouter qu'elle avait, au préalable, demandé à la France d'abord, puis à l'Italie, un concours qui lui a été refusé, en Italie par le gouvernement, en France par la Chambre après acceptation du gouvernement. Ces journaux disent encore que l'Angleterre est seule juge de l'opportunité d'une évacuation qui est incontestablement dans ses desseins et que ce serait folie à la France de continuer à se faire répondre par les fins de non-recevoir que lui attirent ses demandes trop pressantes, plus encore de prendre les armes pour une telle cause. Ils ont signalé aussi un extraordinaire changement survenu dans la politique traditionnelle de la France vis-à-vis de la Turquie. En s'efforçant d'exploiter contre l'influence anglaise en Égypte la suprématie de la Porte, n'a-t-elle pas démenti tout son passé historique, elle qui, de toutes les puissances, s'est toujours montrée la moins encline à reconnaître cette suprématie? Va-t-elle donc aussi rétablir la suzeraineté du sultan sur l'Algérie et la Tunisie?

Il est certain que l'opposition manifestée en France contre l'occupation de l'Égypte par les Anglais et qui, en novembre dernier, a atteint son paroxysme, doit être tenue pour agréable par la Russie et qu'elle a fait naître dans l'esprit du sultan des illusions pour l'avenir. Ces sentiments se font jour dans des notes inoffensives, adressées de temps à autre par la Porte au gouvernement britannique, que je soupçonne de les lire fort superficiellement, tout en prenant parfois la peine d'y répondre. Plus dangereuse pour la paix européenne est l'impression produite en Russie par l'attitude de la France, car, bien qu'il n'y ait pas entre ces deux puissances d'alliance proprement dite, si cependant la France soutient la Russie dans la question bulgare, la Russie se verra en retour obligée d'appuyer la France dans les affaires d'Égypte, d'où il pourrait bien résulter quelques blessures à l'orgueil britannique, de nature à provoquer une levée de boucliers. Sauf en ce qui concerne ses rapports avec les empires russe et ottoman, la politique égyptienne de la France ne fera donc qu'accentuer son isolement en Europe. Elle lui aliènera encore davantage l'Italie, si c'est possible; quant à l'Allemagne et à l'Autriche, elles sont indifférentes dans la question et ne prennent souci que de leurs propres affaires.

Il semble vraiment qu'en France aucune préoccupation des intérêts du pays ne préside à la direction de la politique extérieure, et que ses gouvernants aient pour but unique de la montrer en état de faire du bruit dans le monde. Moyennant cette satisfaction, ils voient d'un œil indifférent l'Italie et l'Angleterre se jeter dans les bras de l'Allemagne et de l'Autriche, et cela par leur faute, se contentant, comme compensation, de l'approbation de la Porte et de l'alliance purement platonique de la Russie. Il est évident que les hommes politiques français ne mettent pas en pratique cette sage maxime qui a cours en diplomatie : « Ne vous mettez pas en branle avant de bien savoir où vous allez ». En réclamant l'évacuation de l'Égypte, la France ne fait que la retarder. John Bull s'entêtera et le résultat le plus clair de cette attitude sera de pousser l'Angleterre à contracter une alliance avec l'Allemagne, l'Autriche et l'Italie.

Généralement regardée comme considérable au cas d'une guerre avec la Chine ou d'un soulèvement de l'Inde, la valeur de l'occupation anglaise en Égypte est volontiers exagérée par l'opinion. Dans une lutte avec la France, ou dans l'hypothèse d'une coalition à laquelle l'Italie prendrait part — rendue improbable par nos excellentes relations actuelles avec cette puissance — le canal de Suez ne nous serait d'aucun usage. Entre la France et la Corse d'un côté, l'Algérie et la Tunisie de l'autre, il est absolument impossible à l'Angleterre d'opérer le transit par la Méditerranée de ses troupes et de son matériel de guerre, tout en se maintenant dans la Manche et en faisant la police de toutes les mers des deux mondes. Que les Russes soient ou ne soient pas à Constantinople, qu'ils soient ou ne soient pas en hostilité avec nous, cela ne changerait rien aux choses. A dire vrai, dans un conflit entre la France et l'Angleterre, le canal de Suez se trouverait fermé aux deux belligérants et la première de ces puissances verrait ses communications avec l'Orient absolument coupées, tandis que l'autre ne conserverait les siennes que par le Cap. Mais ce n'est pas pour des questions vitales que les peuples prennent les armes; c'est généralement pour des questions de sentiment. Or il est bien évident qu'étant donnés le caractère britannique et l'état actuel de l'opinion en Angleterre, nous ne quitterons pas l'Égypte tant que la France prétendra nous y contraindre.

La question égyptienne, en divisant les grandes puissances en deux groupes, quatre d'un côté, deux de l'autre, contribue au maintien de la paix générale. Dans le chapitre suivant, j'aurai à examiner si une entente entre l'Angleterre et la Russie est possible, et si l'Europe pourrait s'assurer une paix durable par l'isolement absolu de la France. Depuis que cette question d'Égypte est sur le tapis, l'Allemagne ne juge plus à propos de se proclamer comme autrefois disposée à soutenir les intérêts français dans toutes les parties du monde. Ce changement d'attitude n'a pas coïncidé avec la rentrée aux affaires des conservateurs anglais, sans quoi l'on n'eût pas manqué de l'attribuer à l'antipathie prêtée au prince de Bismarck pour certains membres libéraux du parlement britannique. Il y a trois ans, le chancelier était loin d'approuver notre politique égyptienne et, dans certaines occasions, notamment à propos du Congo, il s'unissait volontiers à la France pour nous contrecarrer. S'il a encore pris le parti de cette puissance dans l'affaire des Nouvelles-Hébrides, d'autre part il n'a pas craint de lui être désagréable en signant sans son aveu, avec l'Angleterre, la convention relative à Zanzibar, au moment où devenaient plus tendues les relations entre les deux puissances. Le ministère actuel existait déjà quand se sont produits les incidents des Nouvelles-Hébrides, à l'occasion desquels se sont fort moqués de nous les organes officieux de la presse allemande. M. Ashmead Bartlett s'est plu à rendre M. Gladstone responsable de l'isolement de l'Angleterre et de sa faiblesse; mais il saute aux yeux de tout observateur impartial que les causes en sont beaucoup plus profondes que ne pourraient l'être de simples questions de parti. Du temps de M. Gladstone, il semblait que nous fussions incapables de nous concilier la France ni l'Allemagne, et sans autre amitié en Europe que celle de l'Italie, laquelle même paraissait devoir nous manquer quand lord Salisbury est arrivé aux affaires. Soudain tout change, et nous voici non seulement réconciliés avec l'Italie, mais encore en liaison étroite avec l'Autriche et, par l'intermédiaire de cette puissance, avec l'Allemagne. Que cette modification de l'état de choses soit due pour une part à la sage politique de lord Salisbury, c'est probable; mais elle doit surtout être attribuée à l'action violente de la Russie en Bulgarie et au langage agressif de la France au sujet de l'Égypte.

Si l'Angleterre n'avait pas voulu prendre en main les intérêts des créanciers de l'Égypte ; si elle avait résolument aboli les capitulations; si elle avait persisté, quant aux quarantaines, dans une voie qu'elle jugeait sage et conforme aux lois de la science; si elle avait fait triompher la justice en ce qui concerne la taxation des étrangers, la France aurait probablement montré de l'humeur, mais sans aller jusqu'à tirer l'épée, et la domination anglaise aurait fait plus de bien à l'Égypte que ne lui auraient fait de mal les clameurs de la France. Mais l'Angleterre n'en a pas agi ainsi. Depuis l'occupation, elle a toujours témoigné aux autres puissances une déférence frisant la faiblesse. En une seule circonstance, sous l'empire d'une nécessité pressante, elle a commis une légère infraction aux conventions internationales, dont elle a aussitôt donné des explications accompagnées d'excuses et elle a été pleinement amnistiée par l'opinion de l'Europe. Au lieu de s'en rapporter aux déclarations du parti libéral anglais, les Français se sont bruyamment mis en avant, aggravant par cette attitude comminatoire les difficultés de l'évacuation. Les conservateurs anglais auraient vu avec plaisir les libéraux assumer la responsabilité de l'abandon de l'Égypte et la charge d'en organiser la neutralité; or, sous le coup des menaces de la France, ce projet a été abandonné et les deux partis sont tombés d'accord pour le maintien du *statu quo*. « Il n'y a que le provisoire qui dure », dit-on. Le fait est que, dans l'espèce, l'occupation temporaire de l'Égypte se trouve prolongée par l'opposition de la France et par la connaissance qu'a le gouvernement britannique d'une entente franco-turque. Les États comme les individus sont sujets aux passions et bien souvent l'intérêt personnel est un mobile d'action moins puissant que le désir d'être désagréable à autrui. Bentham a démontré quelque part l'existence dans le cœur humain d'un levain de malignité désintéressée ; je crois ce sentiment très puissant chez les nations et que l'apologue du chien dans l'écurie leur est fréquemment applicable.

Si la France voulait coopérer à notre action en Égypte ; si elle voulait fortifier l'influence d'hommes tels que M. Barrère autrefois, et aujourd'hui M. d'Aunay et désavouer la conduite égoïste de sujets français qui, au Caire, font le plus grand tort aux intérêts généraux de leur pays ; si elle consentait à céder sur le chapitre des capitulations qui seraient remplacées par une bonne organisation de police et une loi pénale équitable ; si enfin elle renonçait à nous mettre à tout propos des bâtons dans les roues, l'évacuation et la neutralisation deviendraient possibles dans un délai rapproché. La conduite du gouvernement français est si différente, qu'en voyant M. Barrère désarmé devant le *Bosphore égyptien*, puis M. d'Aunay contraint à prendre parti pour certains de ses nationaux, on a conçu en Angleterre l'opinion erronée que le consulat général de France au Caire est le centre de l'opposition à l'occupation de l'Égypte par nos troupes. MM. d'Aunay et Barrère sont tous deux des hommes d'une grande valeur, libres de préjugés et de dogmatisme pédantesque, versés dans la connaissance de notre langue et que de longs séjours parmi nous ont familiarisés avec l'esprit et le caractère britanniques. M. Barrère qui, à vingt ans, combattait pour la Commune sur les barricades, et dix ans plus tard représentait la France au sein de la commission européenne du Danube, se trouvait un jour, dans le salon de l'ambassade de France à Londres, engagé dans une conversation politique avec M. Waddington, et on a assisté à ce spectacle singulier : deux diplomates français se mettant inconsciemment à faire usage de la langue anglaise, pour discuter les moyens de chasser les Anglais d'Égypte. Sans être aussi profondément britannique que ces messieurs, M. d'Aunay écrit et parle l'anglais d'une façon remarquable. Ils savent bien, eux, comment obtenir l'évacuation de l'Égypte et, s'ils sont complices de la prolongation de l'état de choses actuel, c'est parce qu'il est en France des gens incompétents sur ces matières qui imposent à leur gouvernement une politique dont les cabinets eux-mêmes n'ignorent pas toujours l'imprudence et la folie. Sans doute, tous les ministres des affaires étrangères qui se succèdent en France n'ont pas le calibre d'un Talleyrand ou d'un Metternich ; mais M. de Freycinet, au moins, est un homme d'État avisé, et il a eu conscience des fautes commises, tout aussi bien que M. Barrère qu'il n'aimait pas et que M. d'Aunay en qui il avait toute confiance.

De tous les partis français, le groupe opportuniste est celui qui s'est associé avec le plus de violence aux clameurs antianglaises. A peine Gambetta était-il mort, que ses partisans s'étaient déjà ralliés à l'idée d'un rapprochement avec la Russie que leur chef avait détestée au point de se tourner vers l'Allemagne pour lui faire échec. De même, tandis que, suivant les errements des anciens hommes d'État français qui avaient soutenu Méhémet-Ali, Gambetta voulait annihiler la suprématie ottomane en Afrique, son parti s'est empressé après lui de pousser les Turcs à reconquérir au détriment des Anglais leur situation au Caire. Ce brusque changement d'attitude de la France à l'égard du sultan est peut-être plus extraordinaire encore que celui de l'Angleterre en 1879, quand lord Beaconsfield a offert Hérat à la Perse. On prétend en Angleterre que la presse française avait reçu le mot d'ordre du gouvernement pour attaquer la politique britannique au sujet de l'Égypte. Cependant le *Temps*, qui est l'organe du ministère des affaires étrangères, avait montré une grande modération, et les journaux qui ont été les plus violents ne sont pas sous l'influence gouvernementale. D'ailleurs, j'ai montré que ce langage agressif ne pouvait que nuire aux intérêts de la France et M. de Freycinet est la prudence même; aussi je pense que, loin de l'encourager, le gouvernement en a dû être assez mécontent. La vérité est qu'il s'est mis à la remorque de l'opinion au lieu de la diriger, et voici quelle est sa situation vis-à-vis de l'Angleterre. La France, qui a fait le canal et a de forts capitaux engagés dans cette entreprise, qui de plus a toujours, par tradition, porté à l'Égypte un intérêt sentimental, rappelle à l'Angleterre sa promesse d'évacuer le pays, sinon à une date fixe, du moins à une époque approximativement déterminée par avance; en retour, elle s'engage à ne pas envoyer de troupes en Égypte et à garantir l'absolue neutralité de ce pays ou même, ce que le gouvernement britannique a toujours déclaré avoir pour unique objectif, d'y rétablir le « *statu quo ante* Arabi » avec des sécurités contre les Arabi futurs. Ces exigences d'ailleurs ne sont aussi modérées que parce que la France ne s'est sentie soutenue d'aucun côté, sauf à Constantinople, dans ses tentatives d'intimidation, sans quoi elle l'eût pris sur un ton plus élevé.

Cependant la France ne fait rien pour nous faciliter l'évacuation. Elle patronne des journaux hostiles dirigés par des sujets français; elle insiste pour le maintien à la lettre des capitulations, qui sont une source de grands embarras pour le gouvernement de l'Égypte, non pas seulement par les Anglais, mais aussi bien par l'administration khédivale livrée à elle-même. En réalité, comme presque tous les actes déraisonnables des gouvernements aussi bien que des individus, la conduite imprudente et quelque peu illogique de la France dans cette affaire est dictée par un accès de mauvaise humeur. Elle sait fort bien qu'elle aurait dû agir de concert avec l'Angleterre, comme M. de Freycinet en avait pris l'engagement que n'a pas ratifié la Chambre. M. de Lesseps a une forte part de responsabilité dans ce qui s'est passé et, après la chute d'Arabi, d'éminents hommes politiques français lui ont reproché d'avoir mal renseigné l'opinion quant à la puissance de ce personnage. Profondément mécontents des conséquences inévitables de leur inaction, les Français se vengent de leur méprise en semant des obstacles sur la route des Anglais en Égypte, et à chaque difficulté qu'ils rencontrent au Tonkin ou à Madagascar leur aigreur ne fait que s'accroître. La bouderie réciproque des deux nations est destinée à se prolonger: la France, qui n'a pas voulu prendre les armes pour l'Égypte, mécontente d'en être dehors, et l'Angleterre y demeurant contre le gré de presque tous les libéraux et de beaucoup de conservateurs, uniquement pour ne pas paraître céder à une pression étrangère. Les troupes britanniques seront ramenées du Caire à Alexandrie, elles seront réduites à un effectif de trois mille hommes; mais l'occupation sera maintenue [1].

Les appréciations de la presse française sur les affaires d'Égypte sont fort exagérées. Il est généralement admis dans le pays — les hommes qui président à ses destinées ne partagent pas ce préjugé populaire — que la nation anglaise est essentiellement conquérante et serait disposée à s'approprier toutes les régions disponibles du monde si, de temps à autre, l'Allemagne et la France n'y mettaient bon ordre. Il est pourtant de fait que, depuis bien des années, la Grande-Bretagne n'a fait aucune tentative en vue de nouvelles annexions, excepté lorsqu'elle était en droit de légitime défense contre la politique française ou allemande, comme dans le cas de l'expédition de Birmanie. Elle a même repoussé à plusieurs reprises des conquêtes qui s'offraient à elle, telles que celles du pays des Cameroons, de Zanzibar, de l'Égypte même, pour ne citer que celles-là.

J'ai dit que, malgré sa mauvaise humeur, la France

1. Écrit avant les négociations de la convention du 25 mai.

n'a pas l'intention de tirer l'épée pour l'Égypte. Si elle était résolue à tout braver, elle se déciderait à prendre une mesure qui hante depuis longtemps l'esprit de ses hommes politiques : enlever à l'Angleterre le bénéfice du traitement de la nation la plus favorisée et, d'autre part, admettre librement certaines catégories de filés de coton indispensables à son industrie. Tout ce que la France tire de chez nous, elle le trouverait aussi bien en Belgique et en Allemagne, et la légère surélévation de prix qui en résulterait pour certains produits serait un inconvénient analogue à ceux qu'entraîne déjà pour elle l'application des droits protecteurs. Elle pourrait encore faire autre chose : trouver prétexte à une intervention en Égypte, ce qui lui serait facile; débarquer sur quelque point de la côte un corps expéditionnaire, officiellement dirigé contre le gouvernement khédival, avec force assurances amicales à notre adresse, mais avec l'intention bien arrêtée d'occuper le pays aussi longtemps que nous y resterions nous-mêmes. Sans doute, notre puissance navale, combinée avec celle de l'Italie, mettrait toujours obstacle à une invasion française en Égypte et rendrait impossible à la France de se maintenir sur le Nil en cas de guerre avec nous — quoiqu'à vrai dire, en pareille conjoncture, nous n'aurions pas grand avantage à être maîtres de ce pays. Mais ni l'Italie, ni nous-mêmes ne pourrions jamais empêcher la France d'y débarquer des troupes, sous couleur de redresser quelque grief d'un de ses nationaux, au détriment de qui auraient été violées les capitulations. En ce cas, la seule issue possible serait

cette neutralisation de l'Égypte réclamée par la France et dont l'Angleterre s'effraye bien à tort selon moi, car, moyennant des garanties sérieuses, elle ne pourrait qu'y trouver son avantage.

Il reste à envisager un autre aspect de la question. Dans ses déclarations relatives à l'Égypte, M. de Freycinet visait en réalité le canal de Suez, et c'est surtout sur ce point qu'il souhaitait avoir gain de cause, sachant bien qu'il n'obtiendrait rien en ce qui concerne l'Égypte elle-même. Le seul obstacle qui s'oppose au règlement de cette question du canal est la crainte qu'a le cabinet conservateur anglais de rencontrer à cette occasion de l'opposition au sein du parlement. Au fond, tout le monde est d'accord au sujet du canal, et les gouvernements français et britannique ne sont séparés que par une différence de forme dans leurs propositions respectives. L'Angleterre a émis par deux fois au moins l'idée de garantir au moyen d'une convention internationale le libre passage à travers le canal de Suez en temps de guerre comme en temps de paix, pour tous les navires aussi bien de guerre que de commerce. Si l'on n'a pas encore abouti à une entente sur ce terrain, c'est que la France veut se donner le plaisir d'enfoncer une porte ouverte pour pouvoir triompher à bon compte. Excepté la Russie qui, par égard pour son fantôme d'alliance avec la France, est toujours disposée à lui être agréable, toutes les puissances jugent acceptables et satisfaisantes les propositions anglaises. Il n'y a donc aucun motif pour que cette question demeure en suspens, sinon la mauvaise volonté que l'on met à la résoudre et la crainte qu'a chacun des deux gouvernements d'une opposition parlementaire. La nouvelle, reproduite à plusieurs reprises dans différents journaux, que les propositions de la France comportaient une prohibition du passage par le canal des escadres britanniques en temps de guerre, ce qui les avait fait rejeter par l'Angleterre, était absolument fausse. Jamais la France n'a émis ni n'émettra semblable prétention. Il n'y a là, je le répète, qu'une querelle de mots, querelle très vive, il est vrai, en raison de la complexité du problème, car cette question est sans analogue dans le monde. Si, suivant la plaisante remarque attribuée au baron Solvyns, ministre de Belgique près la cour de Saint-James, la mission d'un diplomate consiste à expliquer aux autres ce qu'il ne comprend pas lui-même, jamais vérité n'a été plus applicable qu'aux affaires du canal de Suez.

Assertion qui peut sembler étrange et qui est pourtant absolument exacte, le canal a, en réalité, toujours été neutre et il l'est encore aujourd'hui, comme il résulte du premier firman et de l'acte de concession. Cette neutralité a été confirmée, à la demande de la France pendant la guerre de 1870, sur des bases plus larges que celles que nous avons jamais réclamées, c'est-à-dire libre passage pour toutes les puissances. Lors de la guerre turco-russe, le gouvernement du tsar s'est engagé à ne pas comprendre le canal dans la sphère des opérations. M. de Lesseps a fait un jour, pour la neutralisation du canal, des propositions qui avaient été approuvées par son gouvernement, mais que le cabinet britannique a repoussées sans en dire le motif. A la suite de l'insurrection d'Arabi, de nouveaux projets ont été successivement mis sur le tapis, mais une équivoque s'est produite sur le sens précis du mot « neutralisation ». L'Angleterre avait d'abord cru comprendre par là que le canal serait en tout temps fermé aux navires de guerre, ce qui n'était pas du tout dans les intentions de la France. Elle a alors fait ses propres propositions, absolument analogues à celles qu'avait présentées la France en 1877 et qui étaient les suivantes. En tout temps le canal serait accessible aux bâtiments de toute nature; mais, en cas de guerre, les navires appartenant à la marine militaire des belligérants ne seraient autorisés à stationner dans le canal que pendant un temps limité; toute opération de guerre serait interdite dans un certain rayon autour du canal et aucune fortification n'y pourrait être élevée. Je le répète, il ne faudrait aujourd'hui, pour en arriver à un arrangement définitif, qu'un peu de bon vouloir d'un côté comme de l'autre.

Les différends relatifs à l'Égypte et au canal de Suez ne sont pas les seuls qui existent entre la France et l'Angleterre. Dans l'affaire des Nouvelles-Hébrides il y a eu, de la part de cette première puissance, violation des engagements pris avec la seconde et aussi ce mépris du droit des nationalités, aujourd'hui général chez les nations européennes. A Madagascar, où le gouvernement anglais s'est résolu à ne pas intervenir, la France méconnaît tous les principes du droit international, et ses procédés soulèvent l'indignation des membres de la haute Église d'Angleterre, des quakers et des congrégationalistes, sectes qui sont principalement représentées dans les missions de ce pays, en même temps qu'ils leur attirent les sympathies des membres d'autres communions. De plus, la création à Diégo-Suarez d'un établissement militaire français est considérée dans la marine anglaise comme une menace pour nous. Sur le haut Niger comme dans le Congo, la présence des Français porte atteinte aux intérêts du commerce britannique. En outre des Nouvelles-Hébrides, la France s'empare de certaines îles de l'océan Pacifique, dans l'intention de les utiliser comme lieu de transportation, au grand mécontentement des colons australiens, et il en est dans le nombre dont elle s'était engagée vis-à-vis de la Grande-Bretagne à respecter la neutralité, par exemple celle de Raïatéa. Les îlots des Écrehous, près de Jersey, donnent encore matière à un périlleux conflit entre les deux puissances. D'autre part, la France se prétend lésée dans ses intérêts en Chine et en Égypte, voire à Madagascar, ce qui, dans ce dernier cas, rappelle un peu l'apologue du loup et de l'agneau. Enfin, au sujet des pêcheries de Terre-Neuve, les deux nations ont des griefs réciproques.

Toutes ces questions méritent d'être examinées de près, car chacune d'elles pourrait aisément donner naissance à la guerre. L'opinion française est fort divisée au sujet de la politique coloniale que condamnent à la fois M. Clémenceau, un des hommes politiques de France les plus influents, l'opposition monarchique et le groupe indépendant des réformateurs financiers. Avec un déficit dans le budget qui, du chiffre de 50 millions il y a cinq ans, s'est élevé cette année à 250 millions, la France ne peut pas se permettre de verser l'or à flot dans ces gouffres pestilentiels du Tonkin, du Sénégal, de Madagascar, qui ne rapporteront jamais le dixième de ce qu'ils coûtent. En même temps qu'elle désorganise les finances de la France et en amoindrit la situation militaire en Europe, la politique coloniale compromet la rapidité de mobilisation de ses réserves, aujourd'hui le point capital, on pourrait dire unique, de l'art de la guerre. Elle rend plus lourde la tâche qui incomberait en temps de guerre à l'armée et à la marine, et donne en quelque sorte des otages à l'Angleterre qui, le cas échéant, pourrait sans difficulté couper toutes communications entre la France et ses soi-disant colonies. La France s'est aliéné l'Italie par l'occupation de la Tunisie; par ses agissements en Océanie, elle a encouru le ressentiment durable des colonies australiennes, qui constitueront quelque jour la troisième puissance du monde; les affaires du Tonkin lui ont fait un ennemi permanent de l'empire chinois, destiné à prendre dans l'avenir une grande importance au point de vue militaire et dont l'alliance, qui n'est certes pas à dédaigner dans les questions intéressant le Pacifique, se trouve par là à peu près acquise à l'Angleterre.

La politique coloniale de la France a toujours été fort onéreuse. Tandis que chaque sujet anglais des États britanniques en dehors du Royaume-Uni coûte à la mère patrie environ vingt centimes par an, un sujet français, hors de France et d'Algérie, coûte la somme approximative de vingt-cinq francs, en défalquant des deux côtés les dépenses maritimes. Depuis Colbert, le système colonial de la France est étroitement lié aux doctrines protectionnistes en faveur dans ce pays, et l'objet principal de l'extension des territoires français d'outre-mer est l'établissement de droits différentiels sur les produits étrangers. Quelquefois aussi c'est une question religieuse qui est en jeu et, si le gouvernement français n'est pas suspect de partialité pour les intérêts catholiques à l'intérieur, quand il les abrite de son drapeau à l'extérieur il est volontiers enclin à les favoriser outre mesure. Je crois superflu de faire intervenir ici les droits des populations indigènes des territoires annexés par la France: un regard jeté sur le passé de la Grande-Bretagne rendrait cette considération déplacée sous la plume d'un Anglais. Qu'il me soit seulement permis d'espérer que l'historien de l'avenir, lorsqu'il traitera de l'époque actuelle, saura montrer comment le sens moral de la France sur ce point particulier est allé s'affaiblissant à mesure que s'améliorait celui de l'Angleterre. Il faut se bien mettre dans l'esprit que toutes les colonies françaises sont placées sous le régime appliqué chez nous aux colonies dites de la couronne et qu'il n'en est pas une jouissant de son autonomie comme le Cap, l'Australie et le Canada. Aussi, les colons français le savent bien, chaque fois que leurs intérêts commerciaux se trouvent en conflit avec ceux de la métropole, celle-ci les sacrifie impitoyablement et impose souvent les produits français aux marchés coloniaux, au moyen de droits différentiels dont sont frappés ceux qu'on pourrait tirer à meilleur compte des pays étrangers.

La question chinoise, dans laquelle les Français sont persuadés, à tort ou à raison, que nous soutenons secrètement la cour de Pékin, a pour origine le conflit tonkinois. Il est évident que les sympathies de l'Angleterre sont en faveur d'une entente directe de la Chine avec le Saint-Siège pour la protection des intérêts catholiques de l'empire, souvent mis grandement en péril par leur connexité avec les intérêts politiques de la France. Depuis quelques années la Société des missions de Londres est parvenue à établir avec les Chinois les relations directes les plus cordiales. Il y a tout lieu de croire qu'il en serait ainsi des missions catholiques, le jour où elles seraient protégées, non plus par les canonnières de la République française, mais par une entente avec le pacifique Vatican. Il est hors de doute que la Chine en arrivera tôt ou tard à ses fins. Elle est trop forte aujourd'hui pour que la France puisse aller à Pékin sans compromettre gravement sa situation militaire en Europe. Cependant une expédition française serait assurée du succès, grâce à l'incroyable impéritie des officiers chinois encore incapables d'utiliser, suivant les règles de la guerre moderne, les merveilleuses qualités de leurs soldats. Si, au lieu de la situation équivoque dans laquelle la France et la Chine se sont récemment trouvées placées l'une vis-à-vis de l'autre, une véritable guerre venait à éclater entre elles, ce serait un événement d'une importance capitale pour les Anglais, entre les mains de qui est le 80 pour 100 du commerce chinois, contre le 3 pour 100 seulement qui appartient à la France. Aussi ne serait-il pas impossible que l'irritation causée chez nous par un blocus des côtes de Chine nous entraînât dans la lutte. Les arguments que les Français font valoir contre nous dans la question d'Égypte, nous pouvons les retourner contre eux dans celle de l'extrême Orient. Il est vrai que notre influence à Pékin est grande, peu favorable à la France et que, si elle est menacée, ce n'est pas par cette puissance. Le maître de la position, c'est le *Tsung-Shui-Wu-Sze*, inspecteur général des douanes impériales, et il est peu probable qu'un Français soit jamais investi de ce poste.

En ce qui concerne l'Afrique occidentale, on sait que les Français ont fait d'énormes dépenses pour essayer d'établir une voie ferrée entre le Sénégal et le haut Niger, ainsi que pour fonder des établissements dans le Congo. D'accord avec l'Angleterre, l'Allemagne a toujours encouragé de tout son pouvoir ces entreprises coloniales, qu'elle croit de nature à amoindrir la situation de la France en Europe. A un moment, il s'est élevé entre la France et l'Angleterre un conflit assez violent au sujet de leurs intérêts commerciaux respectifs dans la vallée du Niger. Mais en délimitant les sphères d'action des deux puissances dans ces régions et en y établissant le principe de la liberté commerciale, la conférence tenue à Berlin en 1884 pour régler les affaires africaines a résolu provisoirement ces difficultés. Cependant, s'ils ne reculent pas devant des dépenses fort considérables, les Français parviendront un jour à Tombouctou, à la fois par le Sénégal et par l'Algérie. Leurs opérations de ce côté sont sans doute subordonnées à quelque dessein secret sur l'empire du Maroc, où je vois encore pour l'avenir une source de nouvelles complications européennes. L'orgueil espagnol, en effet, prendrait ombrage d'une conquête par la France de ce pays, dont s'alarmeraient d'autre part les intérêts de la Grande-Bretagne qui y fait un trafic considérable.

Sur la question du Congo je suis en opposition, je le sais, avec le sentiment public en Angleterre, qui veut exclure les Portugais de leurs anciennes possessions sur la côte, et qui juge l'Association internationale — en réalité, le domaine personnel du roi des Belges — plus digne que le Portugal d'exercer son protectorat sur les vastes districts situés à l'intérieur. Sous l'influence de M. de Bismarck, la conférence de Berlin a partagé le Congo entre la France et le roi des Belges, en y établissant, il est vrai, la liberté commerciale. Les engagements pris de part et d'autre au sujet de ces annexions de territoires qualifiés « disponibles » — car les noirs qui les occupent ne comptent pas — on sait ce qu'ils valent. En 1862, il avait été convenu entre la France et l'Angleterre que ni l'une ni l'autre de ces deux puissances ne porteraient atteinte à l'indépendance de l'État de Zanzibar, et actuellement l'Allemagne est maîtresse de presque tout ce pays. Il faut toujours compter avec la venue du troisième larron,

D'autre part, quoi qu'on en puisse penser en France.

l'Angleterre trouve ses intérêts suffisamment sauvegardés par l'établissement de la liberté commerciale dans les régions africaines et elle préfère cette garantie à l'accroissement de charges que lui imposerait une extension territoriale. Et, à ce propos, bien que je me sois interdit au cours de ces études toutes considérations relatives aux questions de droit et de justice, il est une remarque que je voudrais faire. Si le gouvernement britannique n'a pas toujours, en matière coloniale, conformé sa conduite aux principes professés par nombre d'hommes politiques anglais, on ne voit pas en somme que, dans leurs rapports avec les races plus faibles, les autres pays aient jamais beaucoup sacrifié au sentiment. Aux jours de la Sainte-Alliance, alors que le respect du droit international était le mot d'ordre de toutes les puissances européennes, c'est à l'Angleterre que revient l'honneur d'avoir ouvert contre l'esclavage et la traite des noirs une campagne dans laquelle elle n'a guère été encouragée, car, en pareille affaire, les actes prouvent plus que les paroles. De même que, cependant, les autres nations ont fini par la suivre dans cette voie, il faut espérer que l'exemple de l'Angleterre, renonçant désormais aux annexions coloniales, inspirera à l'Europe de meilleurs sentiments à l'égard des races noires. Son intérêt est d'accord avec celui de la civilisation pour vouloir que les régions centrales de l'Afrique soient ouvertes à d'autre négoce qu'à celui des armes et des liqueurs fortes. Mais, pour les États protectionnistes, commerce libre est synonyme de commerce britannique; aussi est-il méritoire à l'empire d'Allemagne de s'être, en 1884, bravement proclamé champion de la liberté des transactions en Afrique. La France, elle, a toujours en vue dans ses colonies l'exclusion des marchandises anglaises et allemandes au moyen de tarifs différentiels et c'est là ce qui fait envisager avec regret par la nation britannique ses tentatives d'annexion à Madagascar et autres lieux.

Je ne m'étendrai pas sur la question si connue de Madagascar. Cela serait d'autant plus oiseux que la France ne paraît pas disposée pour le moment à donner suite aux desseins que lui prêtent sur cette île tous ceux de ses écrivains qui traitent des questions coloniales. Il suffira de constater que le gouvernement britannique semble résolu à ne pas prendre ombrage de l'occupation française à Madagascar, pas plus que de la création d'un autre Gibraltar dans la baie de Diégo-Suarez. Restent les annexions opérées par la France dans le Pacifique et qui, non seulement affectent d'une façon directe les intérêts de la Grande-Bretagne et ceux de l'Australie, mais encore constituent une violation ouverte d'engagements pris. Il est nécessaire d'en dire quelques mots.

Depuis des années les colons australiens ne cessent de protester contre la transportation en Nouvelle-Calédonie des condamnés français. Le premier dissentiment sérieux qui se soit élevé à ce sujet a eu pour origine l'habitude où était le gouverneur de cette colonie pénitentiaire de donner le passage gratuit aux condamnés libérés désireux de se rendre en Australie. En s'élevant contre une pratique si préjudiciable à leurs intérêts, les populations britanniques des divers établissements australiens ont suivi l'exemple autrefois donné par la colonie libre de Victoria, lorsqu'elle a obtenu qu'on mît un terme à la transportation des convicts anglais en Tasmanie d'abord, puis dans tout le pays. En 1882, une campagne a commencé en France en faveur de la relégation des récidivistes, mesure préconisée de longue date par Gambetta, et le bruit s'est répandu à cette époque qu'ils seraient transportés aux Nouvelles-Hébrides. Or, en 1878, une convention, renouvelée dans la suite, avait été conclue entre l'Angleterre et la France qui s'interdisaient réciproquement l'occupation de ces îles. Au mépris de ses engagements, la France n'a pourtant pas craint de hisser son pavillon sur le territoire des Nouvelles-Hébrides. C'est là une violation patente d'une parole deux fois donnée.

Ce que redoutent les colons australiens, c'est de voir la France en agir avec eux comme elle l'a fait avec nous après la Commune, jusqu'à ce que nous ayons pris, en 1872, des mesures pour y mettre ordre. Le gouvernement français s'était mis sur le pied de faire de l'Angleterre un véritable pénitencier. Il expulsait tous les individus que ne voulaient recevoir ni l'Allemagne, ni la Suisse, ni la Belgique, ni l'Italie, et qui, sans papiers, dépourvus de ressources, étaient embarqués à Dieppe et Calais, à destination des ports anglais, où ils tombaient à la charge de l'assistance publique. On se figure en Australie que la France se propose de débarquer des cargaisons de repris de justice dans les îles voisines où ils seront très mal surveillés, afin que de fréquentes évasions diminuent d'autant les frais de leur détention. Il y a une exagération manifeste à croire que les choses se passeront ainsi sur une vaste échelle et en application d'un système; mais enfin c'est là ce que pensent les Australiens, absolument hantés depuis plusieurs années par cette crainte. En 1852, le parlement de l'État de Victoria avait voté une loi destinée à protéger la colonie même contre les condamnés libérés, délibération annulée, non sans quelque appréhension, par le gouvernement. Plus tard une loi transitoire avait été votée dans le même but et, cette fois, le gouverneur l'avait revêtue de son approbation, craignant, en cas de refus, de voir les colons passer outre. Le gouvernement de la métropole avait fini par céder, si bien que, contrairement à tous les principes du droit britannique, le *Stockade* de Melbourne avait bientôt été rempli d'individus fort peu intéressants à coup sûr, mais qui n'en devaient pas moins être considérés comme des hommes libres. Dès le début de l'installation des Français en Nouvelle-Calédonie, le gouvernement de la Nouvelle-Galles du Sud avait averti la métropole des périls qui devaient résulter à bref délai, tant pour la colonie que pour le gouvernement britannique, de l'occupation de cette île par une puissance étrangère. L'événement a justifié cette prévision et la justifiera probablement encore davantage dans l'avenir. L'opinion australienne est si vivement surexcitée sur ce sujet, qu'il serait périlleux pour la mère patrie de prétendre lui résister pour maintenir les principes de la loi anglaise et les droits de la France : ce serait provoquer la séparation de l'Australie. Un grave symptôme de cet état des esprits s'est déjà révélé, il y a quelques années. On se rappelle ces Irlandais qui, ayant osé porter témoignage contre des criminels, ont dû être soustraits aux vengeances de leurs compatriotes et ont dans ce but été envoyés à Victoria. Le gouvernement de cet État a mis opposition à leur débarquement, sans pouvoir assurément justifier en aucune façon une mesure aussi arbitraire.

C'est par analogie avec ce qui s'est passé à propos de la Nouvelle-Calédonie qu'il nous faut considérer le cas des Nouvelles-Hébrides. Mais ici les Australiens ont un argument de plus à faire valoir. L'annexion à la France de la Nouvelle-Calédonie était parfaitement légitime, tandis que notre gouvernement serait en droit de faire un *casus belli* de celle des Nouvelles-Hébrides, exactement comme pour celle des Iles de la Société en 1879, contre laquelle nous avons opposé à l'action des Français une simple protestation dont ils ne semblent pas avoir tenu grand compte.

Les Nouvelles-Hébrides ont été découvertes par le capitaine Cook ; c'est aux missionnaires anglais et écossais qu'elles doivent leur commencement de civilisation. En 1857, les chefs de la plus considérable de ces îles ont sollicité la protection de la Grande-Bretagne que, l'année suivante, le commandant de la station navale anglaise engageait vivement le gouvernement à leur accorder. En 1858 et 1860, ils ont réitéré leur offre de cession à l'Angleterre qui l'a de nouveau rejetée. En 1865, la colonie de la Nouvelle-Galles du Sud a suggéré un arrangement par lequel l'annexion des îles serait interdite à toutes les puissances. En 1876, il a été constaté qu'outre une grande mission presbytérienne, la population européenne du groupe comprenait soixante sujets anglais contre trois Suédois et un seul Français, et cette même année la France affirmait positivement « n'avoir jamais eu le dessein de s'emparer des Nouvelles-Hébrides ». Deux ans plus tard, elle déclarait spontanément s'engager à en respecter l'indépendance, à quoi l'Angleterre a répondu par une déclaration analogue. Le gouvernement de la Nouvelle-Zélande a alors protesté, élevant sur la propriété des îles des prétentions fondées sur la charte de 1840 ; mais il a été désavoué par la métropole. Les déclarations de la France ont été renouvelées en 1879 et 1883. Il ne s'agit donc pas ici de la violation d'une convention de vieille date, comme celle de Raïatéa qui remonte à 1847.

Au point de vue religieux, la question des Nouvelles-Hébrides est pour l'Angleterre d'une portée presque aussi considérable que celle de Madagascar. Depuis trente-huit ans que des missionnaires anglais évangélisent ces îles, une forte proportion d'indigènes a embrassé le christianisme et s'est frottée de civilisation. Au témoignage de tous les voyageurs, même de ceux qui sont favorables aux Français, la population y est, comme à Madagascar, peu portée vers la France. De grandes étendues de terre y sont aux mains de sujets britanniques; c'est avec de l'argent anglais qu'y ont été bâties des églises, des écoles et des stations de missionnaires. On n'y compte presque pas d'habitants de nationalité française, en dehors des troupes qui y ont été débarquées dernièrement pour y tenir garnison. Sans doute, c'est une chose grave de chercher querelle à la France à propos d'une île dont nous n'avons que faire et que nous avons refusée à plusieurs reprises; mais il n'est pas moins grave de laisser cette puissance fouler aux pieds un engagement solennel qu'elle avait spontanément souscrit. Si le gouvernement britannique ferme les yeux sur ce fait, c'est qu'il a les mains liées à l'égard de la France par l'occupation de l'Égypte. Mais alors il est évidemment superflu que nous fassions désormais des conventions internationales pour les laisser violer de la sorte, avec toutes les circonstances aggravantes qui font de l'affaire des Nouvelles-Hébrides un *casus belli* pour l'esprit le plus pacifique.

La question des Ecrehous est curieuse. De temps immémorial, ce groupe d'îlots a été considéré comme une dépendance de l'île de Jersey à une des paroisses de laquelle il est rattaché, et a été occupé pendant la belle saison par des pêcheurs et ramasseurs de varech jersiais. Les rares habitants permanents des Ecrehous sont sujets britanniques, les délits qui y sont commis relèvent des tribunaux de Jersey. Jamais jusqu'à ces derniers temps, la France n'avait revendiqué la possession de ces méchants rochers. Le gouvernement français, cette fois, n'a commis aucun acte de violence; mais la presse a attaqué l'Angleterre au sujet de cette prétendue spoliation, avec une véhémence qui dénote une entière ignorance des faits. Cette question est étroitement liée à celle de la pêche sur les côtes britanniques, dans les détails de laquelle je ne veux pas entrer ici, pas plus que je ne veux aborder celle des conflits relatifs à Terre-Neuve, car, pour les tirer au clair, ce ne serait pas trop d'un seul article, d'ailleurs assez dénué d'intérêt. Je ne les mentionne que pour mémoire au nombre des sources permanentes de conflit qui existent entre la France et la Grande-Bretagne.

Certains Français ont élevé dernièrement des prétentions encore plus exorbitantes que celles auxquelles doit être attribuée l'action de la France dans les Nouvelles-Hébrides. De même qu'il y a une *Italia irredenta* dont les frontières s'étendent tous les jours, ces patriotes chauvins ont inventé une *Gallia irredenta,* si je puis m'exprimer ainsi. Ils n'ont pas encore revendiqué le Canada, mais ils ont fait revivre les griefs relatifs à Terre-Neuve et ils continueront à réclamer « la côte française », jusqu'au jour où ils nous offriront de l'échanger, plus Saint-Pierre et Miquelon, contre l'île Maurice. Les Français qui ont poussé à l'expédition de Madagascar ont certainement pour arrière-pensée la conquête de l'île Maurice, dont ils se persuadent que la population, française par le langage, désire ardemment le retour à la France, en quoi, à ma connaissance, ils se trompent d'une façon absolue.

Il est vraiment singulier qu'avec tant d'occasions de froissement et alors que, pendant bien des années, le sentiment patriotique français se donnait carrière contre l'Angleterre pour oublier l'Allemagne, la France et la Grande-Bretagne trouvent encore moyen de faire à peu près bon ménage. C'est en grande partie au tact et à la prudence de l'ambassadeur britannique à Paris qu'il faut faire honneur de ce résultat. Si les relations entre les deux puissances ne sont pas des meilleures, il est difficile de dire à quel degré de tension elles seraient arrivées sans la sagesse de lord Lyons, sa scrupuleuse courtoisie et avant tout sa patience merveilleuse. Certes, l'Angleterre est bien servie par beaucoup d'hommes; mais quand on sait ce que lord Lyons a fait pour son pays, on reconnaît que jamais il ne pourra être remplacé. C'est un tempérament singulier, physiquement indolent au point qu'il ne peut se décider à sortir de chez lui. Dans l'exercice de ses fonctions, il est le plus énergique des hommes, voyant toujours au moment opportun celui qu'il juge utile de voir, écrivant à lui seul autant que tous les autres ambassadeurs et ministres anglais réunis, car il entretient constamment une énorme correspondance privée, de sa propre main, sans jamais mettre un mot inutile dans ses lettres, modèles de lucidité et de précision. Il n'est paresseux que quand son gouvernement le presse de faire quelque démarche ou de prononcer quelque parole qu'il juge de nature à irriter la France sans profit réel pour les intérêts de la Grande-Bretagne. Oh! alors son indolence naturelle reprend le dessus. Le plus ferme et le plus obstiné des ministres des affaires étrangères s'userait contre la force de résistance passive de lord Lyons, la plus britannique de toutes ses qualités essentiellement britanniques. Je crois que, dans le cours de sa longue carrière, on ne l'a vu qu'une fois être en colère, ou du moins le montrer. C'est lorsqu'un membre irlandais ayant déclaré au parlement que, pendant un séjour à Paris, il avait été continuellement filé par les espions anglais, le gouvernement n'a pas spécifié dans sa réponse que ces espions — si espions il y avait — n'étaient pas au service de l'ambassade et que lord Lyons n'avait eu aucun rapport avec eux. Cette colère est caractéristique. Lord Lyons est un galant homme dans toute la force du terme et il a su toute sa vie entretenir des relations forcées avec des gens dont on n'en saurait dire autant, sans jamais avoir compromis sa dignité. Dans une capitale où les ministres s'espionnent les uns les autres et où les ambassadeurs font surveiller leurs propres amis, il a déplu à lord Lyons d'être un moment soupçonné d'avoir attaché des espions aux pas d'hommes qui étaient alors des ennemis avérés de son pays. Il ne se fait pas d'illusions sur les divers gouvernements qui se succèdent en France, ni, pour tout dire, sur aucun sujet. Quelques-uns pourront le traiter de cynique et pourtant sa noblesse d'âme est à la hauteur de l'aménité de ses formes. Nous ne saurions trop le répéter, si la France et l'Angleterre vivent encore dans une bonne harmonie relative, c'est à lord Lyons qu'on en est redevable et l'on a lieu d'espérer que son action continuera à s'exercer d'une manière aussi efficace tant qu'il consentira à servir d'intermédiaire entre les deux puissances.

III

RUSSIE

Nous avons vu dans les deux chapitres précédents que ce n'est ni l'Allemagne et l'Autriche, retenues par la crainte d'une alliance franco-russe, ni l'Angleterre, qui n'a pas de motif suffisant pour justifier une agression et aucune envie d'en faire naître, ni la France, où le sentiment de la majorité du corps électoral est essentiellement pacifique, qui troubleront la paix européenne. Reste la Russie qui, profondément patriote, mais sans rôle bien déterminé dans le monde jusqu'à présent, qualifiée de barbare par les autres nations, partant très susceptible, et gouvernée par un autocrate de tempérament mobile, est seule en situation de provoquer un conflit. Le fera-t-elle? Voilà la question.

Il a paru dernièrement, dans plusieurs journaux russes, de remarquables articles sur le sujet que je traite ici. Ce qu'il en ressort de plus clair, c'est l'arrogance de la Russie ou, si l'on aime mieux, la conscience qu'elle a de sa force, à ce point qu'elle ne prend aucun souci de ce qui se passe en dehors d'elle, et l'ignorance extraordinaire qui règne dans les milieux vraiment russes les plus éclairés. Vraiment russes, dis-je, car il y a au service de la Russie nombre de gens éminents et cultivés, qui doivent à leur origine étrangère ou à leur fréquent contact avec les autres pays de ne pas partager les dangereuses illusions de leurs compatriotes. Malheureusement, ce n'est pas entre leurs mains, mais entre celles du tsar, qu'est le gouvernement de l'empire. Il en est quelques-uns, tels que MM. de Giers, Jomini, Vlangaly, qui sont parfois consultés pour la forme ; mais leurs avis restent à l'état de lettre morte et n'influent en rien sur la politique de l'empire russe qu'ils défendent publiquement — et à Saint-Pétersbourg la plupart des conversations doivent être considérées comme publiques.

Afin de justifier ce que je viens de dire de la presse russe, je résumerai les doctrines émises par la *Novoë Vremya* dans une étude sur « les puissances occidentales et la Russie ». Par « puissances occidentales » on n'entend pas seulement ici la France et l'Angleterre, habituellement comprises sous cette dénomination, mais aussi celles que nous appelons les deux puissances centrales, plus l'Italie. L'auteur de l'article déclare que l'unité de l'Allemagne extérieurement accomplie par la Prusse n'est pas entière, puisque l'Autriche allemande n'y est pas englobée, et qu'elle n'a même pas de réalité, l'union intime n'existant pas entre les différents éléments qui la constituent. L'Allemagne catholique déteste plus que jamais l'Allemagne protestante, dit-il, et les États du Sud saisiront la première occasion qui se présentera pour mettre fin à l'hégémonie prussienne et rendre à l'Autriche la suprématie dans l'empire germanique. Il considère aussi le Sleswig-Holstein comme une source de grande faiblesse pour l'empire actuel, qui, en butte à la haine de l'Autriche aussi bien que de la France, miné par le socialisme, en froid avec l'Angleterre à cause de sa politique coloniale, ne pourrait même pas compter sur l'amitié de l'Italie, à moins d'appuyer les prétentions de cette puissance sur le Tyrol, le pays de Trente et Trieste, ce qu'il ne fera pas. L'Allemagne est donc absolument isolée. L'empereur Guillaume et le prince de Bismarck lui-même disparaîtront sans avoir fait faire un pas à l'unité allemande et c'est dans l'alliance russe qu'est pour eux la seule chance de consolider leur œuvre. Tableau flatteur en vérité de ce que le chancelier a fait pour son pays! En ce qui concerne l'Autriche, l'auteur la dit résolue à ne pas devenir slave, à rester allemande et à reconquérir une situation prépondérante en Allemagne, attendant pour cela la mort du prince de Bismarck, mais trop faible pour pouvoir nuire en rien à la Russie. La France, il la montre isolée par suite de sa brouille avec l'Angleterre. Quant à cette dernière puissance, il la juge hors d'état de défendre ses colonies et son commerce, sérieusement menacée par l'Irlande et décidée à tout plutôt qu'à se battre. La conclusion naturelle de l'article est que, seule entre les puissances, la Russie est forte, tranquille, vraiment grande; que, si elle s'allie à l'Allemagne, elle peut effacer l'Autriche de la carte d'Europe et contraindre la France à conserver une attitude pacifique; que, si elle préfère l'alliance française, elle est maîtresse des destinées de l'empire allemand ; enfin qu'elle tient entre ses mains la fortune de l'Angleterre le jour où il lui plaira de délivrer l'Inde du joug britannique. L'auteur considère comme plaisante la supposition que la Russie aurait besoin de l'assentiment d'aucune puissance pour régler à son gré la question bulgare.

Pas n'est besoin de faire ressortir les points faibles de cet exposé de la situation européenne. Quant à la parcelle de vérité qu'il peut contenir, j'aurai occasion de la mettre en lumière quand je parlerai de l'énorme puissance de la Russie. Je voulais seulement montrer par ces citations dans quel monde imaginaire vivent les Russes qui dirigent la politique extérieure de l'empire, l'empereur lui-même et les journalistes importants qui d'ailleurs, je le fais remarquer en passant, sont sans aucune autorité dans le pays, à la seule exception du très influent autocrate de la *Gazette de Moscou.*

Je n'ignore pas que beaucoup des assertions contenues dans ce chapitre provoqueront de vives protestations, car elles déplairont en même temps à ceux qui ont foi dans la parole de la Russie et dans sa modération et à ces ultra-patriotes anglais — si l'on peut dire qu'il y ait jamais excès dans le patriotisme — que leur haine pour la grande puissance du Nord égare au point de leur en faire méconnaître la force et le profond sentiment national. Mais je répète encore que, comme celles qui précèdent et celles qui suivent, cette étude a pour unique objet d'exposer des faits et de chercher à en déduire les conséquences possibles. Je m'adresse à ceux, s'il en est aujourd'hui, qui sont assez dégagés des préjugés de parti, de personnes et de nationalité pour consentir à envisager les choses sous leur vrai jour.

Un fait sur lequel il est important d'insister quand on examine la situation de la Russie, c'est que, de toutes les puissances européennes, c'est elle qui possède la population homogène de beaucoup la plus considérable. Les Grands-Russiens parlant la même langue, sans aucun mélange de dialecte, y sont à peu près aussi nombreux que les vrais Allemands en Allemagne. Sur cet élément absolument pur de la race moscovite viennent se greffer des millions de Russes d'autres tribus ayant avec celle-ci d'étroites affinités, notamment les quatorze millions de Petits-Russiens qui fournissent à la garde impériale des soldats d'élite. Les observateurs superficiels affirment volontiers et sérieusement que la grande diversité des races réunies sous le drapeau russe nuit à la cohésion de l'armée nationale. Sans doute, l'empire des tsars englobe bien des peuplades différant de langage, de religion, de coutumes et ce sont leurs territoires que visitent de préférence les voyageurs en quête de pittoresque, rebutés par la sombre et triste uniformité de la Russie proprement dite. Mais ces éléments hétérogènes sont avec la masse de la nation russe à peu près dans le même rapport que les *sotnias* de Persans, de Géorgiens, d'Arméniens, de Circassiens, de Mingréliens, de Baschkirs, de Cosaques de l'Oural, qui paradent dans la garde personnelle du tsar aux revues de Saint-Pétersbourg, sont avec les cinquante à soixante mille hommes de la garde impériale. Assurément, les Finnois de la Grande-Finlande et les Samoyèdes de la Sibérie septentrionale, les jaunes Kalmoucks d'Astrakan aux yeux bridés et les Sartes de l'Asie centrale, les Tartares de la Horde d'Or de Kazan et les Turcomans des steppes caspiens, les Tchuvassis, les Vatikis, les Mordwas et autres Finnois asiatiques du Volga, d'innombrables tribus enfin que l'on pourrait encore nommer sont bien différentes les unes des autres et absolument étrangères au peuple moscovite; mais elles ne constituent pas un élément dissolvant au sein de l'empire dont elles font partie et qui n'en compte pas moins, en dehors d'elles, quelque chose comme soixante millions de sujets russes parlant la même langue.

Cette nation, au point de vue numérique supérieure à toute autre, hormis la Chine qui n'est pas organisée pour la guerre moderne, est aussi plus forte au point de vue religieux et patriotique qu'aucune des puissances européennes et je ne crois pas que cette assertion puisse être contestée par quiconque connaît bien la Russie. Les États-Unis seuls pourraient peut-être rivaliser avec elle à ce double point de vue. Ce fait admis, il faut reconnaître qu'on se trouve là en présence d'une puissance absolument formidable par son essence même et indépendamment de l'attitude qu'elle pourra prendre à un moment donné. Il est en Angleterre quelques politiciens fossiles qui voient encore dans l'existence de la Pologne une source de faiblesse pour l'empire russe. La Pologne est morte en 1863 et elle ne ressuscitera jamais. Les hommes qui, soit par eux-mêmes, soit dans la personne de leurs ancêtres, ont illustré la littérature par leur génie et de nombreux champs de bataille par leur brillant courage, peuvent se refuser à admettre la disparition de leur pays; mais le fait n'en est pas moins indéniable. C'est l'aristocratie polonaise qui a toujours été l'ennemie héréditaire de la Russie; le peuple a souvent marché avec elle, mais sa haine pour l'oppresseur n'était pas au-dessus de considérations matérielles et la majorité des paysans polonais est aujourd'hui conquise à la domination russe par la législation agraire de cet empire, comme l'avaient été à la France les paysans d'Alsace par celle de la Révolution. Au moment de la guerre de Crimée, la Pologne ne s'est pas soulevée, quoique les événements ultérieurs de 1863 semblent prouver qu'il eût été possible d'y provoquer un mouvement. Mais aujourd'hui l'ère des insurrections y est fermée et une révolte des sujets slaves de l'Autriche-Hongrie serait beaucoup plus vraisemblable, malgré les efforts faits par cette puissance pour se concilier les populations de la Bukovine, qu'un soulèvement des Polonais contre le tsar.

Il nous est difficile de comprendre l'attrait qui jette dans les bras de la Russie les membres plus faibles de la race slave. Lorsque, comme autrefois en Serbie et récemment en Bulgarie, les Russes ont eu le champ libre pour agir, ils se sont souvent aliéné cette instinctive sympathie; mais, pour les Slaves qui sont sujets de quelque autre puissance, le peuple russe est le sauveur en qui ils mettent tout leur espoir. Les Ruthènes sont autant de Russes englobés dans l'empire austro-hongrois et il n'existe pas en Russie d'élément étranger analogue à celui-là. On parle bien des populations allemandes de la Baltique: c'est encore là une vue arriérée. Il n'y a jamais eu d'allemand dans les provinces baltiques que l'aristocratie et le commerce; le peuple des campagnes appartient aux races esthonienne et lithuanienne et il a salué comme des sauveurs ses maîtres russes, avec leurs mesures despotiques contre les propriétaires fonciers et contre l'usage de la langue allemande. Parce que la Russie est violente dans son langage et dans ses actes, nous nous refusons volontiers à admettre qu'elle puisse faire aimer sa domination à des paysans que n'avait jamais pu conquérir un gouvernement aristocratique. Si les hommes de Moscou ont échoué en Bulgarie, ils ont réussi en Pologne, ainsi que dans les provinces baltiques, et il est probable que le problème irlandais, depuis si longtemps une source de graves difficultés pour l'Angleterre, aurait été résolu en une semaine par un Samarine, un Miliutine ou un prince Tcherkassky.

On considère généralement le nihilisme comme un péril pour l'empire russe dont il minerait non seulement la puissance offensive, mais même la force défensive. Or, dans les milieux russes les plus éclairés, on est généralement convaincu, même après les faits récents de conspiration militaire, qu'actuellement l'Allemagne et l'Autriche ont plus à redouter de l'agitation socialiste que la Russie des conspirations nihilistes. J'aurai à revenir sur ce sujet lorsque j'étudierai la situation de l'Autriche; mais, en ce qui concerne la Russie, mes plus récentes informations me conduisent à partager la manière de voir des écrivains moscovites[1].

Je ne crois pas qu'il puisse exister dans l'esprit d'aucun observateur sérieux le moindre doute quant à la force réelle et durable de la Russie, et il est intéressant de rechercher à quel usage elle pourra employer cette force. Vieille à certains égards, cette nation est, au point de vue politique, aussi jeune que les États-Unis, et elle est loin d'avoir atteint son entier développement. Déjà forte dans sa période de croissance, elle le sera plus encore parvenue à la virilité. Nous allons examiner les chances et les conséquences probables d'un conflit éventuel entre la Russie et l'Autriche, ou entre la Russie et l'Angleterre. Pour arriver à une juste appréciation des choses, il y a d'abord lieu de jeter un rapide coup d'œil sur la condition intérieure de la Russie comparée à celle de l'Autriche, qui sera plus approfondie dans le chapitre suivant.

Je viens de dire que la nation russe est avant tout patriote. La France l'est aussi assurément, dans la personne de tous ses enfants, depuis M. Grévy jusqu'à M. Drumont; et cependant il est probable que ni celui-là, ni même celui-ci, ne possède cet esprit de sacrifice, poussé jusqu'à l'immolation volontaire, qui est un sentiment absolument russe. Au contraire, il n'est pour ainsi dire pas un des sujets du tsar qui hésitât à mourir sur l'heure, si le sacrifice de sa vie pouvait être utile à la cause nationale. Peut-être est-ce là un symptôme de

1. *L'Événement* a depuis démenti cette assertion.

barbarie : il se trouve sans doute de pâles philosophes pour penser ainsi. Mais, barbare ou non, c'est un sentiment sur lequel doit compter la politique européenne.

Ce n'est ni dans la Pologne ni dans les provinces baltiques, pas plus que dans le nihilisme, qu'il faut voir des sources de faiblesse pour la Russie, mais dans l'absence, inévitable sous un régime autocratique, de culture suffisante des classes supérieures et moyennes. Le contraste frappant qui existe en Russie entre la simple piété du paysan, pour qui chaque repas est une célébration de la sainte communion, et ses accès d'intempérance et de brutalité, est dépassé par celui, plus caractérisé encore, que l'on trouve entre cette piété populaire et le profond scepticisme des hautes classes. Et je ne parle pas seulement du scepticisme religieux, mais de ce scepticisme pratique qui considère tout comme inutile à toute cause, et qui, pour n'être pas incompatible dans l'aristocratie russe avec un langage, voire avec certains sentiments patriotiques, ne saurait contribuer à faire de la classe sociale qu'il mine profondément un instrument bien fort pour les revendications de la patrie russe.

J'ai déjà eu occasion de le dire dans la première de ces études, il n'y a en Russie que deux hommes, dont le second est deux fois éminent, par sa valeur personnelle et par sa situation de directeur d'un journal qui peut être considéré comme le plus puissant du monde, car il est à peu près tout-puissant dans un grand empire. C'est par Katkof seul que la presse russe a de l'influence. Les feuilles officielles et officieuses ne donnent que ce que l'on peut attendre d'elles : des faits. Mais la *Gazette de Moscou*, qui proclame la presse russe la seule vraiment libre du monde, jouit d'une réelle liberté, personnelle, il est vrai, à son directeur. Sous les gouvernements constitutionnels, dit la *Gazette*, les journaux sont les esclaves des partis; or en Russie il n'est pas de partis ni rien qui puisse être appelé de ce nom. En ce qui concerne les affaires intérieures, ce journal est arrivé à imposer ses vues, et si, en politique étrangère, il n'est pas tenu compte de ses sentiments antigermaniques, combattus par le *Nord*, du moins lui est-il permis de les exprimer librement.

Katkoff ne compte pas uniquement en Russie pour sa valeur personnelle, mais aussi comme l'interprète du parti « national », que l'on pourrait appeler plus justement « le groupe de Moscou », constitué par un noyau d'hommes que séparent peut-être des divergences d'opinion, mais paraissant extérieurement professer des vues identiques, parce qu'ils sont, en effet, unis dans un même sentiment en ce qui concerne les questions extérieures. J'ai déjà mentionné Aksakoff, Samarine, Miliutine, Tcherkassky : ceux-là appartenaient à une autre génération, et ils représentent maintenant l'opinion de Moscou aux Champs-Élyséens. Le prince Vassiltchikoff et d'autres que je pourrais nommer continuent leurs traditions et, soit dans la conservatrice *Gazette de Moscou*, soit dans des feuilles de nuance plus libérale, l'expression de l'opinion nationale de Moscou a toujours été la même en substance au regard de l'étranger.

Nous disons le « groupe » de Moscou ; c'est qu'en effet, je le répète, une des grandes forces de la nation russe est dans l'absence de partis. Excepté ceux qui sont systématiquement opposés à tout, la plupart des Russes s'entendent sur un grand nombre de questions générales absolument spéciales au pays. Les nihilistes eux-mêmes sont d'accord avec leurs compatriotes sur certains points, par exemple pour tourner en ridicule le gouvernement parlementaire. La note dominante chez les Russes est la confiance dans l'avenir de leur pays et une sympathie désintéressée pour les populations slaves étrangères à l'empire, moyennant qu'elles consentent à suivre l'impulsion de la Russie et à professer la religion orthodoxe.

Le défunt empereur était influencé par l'opinion de Moscou, mais son successeur la partage, ce qui est bien différent. Le tsar actuel est aussi national que Pierre le Grand lui-même, dont il ne possède malheureusement pas toutes les capacités. Dans une famille où l'exercice du pouvoir absolu fait chacun de ses membres différent des autres hommes, il a plus de ressemblance avec Paul et Nicolas qu'avec les deux Alexandre : ceux-ci étaient de mélancoliques Allemands, comparés à ce tsar tenace et si profondément russe. Quoique élevé par des hommes qui connaissaient bien la Russie, je crains qu'il ne sache rien de son propre pays et moins encore des autres. Son entourage est fortement conservateur : Pobedonostchieff, le comte Tolstoï et Katkoff sont accusés par les esprits avancés d'être les représentants prétentieux d'un vieil obscurantisme tory. Mais, pour un étranger, il n'y a pas grande différence entre un libéral russe et un conservateur russe. Au sens anglais du mot, le libéralisme n'a pas de place en Russie. Quant au parlementarisme qui nous est si cher, il ne s'introduira sans doute jamais dans un pays où le sentiment national le tient encore plus encore en mépris qu'en aversion.

Cette faiblesse de la Russie que nous avons signalée tout à l'heure, consistant dans l'insuffisance des classes supérieures, est encore accentuée par l'éloignement des affaires auquel un régime autocratique voue fatalement certaines personnalités. La moitié des hommes éminents de la Russie sont tenus à l'écart pour avoir, à un moment donné — et alors qu'il leur était difficile d'en agir autrement — témoigné trop de déférence à la femme que, depuis la mort d'Alexandre II, on appelle à l'étranger sa veuve et devant qui d'ailleurs, du vivant du feu tsar, la famille impériale elle-même était bien obligée aussi de s'incliner assez bas. Cette sorte de proscription est le résultat de l'entêtement de l'empereur actuel qui, tout en aimant la soumission et la souplesse chez ceux qui le servent, ne sait ni oublier ni pardonner. Un des collègues de M. de Giers disait un jour à un Anglais que ce ministre est perpétuellement vis-à-vis de son maître dans la position du soldat sans armes, la main à sa casquette et le petit doigt sur la couture du pantalon, n'ayant à la bouche que ces deux mots : « Oui, sire, oui, sire. »

Lorsqu'on parle de cette tendance expansive d'une

race, baptisée par les Américains du nom intraduisible de *spread-eaglism*, et qui constitue une sorte de chauvinisme d'une espèce particulière, c'est généralement aux États-Unis que l'on pense : ce devrait plutôt être à la Russie. Les Russes caressent volontiers la perspective de devenir les maîtres du monde, et si, au lieu de m'occuper de questions contemporaines, je me laissais entraîner à des prophéties sur ce qui se passera au siècle prochain, je serais amené à reconnaître qu'en négligeant l'Amérique et l'Australie pour ne tenir compte que de l'ancien continent, leur rêve pourrait bien quelque jour devenir une réalité.

Le seul étranger qui existe pour le paysan russe est l'Allemand, au point que ce nom est pour lui synonyme du mot « étranger », et sa haine pour les « hommes muets », comme il les appelle, est vivace et profonde. Il ne connaît guère les Anglais. Le sentiment des masses est qu'un jour une guerre éclatera entre la Russie et l'Allemagne, auprès de laquelle celle de 1870 n'aura été qu'un jeu d'enfants, disent les soldats, et qui, si l'issue en était favorable aux Allemands, recommencerait à la première occasion, jusqu'à l'anéantissement de l'empire germanique. La cour tient en bride dans une certaine mesure cette opinion populaire à laquelle elle se ralliera peut-être plus tard pour en tirer profit; mais, actuellement, c'est moins à l'Allemagne qu'elle en veut qu'à l'Autriche.

Il nous faut examiner maintenant la situation militaire de la Russie comparée avec celle des puissances voisines. Malgré l'énormité de sa dette et ses lourdes charges annuelles, l'empire russe devient chaque jour plus fort, et cette force, considérable en soi, s'est accrue du prestige qui s'attache à l'inconnu. Son armée est la plus formidable du monde : en état de complète mobilisation, elle ne compte pas sur le papier moins de quatre millions d'hommes au début et de six millions par la suite. D'aucuns inclinent à croire que ces chiffres sont fictifs; mais, depuis 1878, la Russie a fait de grands progrès. Elle possède autant de bouches à feu que l'Allemagne ou la France ; sa cavalerie est aussi considérable peut-être que celle de ces deux puissances réunies, plus considérable à coup sûr que celle des armées allemande et autrichienne combinées, et elle est reconnue comme la meilleure de toutes pour le service auquel, dans la guerre moderne, est limité l'emploi de cette arme. Avec un peu de sagesse, les ressources de la Russie ne peuvent qu'aller toujours grandissant, car c'est un pays jeune à bien des égards, et, au point de vue territorial, la Sibérie équivaut presque à d'autres États-Unis. Avec les avantages naturels que lui donne sa position et sa merveilleuse ligne de places fortes sur la frontière d'Allemagne, la Russie pourra toujours user la patience germanique.

Peut-être, comme le dit le comte de Moltke, deux cent mille hommes sur la Vistule, soutenus par les places allemandes, suffiraient-ils pour mettre obstacle à une invasion des Russes. Mais en fût-il ainsi, ce seraient toujours deux cent mille hommes de moins à mettre en ligne sur la frontière française, en présence d'une armée déjà plus forte au total que celle de l'Allemagne, et, en tout cas, ils seraient impuissants à empêcher la Russie d'écraser l'Autriche.

Il est curieux de rapprocher des protestations amicales échangées à plusieurs reprises dans ces dernières années par les empereurs de Russie et d'Allemagne ce fait que, depuis 1870, Kœnigsberg a été transformé en un immense camp retranché, les forts de Thorn ont été armés de tourelles cuirassées, les défenses de Dantzig ont été augmentées, celles de Posen également, et qu'en ce moment on travaille activement à celle de Custrin et de Glogau. Mais ce que la Russie gagne chaque jour en puissance militaire l'emporte dans la balance sur ce que l'Allemagne peut emprunter à l'Autriche pour essayer de rétablir l'équilibre. On peut affirmer en toute sûreté que désormais il ne sera plus possible aux Allemands de frapper tous leurs ennemis à la fois. Attaquer soit la Russie, soit la France, serait aujourd'hui de leur part un acte de folie, pour ne pas dire un suicide ; aussi Berlin persistera-t-il dans ses déclarations amicales à l'adresse de la Russie, tout en nourrissant une secrète complaisance pour les coalitions qui pourraient se former contre la grande puissance du Nord.

Dans ses rapports avec la Russie, le prince de Bismarck a à son actif un avantage considérable, c'est qu'il se trouve en présence du moins bien informé de tous les gouvernements européens. Le tsar a sous la main quelques hommes d'une haute valeur qu'il pourrait employer, mais qui sont tenus à l'écart ou qui vieillissent. L'un d'eux n'est plus ce qu'il était alors qu'il représentait son pays à Pékin. Un autre a perdu quelques-unes des qualités dont il avait fait preuve dans le règlement délicat de certaines difficultés survenues au sein de la famille impériale, et pour lequel plus de tact et de sagesse était nécessaire que pour la conduite des affaires nationales. En ce qui concerne les relations avec ses voisins, c'est en jetant son épée dans la balance que le gouvernement russe répare les maladresses commises, et le plus solide de tous les arguments auxquels il a recours est une opération d'arithmétique consistant à additionner ses effectifs avec ceux de ses alliés et à en retrancher le chiffre des forces ennemies. Bonne pour les affaires d'État, cette simple méthode est inapplicable à celles de la cour ; mais le baron Jomini possède de celles-ci une expérience héréditaire, en même temps qu'il est doué pour celles-là d'une capacité native, faisant de ce Suisse du canton de Vaud le meilleur des serviteurs étrangers qui portent la livrée slave dans ce pays dont il ignore jusqu'à la langue. Seulement il est vieux et supplanté par des soldats et des bureaucrates. Sans aucune influence est le prince Lobanoff, un remarquable diplomate, je n'ose dire à quel point remarquable, de peur que, tombant sous les yeux de M. de Giers ou de M. Katkoff, ces lignes ne causent quelque préjudice à l'éminent ambassadeur, dont le patriotisme pourrait être mis en suspicion. M. Zinowieff, du département des affaires étrangères, est aussi un homme de valeur, mais sans aucune action dans le gouvernement.

Cette insuffisance des conseillers du tsar donne beau jeu à M. de Bismarck. L'ignorance de ce qui se passe à l'étranger met une nation dans un état d'infériorité marquée vis-à-vis de celles qui sont mieux instruites. C'est à l'étendue de ses informations, tenant à la variété des nationalités qui la constituent et à la diversité de race des hommes qui la servent, que l'Autriche doit la continuation de son existence. L'Allemagne est bien informée parce qu'elle y a intérêt et qu'elle fait toujours bien ce qu'elle a à faire. En France et en Russie, au contraire, l'ignorance est extrême sur ce point. L'empereur Alexandre a peut-être lu alors qu'il était tsarévitch, mais aujourd'hui il ignore volontairement ce qui s'écrit, et, éloignant de sa personne les hommes à idées, entachés à ses yeux du péché mortel d' « européanisme » ou « occidentalisme », il n'admet dans ses conseils que des soldats bien dressés à l'obéissance aveugle et de vieux bureaucrates pédantesques et rétrogrades. Au surplus, on sait qu'en Russie la presse étrangère est soigneusement proscrite. J'ai regret à le constater en passant : malgré les facilités que lui donne pour s'instruire la libre diffusion des lumières venant de l'extérieur, le peuple français est dans une ignorance presque aussi complète, en matière de politique étrangère, que le sont les sujets du tsar. Il s'y trouve quelques hommes politiques et de rares journalistes qui peuvent être bien informés, mais la masse de la nation ne sait rien, et le corps électoral a en ses capacités naturelles une superbe confiance qui lui fait méconnaître la supériorité des hommes instruits dans l'art du gouvernement.

L'instabilité de la politique intérieure française déplaît si fort à la Russie, qu'il a été question dernièrement de faire revivre la ligue des trois empereurs, comportant l'isolement absolu de la France, rêve dont, sans être impossible, la réalisation ne semble guère probable. Pour que la Russie renonce à agiter le spectre de l'alliance française aux yeux de l'Allemagne et de l'Autriche, il faudrait que ses ambitions fussent satisfaites en Europe comme en Asie, et l'on ne voit guère comment le gouvernement austro-hongrois pourrait s'y prêter. D'autre part, il n'y a pas beaucoup de sympathie entre le cabinet conservateur anglais et le gouvernement bulgare, et le membre le plus important du parti tory ne considèrerait pas d'un œil favorable une pacification de l'Europe obtenue en isolant la France et en laissant aux Russes le champ libre dans les Balkans. Lord Randolph Churchill a été un des adversaires les plus ardents de la politique étrangère de lord Beaconsfield en 1877-78. Quant à lord Salisbury, il n'est pas homme à dédaigner une bonne alliance, ni à laisser l'Autriche dans l'embarras, et il voit le moyen de faire prédominer dans la péninsule des Balkans une politique antirusse, en exploitant la popularité dont jouissent en Angleterre les Roumains et les Bulgares. Il est, d'ailleurs, en faveur de cette politique, un argument tout-puissant dans l'esprit de John Bull : celui des gros sous. Tout pays annexé à l'empire russe, ou inféodé à lui plus ou moins directement, se trouve fermé au commerce britannique par de forts droits protecteurs, ce qui, à dire vrai, est aussi le cas avec nos alliés autrichiens, ainsi que je l'ai montré à propos de la Bosnie.

En réalité, on l'a vu par ce qui précède, c'est d'accord avec le prince de Bismarck que les Russes en usent à leur volonté en Bulgarie. Terrorisée par la menace d'une guerre avec le seul secours de l'alliance anglaise, l'Autriche est impuissante à faire une résistance quelconque et elle compte, pour l'appuyer à Saint-Pétersbourg, sur le chancelier allemand hors d'état lui-même de lui venir en aide. De temps à autre en effet, le tsar fait montre de son amitié pour la France, qui joue alors le rôle du chien lâché par le rabatteur pour chasser le gibier devant lui. Ce n'est pas qu'il y ait ni qu'il doive jamais y avoir d'alliance offensive franco-russe; mais, naturellement, la France est toujours prête à toute éventualité.

La conduite de la Russie dans la question bulgare ne rencontre assurément aucune approbation en Angleterre; cependant, on y a cherché à la pallier en l'assimilant à celle de la Grande-Bretagne dans l'affaire d'Arabi pacha. Supposons un moment — ce que n'admettrait pas le gouvernement britannique — qu'Arabi eût été l'interprète des sentiments égyptiens autant que l'est la Sobranié de l'opinion bulgare, et négligeons ce fait qu'il avait presque renversé le gouvernement régulier de l'Égypte, tandis qu'avec le consentement du prince déposé les régents bulgares ont pris charge de celui de leur pays; même ainsi, la comparaison n'est pas soutenable. L'Angleterre n'a pas eu de Kaulbars. En allant en Égypte elle n'a pas agi sous sa seule responsabilité. Son action a été la conséquence de la note proposée, en 1881, au cabinet britannique par le gouvernement français, qui aurait même pris part à l'expédition si la Chambre des députés ne lui avait refusé les crédits. A défaut du concours de la France, l'Angleterre a cherché celui de l'Italie qui a été bien près de le lui accorder. En somme, l'Angleterre a été couverte avant l'action par l'approbation officieuse de la plupart des puissances, et toutes les puissances sans exception lui ont adressé leurs félicitations officielles après le rétablissement de l'ordre en Égypte.

En ce qui concerne la Bulgarie, au contraire, du jour où lord Salisbury a sauvé le prince Alexandre à la conférence de Constantinople, on pouvait prévoir que celui-ci serait ultérieurement détrôné par le gouvernement russe. Il l'a été. Mais cet acte de violence ne suffisait pas pour rétablir le prestige russe dans le pays, et l'on a fait plus. Jamais le prince Alexandre n'avait agi contre le tsar, non que j'ignore tout ce qui a été dit à ce sujet, mais rien n'a été prouvé. Peut-être même pourrait-on lui reprocher d'avoir fait preuve d'une soumission excessive. Mais il a eu le tort de vouloir être indépendant, et l'indépendance bulgare, aussi bien en matière de langue et de religion que de politique étrangère, porte ombrage au patriotisme russe. C'est bien contre mon gré que je me vois contraint à l'hostilité envers la Russie, car j'éprouve une vive sympathie pour les aspirations de la race slave en général, et en particulier pour celles du peuple russe. Si antirusse que je sois, politiquement parlant, l'on a déjà pu voir, au cours de cette étude, qu'à bien des égards j'ai la plus haute idée de la nation moscovite. Cependant, il me paraît que l'envoi en Bulgarie du général Kaulbars, après la déposition du prince Alexandre dans les circonstances que l'on sait, constitue une insulte des plus graves à l'Europe, et qui, je le crains, est irrémissible. C'est un coup mortel porté aux petits États et la consécration de cette doctrine qu'en matière de relations internationales la force prime le droit. Aujourd'hui la presse russe revendique ouvertement la Bulgarie comme une province de l'empire, déclarant que les affaires de ce pays relèvent de la politique intérieure de la Russie, dans laquelle les puissances n'ont pas à s'ingérer, et elle assimile toute résistance des Bulgares aux ordres venus de Saint-Pétersbourg à une insoumission de la Pologne.

Coupable ou non, la conduite de la Russie, en cette circonstance, nous semble avoir été imprudente au point de vue même de ses intérêts, car elle lui a incontestablement aliéné la nation bulgare qui, auparavant, professait un véritable culte, sinon pour l'empire, du moins pour la personne du défunt empereur. Le chef du parti de Moscou, qui était gouverneur de la Bulgarie pendant la guerre turco-russe, écrivait, à cette époque, à un ami commun de Samarine, des deux Miliutine, des deux Vassiltchikoff et de lui-même que, loin d'imiter ce qu'il appelait la folie des Polonais, les Bulgares étaient tout disposés, comme les Ruthènes de Galicie, à accepter la suprématie russe dans une confédération slave. Autre avantage à l'actif des

Russes en Bulgarie, ils n'avaient à lutter contre aucune difficulté religieuse. Sans doute, le protestantisme se propage dans la principauté; on y aime les quakers anglais pour le bien qu'ils y font, et le collège protestant américain du Dr Washburne y prend de l'influence. Cependant, la majorité de la population y est encore orthodoxe. En même temps, la Bulgarie est profondément démocratique, et ceux qui ont accueilli les Russes comme libérateurs étaient fermement convaincus que leur indépendance locale serait respectée. Au dire des ethnographes, les Bulgares ne seraient pas de race slave; mais cela importe peu. En réalité, ils sont devenus aussi Slaves que les Slaves de l'ancienne Prusse sont devenus Allemands. Si, comme Justinien et Bélisaire, le prince de Bismarck est Slave de race, il n'en est pas moins aussi Allemand que ceux-là étaient Romains. On ne saurait douter que les Bulgares soient originaires du cœur de la Russie actuelle où ils vivaient sur le Volga, dont ils tirent leur nom. Mais si, à l'époque de leur migration, c'est-à-dire au ve siècle, ils n'étaient point Slaves, ils l'étaient devenus, dès le VIIIe ou le IXe, aussi complètement qu'ils le sont aujourd'hui.

Ce que n'ont pas su comprendre le gouverneur russe de la Bulgarie et son jeune état-major moscovite, c'est que les Bulgares ne s'étaient pas révoltés contre le joug de la Turquie uniquement pour substituer une race de pachas à une autre. Ils admiraient la force merveilleuse du patriotisme russe, ils s'intéressaient aux ambitions de la Russie et à l'accroissement de sa force, mais pas au point de consentir de bonne grâce à en être les victimes. De leur côté, les Russes sentent bien qu'étroitement liée à l'empire comme l'est actuellement la Bulgarie, si le libéralisme prévaut dans la principauté, l'absolutisme de leur gouvernement est sérieusement menacé. Il n'y a pas de parti libéral en Russie, avons-nous dit, et l'on n'y trouve plus guère de conservateurs de la vieille école, ce qui doit faire de l'empire des tsars un vrai paradis politique aux yeux du groupe tory-démocrate dont lord Randolph Churchill est le chef. Les derniers décembristes sont morts; les anciens anglomanes et les libéraux aristocratiques ne sont plus : tous les hommes politiques russes de l'heure présente appartiennent au parti national de Moscou avec une nuance plus ou moins libérale, pseudo-libérale, devrais-je dire, car je me rappelle leur attitude dans les provinces occupées par la Russie pendant la guerre d'Orient, alors qu'ils n'admettaient que la doctrine orthodoxe et prétendaient subordonner toute opinion à la volonté du tsar. Il a toujours été évident que la Russie ne pourrait sans difficulté s'assimiler une population catholique ; il est même douteux qu'elle puisse espérer parvenir à l'absorption des orthodoxes appartenant au rite hellénique de l'Église d'Orient. Mais on ne croyait pas aux Bulgares assez d'amour de l'indépendance et de force de résistance pour chercher à tenir tête à leurs tout-puissants sauveurs. Ils le font cependant et se sont embarqués là dans une lutte sans espoir, la sympathie qu'on leur porte étant vraisemblablement destinée à conserver un caractère purement platonique.

Il est en Angleterre des ennemis de la Russie persuadés que les Bulgares n'ont qu'à tenir bon pendant quelque temps et qu'il arrivera un jour où l'empire se désagrégera de lui-même, ou du moins où il subira quelque transformation considérable. Mais, dans l'éventualité même d'un grand désastre militaire, seul événement capable de renverser l'ordre établi en Russie, les questions extérieures de cette nature n'en seraient guère affectées. On parle de l'assassinat du tsar Alexandre II, de l'acquittement, par un jury pétersbourgeois composé de nobles et de fonctionnaires, du meurtrier du comte Trépoff, le grand-maître de la police; mais ce sont là, comme l'esprit de dénigrement de soi-même caractéristique des milieux pétersbourgeois, comme les manifestations périodiques et violentes de l'esprit nihiliste, des conséquences naturelles du régime autocratique, comme en France la conspiration du général Malet pendant la campagne de Russie. Symptômes de faiblesse, sans doute, mais qui ne sont pas incompatibles avec l'existence d'un sentiment patriotique universel et d'un grand esprit de sacrifice.

Maigre consolation que tout cela pour les Bulgares, comme en général pour les petits États de la région des Balkans et autres. Et pourtant ils seraient en droit d'espérer davantage de nous. Par leur attitude sage et prudente, par la réserve et la contrainte que s'est imposée la population entière, ils ont su se faire respecter en même temps que rendre difficile une occupation militaire. Leur esprit d'indépendance était connu, mais on n'a pas été peu surpris de les voir déployer de si remarquables capacités en matière de guerre et de finances. Le gouvernement russe avait pensé que le rappel de ses officiers désorganiserait complètement l'armée bulgare et elle a, au contraire, remporté l'avantage dans une guerre sérieuse. Malgré toutes les provocations du général Kaulbars, en l'absence complète de direction supérieure des affaires, l'ordre le plus parfait n'a pas cessé de régner dans le pays et les impôts y ont été payés régulièrement. Les Bulgares se sont vraiment acquis des droits à l'admiration de tous les peuples libres. Il était de tradition dans l'armée russe de dire que la route de Constantinople passe par Vienne; mais il semble aujourd'hui qu'un obstacle bien plus redoutable soit opposé aux ambitions moscovites par l'indomptable esprit d'indépendance des Roumains, des Bulgares et autres Slaves du Sud. Toute tentative de coercition les rend d'autant plus réfractaires au régime autocratique.

En présence des remarquables qualités de *self-government* déployées par ces petits peuples, une idée a été reprise dernièrement qui est depuis longtemps un des rêves favoris de la spéculation politique et qui, en Angleterre, est particulièrement chère aux plus libéraux des conservateurs et aux plus modérés des libéraux : je veux parler d'une confédération des Balkans. Assurément, une semblable confédération ne serait pas assez forte, même avec l'appui de l'Autriche et de l'Angleterre, pour tenir tête à la Russie. Cependant, peut-être serait-il possible, avant que la Russie reprenne une attitude agressive, d'arriver, sinon à un résultat aussi complet, du moins à une entente cordiale. Les jeunes peuples grec, roumain, bulgare et serbe sont dignes de tout intérêt et méritent que l'on prenne leur défense.

Mais ce qui rend si grosse de difficultés toute solution de la question des Balkans, qui constitue l'élément européen de la question d'Orient, c'est l'existence des jalousies, voire des haines mutuelles qui divisent ces peuples. Les Grecs détestent les Autrichiens, en partie parce que ceux-ci sont soupçonnés de vouloir quelque jour s'établir à Salonique, ce qui couperait en deux la Grande-Grèce, en partie parce qu'ils sont les protecteurs des Serbes qui revendiquent certains districts de la Macédoine et de l'Albanie, sur lesquels les Grecs élèvent aussi des prétentions. D'un autre côté, si les Grecs et les Bulgares se sont à certaines époques unis dans la haine de l'Autriche et l'amour de la Russie, ils n'en nourrissent pas moins les uns pour les autres la plus violente aversion, due à ce que le traité de San-Stefano a promis à la Bulgarie certains territoires réclamés comme helléniques par la Grèce, enfin parce que les deux nations ont pour objet de leurs convoitises les mêmes parties de la Macédoine. Aussi, à première vue, une confédération englobant la Grèce, la Roumanie, la Serbie et la Bulgarie, c'est-à-dire quatre peuples dont les trois premiers ressentent pour le dernier un égal éloignement, ressemble un peu à l'alliance de trois chats en termes médiocrement amicaux, avec un chien absolument hostile.

Cependant, et quoique les difficultés soient encore

grandes, cette combinaison est peut-être aujourd'hui rendue plus acceptable par une atténuation sensible de ces antipathies réciproques. Le roi Milan a même suggéré officieusement l'idée d'une alliance serbo-bulgare qui fait naître des questions dont je m'occupe dans le chapitre suivant. D'autre part, la Bulgarie a accrédité à Athènes un agent diplomatique. Mais, à moins que les sentiments antirusses des Hongrois ne l'emportent dans la politique de l'empire, l'Autriche ne verrait pas d'un bon œil une confédération des principautés slaves et elle inclinerait plutôt à prendre parti pour la Russie, afin de ne pas être exclue de la Méditerranée, où elle n'a pas le désir d'aller pour le moment, mais dont elle ne se soucie pas de se voir l'accès absolument fermé. L'influence de l'Angleterre à Berlin a eu pour effet de couper en deux les Slaves du Sud en jetant l'Autriche entre la Serbie et le Monténégro, arrangement qui ne semble pas destiné à durer. C'est du côté de l'Autriche que se dresse le plus sérieux peut-être des obstacles opposés encore à l'établissement d'une confédération sous la tutelle de l'empire austro-hongrois.

Outre celui que nous venons de signaler, il est un autre symptôme significatif de la détente qui se produit entre la Bulgarie et la Grèce. Avant la déposition du prince Alexandre, M. Tricoupis avait conclu avec le gouvernement bulgare un arrangement pour la délimitation géographique des sphères d'action respectives des deux États en Macédoine. Se partager la peau de l'ours avant de l'avoir tué est une imprudence, mais peut-être justifiée dans l'espèce par la nécessité de prévenir ces conflits d'intérêts qui éclatent de temps à autre entre Grecs, Serbes et Bulgares, menaçant même souvent de les mener sur le champ de bataille. La Roumanie non affranchie est principalement autrichienne; aussi ne parle-t-on guère de faire l'unité du peuple roumain, malgré ce qu'il y a d'anormal à voir la majorité des Roumains vivre en dehors du royaume de Roumanie. Mais les trois autres principaux États de la péninsule des Balkans sont à couteaux tirés à cause de la Macédoine, Serbes contre Bulgares et Grecs contre les uns et les autres. Cependant les troubles qui ont éclaté en Macédoine, suivant les prévisions de lord Salisbury, n'ont été provoqués par aucun de ces gouvernements, mais par la Russie, comme il s'y attendait. Cet arrangement entre la Grèce et la Bulgarie, dont nous parlions tout à l'heure, consistait à désigner par avance les districts dans lesquels chacun de ces deux États fomenterait l'insurrection contre l'empire ottoman, au moment où il serait *in extremis*, pour se les annexer le jour où il serait mort. On a tout lieu de penser qu'une fois cette convention signée, la Grèce n'aurait pas grand désir de précipiter les événements; tel semble être du moins le sentiment de son premier ministre actuel. Naturellement, elle revendique la possession de Janina, cette ville qui lui avait été promise par toutes les puissances et qui est l'une des principales de la langue grecque. Elle croit que l'Albanie tend à un rapprochement, quoique pourtant, de ce côté, elle ait à redouter à la fois les ambitions de l'Autriche et celles de l'Italie. Mais le point capital à ses yeux, c'est la rectification de la frontière de Macédoine et elle attendra un siècle, s'il le faut, pour avoir satisfaction, car, comme l'a dit récemment un de ses principaux hommes d'État : « Un siècle n'est rien dans la vie du peuple grec. » Quant à Constantinople, les Grecs paraissent avoir renoncé à ce rêve, ou du moins, ils n'en parlent plus.

L'organisation d'une confédération des Balkans, assez forte pour entraver la marche des Russes sur Constantinople, ne paraissant pas devoir être réalisée dans un avenir prochain, c'est évidemment à l'Autriche, avec ou sans alliances, qu'incombe la charge de leur barrer le chemin par la plaine macédonienne. Elle est malheureusement trop faible pour cette tâche. Les Autrichiens et les Russes ne s'étant jamais mesurés sur le champ de bataille, il est malaisé de porter un jugement sur leur valeur militaire respective. Mais, en négligeant la question de qualité, on peut dire qu'au point de vue numérique l'armée russe équivaut à celles de l'Autriche et de l'Allemagne réunies.

Le contingent annuel en Russie s'élève au chiffre de 227,000 hommes, à peine inférieur à la somme de ceux des deux autres puissances. Cette année-ci, l'effectif de l'armée russe sur le pied de paix est nominalement de 840,000 hommes; mais si l'on tient compte des Cosaques incorporés d'une façon permanente, il se monte en réalité à 890,000 hommes, et le premier de ces chiffres même dépasse celui des armées autrichienne et allemande sur le pied de paix. Le total des hommes exercés susceptibles d'être rapidement et facilement mobilisés est, en Russie, d'environ quatre millions, contre deux millions seulement en Allemagne et 1,250,000 en Autriche. Ultérieurement, et si elle a de quoi les armer — or l'on peut toujours se procurer des fusils — la Russie pourrait encore mettre en ligne deux autres millions d'hommes. On a révoqué en doute dernièrement la possibilité pour le gouvernement russe de réaliser les effectifs qu'il possède sur le papier; mais c'est qu'on ne tient pas suffisamment compte du grand mouvement militaire qui a commencé dans l'empire à la suite des échecs subis en 1878.

S'il fallait ajouter foi aux chiffres présentés en janvier au Reichstag par le gouvernement allemand, on pourrait croire ces résultats obtenus par la Russie au prix d'un budget de la guerre supérieur à ceux de l'Allemagne et de l'Autriche réunis. On a parlé en effet pour la Russie de 785,906,259 marks. Mais le chancelier a trompé le Parlement sur la valeur du rouble qu'il a estimé à 3,75. C'est le rouble d'or, dit « rouble métallique », qui les vaut et même un peu plus. Le rouble-argent, qui n'est autre que le rouble-papier, ne vaut aujourd'hui pas plus de 2,05. Cette erreur est d'ailleurs commune à beaucoup d'autorités dans la matière. D'un autre côté, il est en Russie des dépenses militaires extraordinaires dont il est difficile de trouver trace au budget; par exemple, une grosse part des frais de construction du chemin de fer transcaspien, rapidement poussé par le général Annenkof, sans parler de certaines charges incombant aux communes et aux *zemstvos* provinciales, qui, en d'autres pays, seraient supportées par l'État. D'aucune façon cependant ce chiffre de 785,906,259 marks n'est admissible; c'est une piperie imaginée pour abuser le peuple allemand, et il faut le réduire à 495,428,078 marks seulement. Les hommes sont à bon marché en Russie.

Ainsi, qualité à part, la Russie est de deux fois et demie à trois fois plus forte que l'Autriche. Le contingent de cavalerie y est proportionnellement très considérable, supérieur à celui des armées allemande et autrichienne réunies, et trois fois plus fort que celui de cette dernière, quoique l'Autriche-Hongrie possède une cavalerie presque aussi nombreuse que celle de la France.

On peut affirmer que non seulement les Allemands ne chercheront pas noise à leurs redoutables voisins, mais encore qu'ils éviteront de leur mieux d'être compromis par l'Autriche ou par l'Angleterre. Si jamais ils doivent intervenir contre les Russes, c'est seulement lorsque ceux-ci seront déjà affaiblis par une longue lutte. Sauf le sentiment de violente animosité qui existe entre les deux nations, on ne voit guère matière à un conflit russo-allemand, car l'Allemagne s'est complètement désintéressée de la « russification » des provinces soi-disant allemandes de la Baltique, occupée qu'elle est de son côté à germaniser la Pologne prussienne. La Russie est couverte par des places fortes contre une agression des Allemands alors qu'elle serait déjà engagée ailleurs. Le quadrilatère polonais, particulièrement, est rendu inexpugnable par les fortifications de Mœdlin, Demblin et Terespol, la dernière de ces places connue maintenant sous le nom de Brest-Litovsk, mais les autres malaisées à reconnaître sous leur nouvelle dénomination. A l'instar du Japon, la Russie a adopté ce système de changer fréquemment les noms des villes, comme le fait le conseil municipal de Paris pour les rues.

Du côté de l'Autriche, la frontière russe est à peu près dépourvue de défenses, fait à noter, car c'est cette puissance, bien plutôt que l'Allemagne, avec laquelle la Russie est destinée à entrer en lutte. Sans doute, le gouvernement russe fait relever les fortifications des vieilles places de Lutzk, qui s'appellera dorénavant Michaïlograd, et de Dübno; il est même question d'établir dans ces parages un camp retranché. Cette frontière n'en doit pas moins être considérée comme ouverte et défendue par un rideau de cavalerie au lieu de l'être par des places fortes. La raison de cette anomalie est facile à comprendre. Dans une guerre avec l'Autriche, la Russie compte prendre l'offensive, favorisée par une insurrection ruthène en Galicie; aussi ne songe-t-elle pas plus à se fortifier contre l'Autriche que contre la Turquie. Si, au contraire, elle élève défenses sur défenses du côté de l'Allemagne, c'est qu'elle veut s'assurer la liberté de tomber sur l'Autriche quand il lui plaira, sans avoir à redouter une diversion sur cette frontière. La Russie se refuse orgueilleusement à fortifier sa capitale, d'où l'on pourrait conclure à la conscience qu'elle a de sa force, si Vienne n'était pas aussi une ville ouverte, l'opposition de son conseil municipal en 1867 ayant fait suspendre les travaux commencés en vue de sa défense.

Il est probable qu'au début des hostilités, les Russes pénétreraient en Galicie par cette frontière ouverte longue de 960 kilomètres, et s'empareraient aussitôt de Przemysl, Lemberg et Cracovie, malgré les défenses élevées autour de ces places avec une hâte fébrile qui fait concevoir des doutes sur leur solidité. Au surplus, la seule disposition des chemins de fer russes dans cette région est une indication fort claire du plan de campagne conçu par les états-majors du tsar. La Russie a tout intérêt à s'emparer des provinces galiciennes, lieu de refuge des Polonais mécontents. En distribuant aux paysans les terres de la noblesse polonaise, elle se les concilierait sans peine et pourrait ainsi provoquer un soulèvement des Ruthènes. Et puis, la Galicie est sur la route de Vienne, où doit un jour être résolue la question d'Orient. Dans ces vastes plaines, les 200,000 cavaliers russes auraient un magnifique terrain d'opérations où ils feraient contre les Autrichiens l'expérience de ces merveilleuses manœuvres des nouveaux dragons, soutenus par des batteries à cheval, qui, en 1886, ont été conduites dans le plus grand secret. Tandis que 40,000 hommes paradaient à Krasnoé-Sélo pour l'édification des officiers étrangers, 162,000 hommes, dont près de 20,000 cavaliers, avec 528 bouches à feu, manœuvraient entre Vilna et Varsovie. L'Allemagne même ne met pas sur pied des effectifs aussi considérables pour les grandes manœuvres d'automne. Que peuvent, en présence d'un pareil déploiement de forces, les efforts de l'Autriche pour suppléer hâtivement à l'insuffisance de ses défenses sur la frontière galicienne ?

Dans une guerre avec la Russie dont la Galicie serait le théâtre, je ne vois guère de circonstance favorable pour l'Autriche, sauf la possibilité de s'assurer le concours d'un contingent magnifique, mais peu considérable, de nobles polonais, qui combattraient volontiers l'ennemi héréditaire de leur race sous l'étendard de la moins détestée des trois puissances copartageantes. Il est probable que, tout en conservant des apparences pacifiques, l'Allemagne concentrerait sur la frontière polonaise un corps d'observation; mais ce n'est pas une démonstration de ce genre qui immobiliserait sur la Vistule une quantité considérable de troupes russes, en dehors de la milice et des bataillons de forteresse.

Elle pourrait intervenir pour empêcher que l'Autriche fût effacée de la carte d'Europe, mais elle serait impuissante à lui conserver la Galicie. D'ailleurs elle ne verrait qu'avec un médiocre regret ce démembrement partiel de l'empire autrichien, car la bienveillance témoignée par le gouvernement de Vienne à la population polonaise des provinces galiciennes constitue un blâme permanent pour l'attitude contraire prise par celui de Berlin vis-à-vis de l'élément polonais incorporé dans l'empire allemand. Mais une annihilation complète de la monarchie austro-hongroise, l'Allemagne ne saurait la permettre, à moins qu'elle n'y fût contrainte sous la menace d'une guerre avec la France.

J'ai dit que l'Italie n'aurait peut-être pas le désir de prêter à l'Autriche un secours rapide et efficace et que l'Angleterre d'une part, les petits États des Balkans de l'autre, ne fussent-ils même pas divisés ou neutres, n'en auraient pas le pouvoir. C'est encore l'Italie dont l'amitié lui serait le plus utile. J'ai dit aussi, dans l'étude sur l'Allemagne, que l'Italie ne prêterait pas à l'Autriche un concours désintéressé; mais, en y mettant le prix, cette puissance pourrait sans doute se l'assurer et, si singulier que cela puisse paraître, c'est de ce côté-là, plutôt que de celui de l'Allemagne, qu'elle aurait le plus de chance de trouver le salut. L'Italie sait que la Russie désire l'affaiblir, ou tout au moins lui susciter des embarras, et elle n'ignore pas la source d'où proviennent certaines attaques récentes à Massouah, dont se vante hautement la presse russe, bien que le fait soit nié en France. Elle tient la politique russe dans la péninsule des Balkans pour inique, nuisible aux intérêts de l'Europe en général, aux siens en particulier, et elle serait assez encline à se coaliser avec d'autres puissances pour la combattre par la force. Et, si le recours aux armes lui était rendu impossible par la faiblesse et la timidité de l'Autriche, qui pourrait même bien vendre à la Russie sa neutralité, elle se joindrait volontiers à l'Angleterre pour mettre des bâtons dans les roues. Quel que puisse être l'état de l'opinion en Hongrie à cet égard, il est à croire que l'Autriche supportera beaucoup de la Russie afin d'éviter la guerre. Elle l'a déjà fait et, pour donner un exemple entre beaucoup d'autres des affronts qu'elle a déjà dévorés, il me suffira de rappeler combien de fois, ayant eu à différents sujets des représentations à adresser au gouvernement bulgare, du temps où il était aux mains de ministres russes, le cabinet de Vienne a reçu de ceux-ci des réponses conçues avec intention dans les termes les plus discourtois.

J'ai établi que l'Angleterre serait impuissante à venir en aide à l'Autriche par le moyen d'une rapide intervention armée. Il est probable que, dans l'éventualité d'une guerre entre les deux empires à laquelle nous nous verrions contraints de prendre part, la meilleure marche à suivre pour nous consisterait, comme si nous étions en hostilités avec la Russie pour notre compte personnel, à défendre l'Inde contre ses attaques, à tâcher de lui jeter la Chine dans les jambes et à opérer une vigoureuse diversion sur Vladivostock. Mais, si nous avions l'Italie avec nous, il est fort à parier — les Russes s'y attendent — que nous céderions à la tentation d'utiliser la formidable masse des deux flottes combinées pour attaquer la Russie par la mer Noire, entreprise qui aboutirait incontestablement à un échec. Un examen attentif de ces parages, aussi bien que de ceux de la Baltique, montre en effet que, de ces deux côtés, la Russie est invulnérable, moins par sa force navale que par ses avantages naturels. Il est encore des gens pour croire à la possibilité de provoquer un soulèvement de la population musulmane du Caucase : c'est là un vieux préjugé comme celui de la Pologne. Les colons russes du Caucase sont maintenant transformés en Cosaques, et le tsar n'a pas de sujets plus patriotes que ces Cosaques et ceux de la mer Noire. On oublie que cette région est russe de longue date : Stavropol, depuis le dix-septième siècle, et Tiflis, depuis 1801. Les seuls Circassiens des hautes terres se sont parfois montrés rebelles, et encore ne se sont-ils pas soulevés pendant la guerre de Crimée, alors que Schamyl vivait toujours.

Pour en revenir à l'Autriche, si, malgré les efforts de l'empereur en vue d'une réorganisation de l'armée, elle est encore faible au point de vue militaire, je ne saurais trop louer l'habileté avec laquelle ses gouvernants parviennent à maintenir son homogénéité et à la faire vivre en paix avec ses voisins. L'empire autrichien est un prodige d'équilibre, auquel est très justement applicable la vieille comparaison du château de cartes. Comme dans ces exercices d'acrobates où un seul homme en porte sept ou huit en pyramide sur ses épaules, c'est par l'adresse qu'il se tient debout plus que par la force. Mais, s'il est possible à l'Autriche de conserver sa stabilité en temps de paix, elle ne saurait en imposer aux Russes ni aux Allemands quant à la force de ses armes. Quels que soient les éloges officiellement et officieusement prodigués aux hommes d'État autrichiens et hongrois par M. de Bismarck, la question pour lui n'en reste pas moins celle-ci : additionner les forces de la France avec celles de la Russie, pour en déduire ensuite celles de l'Allemagne et de l'Autriche, l'attitude de l'Angleterre et celle de l'Italie demeurant à l'état d'élément inconnu, et celle de la Turquie d'élément trop connu du problème. Si l'Autriche s'appuyait sur une coalition de ces trois puissances, le chancelier allemand pourrait la laisser provoquer une guerre générale. Mais dans l'état actuel des choses, la Turquie asservie à la Russie et l'Autriche ne voulant consentir qu'à la dernière extrémité à faire à l'Italie une cession de territoire, il ne peut tenir à la monarchie austro-hongroise un autre langage que celui-ci : « Battez-vous si vous vous sentez en état de tenir tête à la Russie avec vos seules forces. La France et l'Allemagne seront juges du camp, et vous vous débrouillerez comme vous pourrez. » La politique étrangère de M. de Bismarck n'a rien à voir avec la ruse et l'astuce : elle est simple, claire, nette, et se résume en chiffres.

Ces derniers temps, l'Angleterre s'est mise en grands frais d'indignation au sujet du gouvernement ottoman. De fait, la Russie a toutes facilités pour intimider les Turcs par une pression venue du Caucase, pays qui, loin d'être une source de faiblesse pour l'empire russe, comme se le figurent volontiers les gens mal informés, constitue au contraire, pour lui, une excellente base d'opérations offensives. Les Turcs peuvent aussi se laisser gagner par la promesse d'une restitution de la Bosnie, rien n'est plus vrai. Mais c'est que leur position est vraiment difficile : quel que soit le parti qu'ils prennent, leur faiblesse les place sans défense entre l'enclume et le marteau, et, d'un côté comme de l'autre, ils auront fort à perdre. Quiconque connaît un peu la situation intérieure de la Turquie, la sait hors d'état de résister à une attaque des Russes par Erzeroum et à un soulèvement de la Macédoine, sans parler des insurrections qui éclateraient en Crète et de l'état permanent de révolution de l'Arabie. Elle a été épuisée par la guerre de 1878; pour recruter, équiper et armer des forces suffisantes, il lui faudrait le concours de l'Angleterre, qui aurait besoin pour cela d'avoir plusieurs mois devant les mains; or, ce délai nécessaire, la Russie se garderait de nous le laisser. Longtemps avant qu'il nous eût été possible d'aboutir à aucun résultat, la Macédoine serait en feu et l'Asie Mineure envahie.

La Bosnie est l'objet des convoitises du sultan. Si sans doute, comme on le dit, Sa Hautesse cède avant tout aux considérations de la prudence, elle n'en a pas moins ses rancunes et n'a jamais pardonné la perte de cette province à lord Salisbury, qu'elle en rend responsable. Dans son entourage intime, le sultan a toujours soutenu n'avoir été amené que par ruse à accepter la convention relative à l'Asie Mineure. Le gouvernement anglais, dit-il, lui avait caché son dessein de proposer à Berlin cette cession de la Bosnie à l'Autriche, dont la Russie n'avait pas fait mention dans le traité de San-Stefano. Il est curieux que, par sa conduite en cette circonstance, l'Angleterre ait mécontenté également les Slaves et les Turcs.

Le gouvernement russe donne à la Porte des assurances pacifiques que, pour le moment, il y a lieu de croire sincères. Nonobstant les bruits qui ont fait le tour de la presse européenne au sujet d'une mobilisation russe sur la frontière de Roumanie, tout fait supposer que la Russie renonce désormais à déchiqueter l'empire ottoman pour créer de petits États qui se retournent ensuite contre elle, et qu'au contraire elle s'appliquera, dans l'avenir, à sauvegarder l'intégrité d'un territoire qu'elle considère comme devant un jour lui appartenir par héritage. J'ai déjà fait allusion, dans le chapitre qui précède, à la possibilité pour la Russie de faire du sultan une sorte de vassal, comme l'émir de Boukhara. Ce qu'elle veut actuellement, c'est demeurer en termes amicaux avec la Porte, afin de l'utiliser pour défendre la mer Noire contre l'Angleterre, le cas échéant, et nous empêcher de pénétrer dans le Caucase ainsi que de couper ses communications maritimes avec l'Asie Mineure.

Il convient, à présent, de considérer quelle influence directe les faits que nous venons d'établir peuvent avoir sur la politique anglaise. L'Angleterre est libre d'engagements, car celui qu'elle a conclu avec la Porte relativement à la frontière arménienne était subordonné à une condition qui n'a jamais été remplie; elle peut donc choisir à son gré les alliances. Mais elle est si peu préparée pour la guerre, qu'aucune puissance ne recherche la sienne pour un conflit de courte durée, car, par le temps qui court, c'est dès le début que se décide le sort d'une campagne. Faisant de nécessité vertu, beaucoup d'Anglais commencent à envisager la question de Constantinople comme beaucoup moins étroitement liée aux intérêts britanniques et se bornent à reconnaître la nécessité pour l'Angleterre de s'unir à l'Autriche afin de défendre l'indépendance des principautés des Balkans. Toute la question, disent-ils, consiste à ne laisser la Turquie disparaître que graduellement, afin de donner à ces petits États chrétiens le temps de se consolider et de s'agglomérer en confédération. Ils croient que la Bulgarie se serait volontiers jetée dans les bras de la Russie, comme la Serbie dans ceux de l'Autriche, si les allures despotiques du gouvernement russe ne lui avaient aliéné l'affection du peuple bulgare; mais que, puisque les choses ont tourné de la sorte, il nous en faut prendre avantage et protéger les principautés slaves, quitte à laisser au tsar le champ libre dans la Turquie d'Asie.

Or, par l'Asie les Russes parviendraient à Constantinople moins directement, mais plus sûrement que par l'Europe, ce qui serait doublement dangereux pour l'Angleterre. D'une part, en effet, l'Autriche se trouverait ainsi désintéressée dans la question; d'autre part, la voie d'Égypte serait menacée. Une fois installés en Palestine, rien de plus aisé pour les Russes que de gagner par terre le canal de Suez. La distance est grande, mais que l'on songe aux prodiges accomplis par eux depuis un siècle dans le Caucase, en Perse, dans l'Asie centrale, sur les confins de la Chine, et l'on se convaincra qu'à notre époque de télégraphes et de voies ferrées, pareille opération n'est nullement impraticable.

Quel que soit le chemin qu'ils prennent pour y arriver, des inconvénients manifestes résulteront pour la Grande-Bretagne de leur présence à Constantinople. Sans doute, et je l'ai déjà dit, on exagère volontiers la valeur du canal de Suez au point de vue militaire, ainsi que l'intérêt pour l'Angleterre de rester, dans l'éventualité d'une conflagration générale, maîtresse de la Méditerranée. Mais une conséquence de l'occupation par la Russie du territoire ottoman, à laquelle ne saurait demeurer indifférent aucun cabinet britannique ; ce serait la ruine de notre commerce en ces parages. Dans les provinces asiatiques conquises par les Russes à la suite de la dernière guerre d'Orient, il a été frappé mortellement par des droits protecteurs. La domination russe à Constantinople nous exclurait du trafic de la mer Noire, sauf de l'exportation des céréales. Les intérêts commerciaux de l'Angleterre en Asie Mineure sont considérables et valent qu'il en soit tenu compte.

Il est des hommes politiques pour préconiser une alliance anglo-russe sur les bases d'une entière liberté laissée à la Russie au regard de Constantinople, en échange de garanties accordées à notre frontière nord-ouest de l'Inde et de la consolidation de notre situation en Égypte, régularisée et rendue permanente. Ils font valoir le peu d'inclination que doit ressentir le tsar pour une alliance avec les républicains français, amis des rebelles de Pologne, contre son grand-oncle et les monarchies militaires de l'Europe centrale, et disent que cette nouvelle politique de notre part serait l'adoption, imposée par la nécessité, des propositions faites jadis à sir Hamilton Seymour par l'empereur Nicolas.

Dans l'état actuel des partis en Angleterre, quand les conservateurs purs ne peuvent trouver une majorité solide et que les libéraux sont plus ou moins suspects de penchant pour la Russie, un vif intérêt s'attache aux opinions sur la matière de lord Randolph Churchill, qui passe pour appuyer cette manière de voir. Il a toujours déclaré téméraire et funeste la politique adoptée en 1878 par lord Beaconsfield; au moment du traité de Berlin il a fait de l'opposition à toute tentative pour reconstituer l'empire ottoman; en tout temps il a raillé cette doctrine chère au parti conservateur de la nécessité de conserver à la Turquie son intégrité et son autonomie. Assurément ces vieilles théories sur la politique anglaise en Orient ont fait leur temps et, bien que je ne sois pas partisan des idées nouvelles sur cette question, je dois convenir qu'exposées avec beaucoup d'habileté par des journaux très influents, elles font chaque jour plus de progrès dans l'esprit public. De plus, le corps électoral anglais éprouve pour la guerre une aversion naturelle et toujours croissante. Et cependant, je ne crois pas qu'une politique ayant pour conséquence fatale la ruine du commerce en Asie Mineure, aujourd'hui presque exclusivement aux mains des Anglais, ait des chances pour devenir populaire dans les centres manufacturiers du nord de l'Angleterre. Il est encore d'autres côtés de la question à considérer. Si, dans une guerre anglo-russe, une flotte britannique peut forcer l'entrée de la mer Noire ou y pénétrer de connivence avec la Turquie, la Russie se verra contrainte d'immobiliser dans le Caucase des forces considérables qui lui feront défaut dans l'Afghanistan et en Perse. Fût-il certain que, comme je le suppose, une attaque de ce côté ne causât aucun dommage à la Russie, elle n'en serait pas moins obligée de se mettre en garde contre un péril éventuel. Il est non moins certain que la possession par les Russes d'une magnifique base d'opérations militaires et navales comme celle des Dardanelles leur permettrait de nous fermer le passage par le canal de Suez, quand même la France resterait neutre, sans compter que l'élite des populations maritimes de Grèce, aujourd'hui amies de l'Angleterre, se trouveraient par ce fait asservies à la Russie. Ce jour-là, il ne nous resterait plus pour aller dans l'Inde que la voie du Cap, et c'est un chemin terriblement long pour arriver aux points où seraient menacées nos possessions d'Asie, c'est-à-dire dans le golfe Persique et sur le Helmund.

Les sources de conflit possible entre la Russie et la Grande-Bretagne méritent un examen sérieux et le nombre en est grand de celles qui n'ont aucun rapport avec la question d'Orient. En premier lieu se trouve l'extradition des accusés de délits politiques, difficulté permanente entre tous les gouvernements libéraux et l'autocratie du Nord. Le prince de Bismarck a longtemps tiré grand avantage de cette question, car il avait là un moyen de satisfaire pleinement la Russie qui n'est à la portée d'aucune autre puissance. Pendant bien des années, c'est là qu'a été l'obstacle à une alliance franco-russe, en même temps que le lien entre les deux empires de Russie et d'Allemagne et, le jour où recommencerait l'agitation nihiliste, la question reviendrait bien vite à l'état aigu. Quant à l'Angleterre, ses lois ont toujours été une énigme pour les souverains russes. Après 1848, toutes les puissances européennes lui avaient adressé des représentations collectives sur son attitude à l'égard des réfugiés étrangers et, depuis 1851 jusqu'à la mort de Mazzini, les cabinets britanniques ont été assaillis de protestations continuelles, souvent revêtues d'un caractère menaçant, au sujet de prétendus encouragements donnés par eux à l'assassinat politique. La chute de Palmerston sur le bill relatif aux conspirations n'était pas pour encourager ses successeurs à restreindre le droit d'asile, non plus que l'acquittement par le jury du docteur Bernard, impliqué dans l'attentat d'Orsini sur la personne de Napoléon III. Dans ces dernières années le gouvernement russe a renouvelé ses tentatives auprès des cabinets français et anglais pour les amener à sévir contre les conspirateurs nihilistes domiciliés à Paris et à Londres, mais ce dernier a toujours fait la sourde oreille.

Plus encore que cette question des réfugiés politiques, les récents agissements de la Russie à Batoum ont fortement contribué à aigrir les rapports entre elle et l'Angleterre, en justifiant l'opinion généralement répandue chez nous, qu'aucune foi ne doit être ajoutée aux engagements, même les plus solennels, pris par le gouvernement russe. Ceux qui considèrent la déclaration relative à Batoum comme un acte spontané n'ont jamais lu les protocoles du congrès de Berlin. Ils y auraient vu que l'Europe entière avait interprété la promesse de la Russie, consentie par elle pour éviter la rupture des négociations, comme impliquant, ainsi que le disait lord Beaconsfield, « la transformation d'une place forte disputée en un port libre, ouvert au commerce international ». Il est vraiment oiseux de prétendre démontrer que la Russie n'a pas manqué dans cette circonstance à un engagement formel, alors que son manque de parole est, au contraire, aggravé du caractère soi-disant volontaire de cet engagement.

Dans les affaires de l'Asie centrale, le gouvernement russe a également fait preuve à maintes reprises d'une mauvaise foi qui a exaspéré le sentiment national anglais. La première fois qu'il ait manifestement manqué à ses engagements vis-à-vis de l'Angleterre, c'est quand il s'est agi de l'occupation d'Hérat par la Perse, dont, chose singulière, un cabinet britannique conservateur devait quarante ans plus tard prendre lui-même l'initiative. La duplicité déployée alors par le comte Simonich a été depuis imitée en plusieurs occasions. Les promesses faites en 1869 à lord Clarendon par le prince Gortschakoff, relativement à l'évacuation de Samarkand, ont été violées; de même celles faites à lord Granville au sujet de l'expédition de Khiva; aucun compte n'a été tenu du mémorandum communiqué en 1875 à lord Derby sur la question de l'Attrek, qui marquait alors la frontière, pas plus que des assurances réitérées données par la Russie en ce qui concerne Merv. Jamais on ne saura d'une façon bien complète par quelles intrigues la Perse a été amenée graduellement à l'abandon du désert turcoman et soumise chaque jour davantage à l'influence russe; mais il est au moins un enseignement à tirer de ces faits, c'est que l'Angleterre n'a rien à gagner au jeu des traités secrets. En 1878, les propositions faites à la Perse en vue de l'occupation d'Hérat ont été aussitôt communiquées à la Russie; mais la Russie s'est bien gardée de laisser connaître à l'Angleterre les articles secrets par lesquels le shah cédait au tsar le territoire de Sarakhs. La vérité est que la Perse ne croit au gouvernement britannique ni la volonté, ni le pouvoir de la protéger contre la Russie. La Turquie est dans les mêmes sentiments et l'Afghanistan aurait marché dans une voie analogue, si l'intégrité de son territoire n'avait pas été assurée par une garantie directe.

C'est encore une autre occasion de froissement entre la Russie et la Grande-Bretagne que cette question de la frontière afghane dont, depuis un temps assez long, la solution n'a guère fait de progrès. La ligne de délimitation entre l'Héri-Roud et l'Oxus est encore en litige, ainsi que celle de l'Oxus supérieur, et le gouvernement russe ne cesse de causer des embarras à l'émir par ses intrigues à Balkh et dans le Badakshan. Sans doute, il existe dans la masse du peuple russe une certaine animosité contre les Anglais, mais qui n'est pas comparable à la haine nationale pour les Allemands, moins forte même que l'aversion généralement ressentie pour nous par les Français. Et cependant, à considérer l'esprit de l'armée et celui des classes dirigeantes dans les deux pays, il n'y a pas de doute à élever sur l'antipathie mutuelle qui les sépare. Dans l'empire russe comme dans le Royaume-Uni, l'emblème national est Saint-Georges terrassant le dragon; mais, depuis un demi-siècle, ici le dragon représente la Russie et là il personnifie l'Angleterre. Chez nous, les dangers de la situation au point de vue militaire sont généralement mal appréciés. On croit volontiers, d'une part, que nous pourrions aisément si nous le voulions, nous fondant sur les termes de la convention anglo-turque, défendre contre les Russes la Turquie d'Asie et Constantinople, en même temps que les harceler dans la Baltique, la mer Blanche et la mer Noire; d'autre part, qu'il ne leur serait pas difficile d'envahir l'Inde. Nous croyons pouvoir affirmer qu'il y a là une double erreur. Abandonnée à elle-même, l'Angleterre est impuissante à protéger la Turquie et elle n'a pas de prise sur la Russie d'Europe; mais, d'un autre côté, elle peut pour le moment se sentir en sécurité quant à une attaque des Russes sur leur empire asiatique. Sans doute, ils l'ont emporté dans l'affaire d'Hérat et nous devons admettre la possibilité de les y voir établis quelque jour. Mais, dans leur marche de ce point sur l'Inde, les chances seraient renversées, car, en s'éloignant des pays soumis à leur domination ou à leur influence, ils auraient à s'enfoncer dans des régions absolument hostiles.

Il est téméraire à un écrivain qui n'est point un soldat d'émettre un avis sur une question au sujet de laquelle sont divisés les plus éminents des chefs militaires. Dans l'armée anglaise, on croit généralement à la possibilité d'une formidable invasion de l'Inde, que la plupart des officiers russes jugent au contraire impraticable. Mais les écrivains militaires étant volontiers enclins à envisager dans un sens pessimiste les affaires de leur propre pays, il est bon de consulter sur ce point ceux qui sont désintéressés dans la question; or je dois reconnaître qu'ils sont en contradiction avec ma manière de voir personnelle. Ils ne considèrent pas un mouvement sur l'Inde comme présentant toutes les difficultés qu'y trouvent les Russes eux-mêmes. Ils estiment que deux colonnes russes partant l'une de l'Oxus, l'autre du Caucase, et opérant leur jonction à Sarakhs, pourraient sans peine occuper Hérat et pousser la voie ferrée presque jusqu'à ce point, avant que les Anglais fussent parvenus à mettre 40,000 hommes à Quetta, tandis qu'un troisième corps se porterait vers l'Inde par la route plus difficile du sud, de la frontière sibérienne à Balkh. L'Angleterre eût-elle renoncé à toute démonstration belliqueuse en Europe et dans le Pacifique, afin de concentrer dans l'Inde toutes ses ressources, il lui faudrait trois mois, du jour de la déclaration de guerre, pour mettre en ligne un autre corps de 40,000 hommes venant de la mère patrie. A cet égard, les calculs des écrivains militaires en question pourraient bien cependant se trouver modifiés par les réformes qu'a promises à bref délai le département de la guerre en vue d'une mobilisation rapide de deux corps d'armée.

On dit encore qu'il nous serait possible, avec le concours des *goorkhas* et autres corps spéciaux, d'empêcher les troupes indigènes de se retourner contre nous, voire de les employer au maintien des communications, mais que leur valeur militaire est trop inférieure pour qu'elles puissent être utilisées dans les opérations actives. Les Russes étant infiniment mieux informés sur notre position dans l'Inde que nous ne le sommes sur la leur dans l'Asie centrale, il leur serait facile avec de l'argent de désorganiser notre service de chemins de fer et d'obstruer nos lignes de communication et ils arriveraient, sans rencontrer de notre part ni de celle des Afghans de résistance sérieuse, jusque sur le Helmund ou aux environs de Kandahar, où s'opèrerait la concentration de notre armée. Pouvant tirer du Caucase un contingent pour ainsi dire illimité, ils jetteraient sur le haut Moorgheb des forces considérables, rapidement transportées par le tramway à vapeur dont la construction jusqu'à la frontière est poussée activement à travers un pays plat, et l'Angleterre n'aurait à leur opposer que 80,000 hommes et 200 bouches à feu [1]. Ce contingent d'artillerie pourrait-il même être fourni par les armées de l'Inde et de la métropole, après les réduc-

1. Comme exemple des sacrifices que la Russie ne craint pas de s'imposer pour l'établissement de voies ferrées dans l'Asie centrale, on peut citer ce fait qu'une canalisation de plusieurs centaines de kilomètres a dû être pratiquée dans le but d'amener sur les lieux l'eau nécessaire au fonctionnement des machines.

tions si imprudemment apportées à ce service en ces derniers temps? Si nous n'avions contre nous que la seule Russie, nos troupes auraient libre passage par la Méditerranée; mais dans l'éventualité d'une coalition dont ferait partie l'Italie ou la France, cette voie nous serait fermée et il nous faudrait faire le tour par le Cap. Quant à prétendre, le cas échéant, défendre contre la France nos positions en Égypte, ce serait alors renoncer à toutes opérations dans l'Inde, car nous n'aurions plus de forces disponibles à envoyer en Asie. Relativement aux troupes indigènes de l'Inde, on les considère comme trop peu sûres pour que les quelques régiments capables de se mesurer avec les Russes, c'est-à-dire les *goorkhas* et l'élite de la cavalerie du Pendjab, puissent être sans danger envoyés hors du territoire, ou, s'ils l'étaient, force serait alors de les remplacer par un nombre équivalent de soldats anglais, pour maintenir les communications et tenir en respect la masse des cipayes ordinaires. La colonne russe venant de Balkh, avec de l'artillerie légère seulement, occuperait le pays de Kaschmyr et menacerait le Pendjab, ce qui nécessiterait le renforcement des postes de la frontière et de la garnison de Peschavoor; mais la lutte décisive aurait pour théâtre les environs de Kandahar. La Russie, dit-on encore, ayant pour elle le prestige du rôle offensif, se concilierait les sympathies de la population hindoue. Les excellents cavaliers turcomans qui, quoique musulmans fervents, sont absolument Russes d'inclination, masqueraient la marche en avant des troupes impériales et feraient auprès des indigènes de la propagande en leur faveur. L'organisation du protectorat russe dans l'Asie centrale passe pour donner des résultats merveilleux et les princes hindous inclineraient à croire que, sous l'autorité du tsar, les coutumes indigènes seraient plus respectées que sous la domination de l'impératrice des Indes. Il paraît que le dernier maharajah de Kaschmyr était à la solde de la Russie et j'ai moi-même connaissance d'intrigues nouées récemment par le gouvernement russe avec des princes déposés et exilés du Pendjab.

Telles sont les vues émises par la plupart des écrivains militaires d'Europe sur la situation respective de l'Angleterre et de la Russie en ce qui concerne l'Inde. Je n'hésite pas à dire qu'elles me semblent entachées d'inexactitude et d'exagération. J'ai des raisons de croire les princes hindous plus favorables à la suprématie britannique qu'à l'influence russe. Je doute que les Russes puissent trouver plus de quelques centaines de cavaliers turcomans en état de fournir une longue campagne. Je crois surtout plus difficile à la Russie de se procurer le train énorme nécessaire pour la marche en avant de 100,000 hommes depuis Hérat jusqu'à Kandahar, qu'à l'Angleterre de mettre en ligne les 80,000 hommes très suffisants pour tenir en respect ces 100,000 Russes venant du Caucase et les 20,000 qui s'avanceraient par le Turkestan. Sans doute, le recrutement de la quantité de chameaux et de mules qu'exige le passage d'une grande armée à travers le désert est surtout une question d'argent;

encore faut-il que, pour une organisation aussi considérable, les mesures requises soient prises des années à l'avance, sans parler de certains obstacles que l'argent ne suffit pas à surmonter.

En fait, l'Inde ne sera sérieusement menacée qu'après quelque révolution à Hérat ou à la suite d'habiles manœuvres auprès d'Ayoub-Khan qui permettraient aux Russes de jouer dans le pays le rôle de pacificateurs. Installés alors dans la vallée d'Hérat, à laquelle ils rendraient par un système d'irrigations sa fertilité primitive, ils pourraient, en quelques années, faire une solide base d'opérations de ce pays, qu'au moyen de voies ferrées ils relieraient à la fois au Turkestan et à la mer Caspienne. Selon toute probabilité, Hérat sera pris un jour par surprise, car, bien que quelques apparences de fortifications y aient été construites depuis peu, cette place n'est pas couverte par un nombre suffisant de forts détachés et elle ne saurait opposer de résistance sérieuse. Mais on n'en est pas encore là. Malgré qu'il ait longtemps séjourné en Russie, le souverain actuel de l'Afghanistan n'a jamais eu de sentiments russophiles et, au cas d'une agression russe, l'Angleterre peut faire fonds sur sa fidélité. Il nous demanderait des armes, s'efforcerait de défendre Hérat et mettrait des forces considérables en ligne avec les nôtres à Giriskh et à Kandahar. C'est un puissant monarque et un homme intelligent. Il ne faut cependant pas oublier qu'il est affligé d'une grave maladie interne ; sa fin ne fût-elle pas hâtée par le poison, il n'est pas destiné à une longue vie et sa mort pourra bien changer la face des choses. D'autre part, Hérat est une place isolée, dans une position excentrique, et avec une « mobilisation » à pied qui durerait six mois — si l'on peut employer ce terme ambitieux à propos des armées de l'émir — les Afghans ne sauraient guère la secourir d'une façon bien efficace. Ils mettraient plus de temps à se porter sur Hérat de Kandahar ou de Kaboul, qu'il n'en faudrait aux troupes britanniques pour se transporter des côtes d'Angleterre à Giriskh.

Dans la dernière de ces études, j'aurai à considérer s'il n'est pas devenu indispensable pour la Grande-Bretagne de procéder à une refonte complète de ses institutions militaires dans un sens plus moderne, la mettant en état, sans augmenter ses charges budgétaires, de faire mieux face à ses obligations, telles par exemple que la défense de la frontière afghane à laquelle elle se trouve désormais absolument engagée. Au prix des grands efforts que nous coûterait une lutte avec la Russie, une attaque sur Vladivostock ne serait qu'une question de temps. Eussions-nous même à envoyer dans l'Inde toutes nos forces disponibles pour les porter sur Kandahar, la milice incorporée et les nouvelles troupes levées sur le territoire de la mère patrie donneraient en quelques mois des ressources suffisantes pour une expédition de ce genre.

Ceux qui ne croient pas les Anglais assez forts pour se maintenir sur la frontière afghane ont compris combien était sage notre occupation de Port-Hamilton et ont été surpris de nous voir l'abandonner. S'étendant furtivement le long de la côte, après l'annexion du district de Vladivostock et de l'archipel saghalien du côté du Kamtchatka, les Russes avaient tourné leurs regards vers la Corée. C'est dans le but de pouvoir, avec ou sans l'alliance chinoise, les attaquer de ce côté que nous avions pris Port-Hamilton comme base éventuelle d'opérations. Sans doute l'occupation en temps de paix de stations désolées, dans des parages exposés aux tempêtes, impose à la marine de pénibles sacrifices. Il n'en est pas moins vrai que c'est un acte de folie insigne d'avoir abandonné Port-Hamilton sans aucune garantie, sans s'assurer que la Chine y élèverait des défenses sérieuses et qu'elle nous continuerait son amitié, alors qu'on avait là un point de pénétration dans cet empire russe à peu près invulnérable d'autre part. Nous avons un intérêt vital à posséder dans le rayon de Vladivostock un dépôt de charbon dont, dès l'ouverture des hostilités, nous ferions une place de guerre pour la protection de notre trafic avec la Chine, qui servirait en même temps à prévenir un coup de main sur nos colonies, deviendrait plus tard la tête de ligne du chemin de fer du Canada au Pacifique, enfin qui serait une base d'opérations offensives d'où partirait notre principal effort contre la Russie. Mais il est clair que, pour cela, il faut un point fortifié et dont la défense ne dépende pas uniquement de la présence d'une division navale. Peut-être pourrions-nous séduire le Japon par l'offre de l'île de Saghalia, qu'il nous serait facile de ravir à la Russie, et nous procurer ainsi une alliance précieuse. Mais le concours essentiel entre tous est celui de la Chine; quelque prix qu'elle y mette, la cession de nos conquêtes dans le Pacifique et sur l'Amour ou celle de la haute Birmanie, il est du plus haut intérêt pour l'Angleterre de se l'assurer. Les intérêts asiatiques du Royaume-Uni et ceux de l'Empire du Milieu sont identiques et ils sont également menacés par la Russie ; quant aux relations commerciales qui les unissent, il n'est pas deux autres nations entre lesquelles il en existe d'aussi étroites. Une alliance permanente entre l'Angleterre et la Chine s'impose donc de toute évidence. Que l'influence allemande augmente à Pékin, le gouvernement britannique ne saurait en prendre ombrage ; c'est le choix des successeurs de sir Robert Hart qui sera en tous temps la pierre de touche de l'ascendant britannique dans les conseils du Fils du Ciel.

Il faut pourtant conclure et voici où j'en arrive. Si l'on tient compte du patriotisme du peuple russe, si l'on admet — et c'est hors de doute — qu'au premier appel de guerre le nihilisme disparaîtrait et tous les cœurs seraient unis dans la fidélité au tsar, si l'on considère combien sont formidables la puissance défensive de la Russie en Europe et sa puissance offensive en Asie, au point de vue d'un mouvement du Caucase sur l'Inde, on est amené à envisager l'éventualité d'un conflit anglo-russe non seulement comme une terrible calamité dont serait frappée l'Europe, mais comme une redoutable épreuve à laquelle seraient mises les forces de la nation britannique. Cependant je maintiens — et j'espère pouvoir le démontrer plus tard — qu'en fin de compte et fussions-nous même abandonnés à nos seules ressources, l'issue de la lutte nous serait favorable; je crois qu'au prix, il est vrai, d'un effort surhumain, nous pourrions nous maintenir à Kandahar, prévenir les soulèvements dans l'Inde et repousser toute tentative d'invasion de ce côté. Je reconnais sans doute que, si la Turquie était menacée, elle ne devrait pas compter sur nous pour lui porter secours et que, contre toute autre puissance, nous serions incapables de défendre l'Égypte aussi bien que de maintenir nos communications par la voie méditerranéenne. Mais d'un autre côté, avec l'Inde, Maurice et le Cap comme point d'appui, il nous serait possible de porter la guerre sur le territoire ennemi dans le bassin du Pacifique, d'y saper par la base la puissance russe et peut-être d'arracher à l'empire les provinces qu'il a conquises dans ces régions.

N'en déplaise à lord Randolph Churchill, le moment serait mal choisi pour le gouvernement anglais d'apporter des réductions aux forces défensives de l'empire. Il ne faudrait pourtant pas pousser trop loin l'optimisme. Depuis quelque temps, les partis jouent un peu trop dans un intérêt parlementaire avec les questions de défense nationale. Voici, par exemple, la marine. Les libéraux sont-ils aux affaires, les tories ne cessent de clamer contre l'insuffisance de la flotte ; mais lorsque leur tour arrive de prendre le pouvoir, le premier lord de l'amirauté nous déclare aussitôt que les forces navales britanniques sont équivalentes à celles de trois autres puissances réunies. De même, quand il s'agit d'apprécier le plus ou moins d'opportunité qu'il y a à occuper Port-Hamilton et, en général, à fortifier nos stations de ravitaillement. Et ce n'est pas les seuls intérêts de la flotte qu'il convient d'avoir en vue désormais. Quoi que l'on en puisse penser, il est incontestable qu'aujourd'hui l'Angleterre n'est plus une puissance exclusivement maritime. L'occupation, à mon sens trop prolongée, de l'Égypte nous impose de lourdes charges militaires et, quand même le gouvernement britannique passerait outre à la convention anglo-turque, n'avons-nous pas d'autres intérêts à sauvegarder par les armes? La défense de l'Inde n'est-elle pas déjà considérée, dans les cercles militaires étrangers, comme au-dessus de nos forces et, chez nous-mêmes, les hommes spéciaux ne pensent-ils pas qu'elle nécessiterait pour le pays un effort considérable? La question encore pendante de la frontière dans l'Asie centrale est pour l'Angleterre une source permanente d'inquiétude et il ne semble pas qu'elle fasse de grands progrès; du moins la curiosité parlementaire est-elle peu satisfaite sur ce point par les communications officielles. En attendant, les Russes sont solidement retranchés à Zulfikar et à Akrobat. Sans doute, il y a lieu d'espérer que, pour le moment encore, la redoutable calamité d'une guerre, non seulement entre l'Angleterre et la Russie, mais entre n'importe quelles autres puissances, pourra être épargnée à l'Europe. Mais ce n'est pas un moyen d'assurer la paix que d'agir avec la faiblesse montrée par le gouvernement anglais dans l'affaire des Nouvelles-Hébrides, et ceux qui président aux destinées du Royaume-Uni ont mieux à faire pour le servir que de rogner des liards sur les budgets de la guerre et de la marine. En ce qui concerne spécialement l'armée britannique, nous serions entraînés trop loin si nous voulions discuter ici les principes qui devraient présider à sa réorganisation ; nous reviendrons sur ce point dans la dernière de ces études. Il suffira aujourd'hui de dire que la réduction apportée en février à l'effectif de notre artillerie à cheval doit être considérée non seulement comme un coup mortel porté à la garantie par l'Angleterre de la neutralité belge, mais encore comme un encouragement pour les Russes à prendre l'offensive en Asie. On sait en effet que l'artillerie de campagne en général, et en particulier l'artillerie à cheval, est de toutes les armes la plus difficile à improviser sous le coup de la nécessité du moment.

IV

AUTRICHE-HONGRIE

A l'heure où paraît cet article[1] expire le compromis douanier entre l'Autriche et la Hongrie, sur lequel était fondé le système financier de la monarchie austro-hongroise. La retraite du ministre des finances hongrois et la conclusion de nouveaux arrangements entre l'empire cisleithan et le royaume transleithan, sur les bases proposées par M. Tisza, ne constituent pas seulement pour celui-ci une victoire remportée sur le comte Szapary, mais encore un accroissement considérable de pouvoir qui en fait le maître de l'empire. Sa situation dans le cabinet hongrois dont il détient, soit officiellement, soit virtuellement, la plupart des départements, est analogue à celle qu'avait en Angleterre Wellington, quand un journal comique représentait les ministres réunis en conseil, chacun avec le nez légendaire du « duc de fer ». Ce même M. Tisza dont, lors de son accession au pouvoir il y a une douzaine

1. Publié dans la *Fortnightly Review* et dans la *Nouvelle Revue* du 1er avril.

d'années, la chute avait été prédite à bref délai, a vu depuis cette époque sa situation se consolider de jour en jour.

Aujourd'hui les deux grandes fractions de la monarchie austro-hongroise ont pris de sérieuses mesures de défense. La landwehr et les honveds ont reçu des armes, la landsturm a été équipée; les fortifications de Cracovie, auxquelles travaillaient en février un grand nombre d'ouvriers civils, sont terminées. Depuis longtemps la nécessité s'imposait de ces préparatifs militaires, qu'avaient seuls retardés des embarras financiers. Néanmoins, même sous l'empire de la terreur causée dans le pays par la récente concentration sur la frontière galicienne de corps considérables de cavalerie russe — fait nié officiellement par le gouvernement autrichien, qui en connaît pourtant bien la réalité — les crédits accordés par le parlement sont inférieurs, toute proportion gardée, à ceux que le cabinet roumain a obtenus de sa Chambre des députés.

Quand l'on cherche à se rendre un compte exact de la situation de la monarchie austro-hongroise, on se heurte à un obstacle qui n'existe pas au même degré chez les autres puissances : ni le langage du gouvernement, ni celui de la presse ne fournissent d'indications certaines. Si forts, si populaires, si sûrs de leurs majorités parlementaires que soient les hommes actuellement au pouvoir — le président du conseil hongrois, M. Tisza; celui du conseil autrichien, le comte Taaffe; le ministre des finances, M. Kallay;

celui des affaires étrangères, le comte Kalnocky — ils n'en sont pas moins obligés par les difficultés de la situation de se tenir sur une extrême réserve et de bannir la franchise de leurs discours. Quant à la presse, plus influente à Vienne qu'en aucune autre capitale européenne — il suffit de nommer la *Fremdenblatt* et la *Neue Freie Press*, dont la réputation est universelle — et représentée à Buda-Pesth par un organe extrêmement puissant, le *Pester Lloyd*, le ton en est essentiellement différent, selon qu'elle est autrichienne ou hongroise. Où trouver alors des données sur la politique future de l'empire quand on sait, en outre, que ces feuilles passent toutes pour avoir un caractère plus ou moins officieux?

Cette contradiction permanente s'explique aisément quand on songe au désaccord qui règne en réalité entre l'Autriche et la Hongrie, et au fait que ni l'une ni l'autre ne savent bien exactement où elles vont. Tant par tradition qu'à cause des souvenirs de 1848-1850 et des périls auxquels l'expose son isolement au milieu d'une masse considérable de Slaves, la Hongrie est résolument antirusse, par conséquent belliqueuse. L'Autriche n'éprouve pas moins d'aversion pour la Russie, mais ses tendances sont plus pacifiques, et elle s'accommoderait volontiers de quelque replâtrage qui, s'il n'était pas destiné à être éternel, lui assurerait du moins la tranquillité pour un certain temps.

Laquelle de ces deux politiques finira par prévaloir? Là est le point obscur. Chaque année, l'élément parlementaire prend plus d'importance dans le gouvernement; mais ce n'est qu'une source de difficultés de plus. Le peuple magyar est essentiellement militaire, fier de son roi et de son armée. Les Croates du Banat partagent sur ce point les inclinations des Hongrois, qu'ils détestent d'ailleurs cordialement, à ce point que la Diète d'Agram est pour le royaume de Hongrie une véritable épine au pied. Les Tchèques et les Polonais manifestent aussi du dévouement au souverain et de la sympathie à l'armée, quoique dévorés du désir de voir la Bohême et la Galicie érigées respectivement en royaumes, ce qui ferait de l'empire autrichien une quadruple monarchie. Mais ce loyalisme et ce sentiment militaire qui, jusqu'à présent, avaient donné de la cohésion à l'agglomération austro-hongroise, sont aujourd'hui minés par l'extension toujours croissante de l'influence parlementaire, et les ministres se trouvent continuellement tiraillés en tous sens par des coalitions de minorités formant des majorités de hasard, sans homogénéité et sans ligne politique définie. Ils sont donc contraints de tourner les difficultés, comme le fait le comte Taaffe — dont les origines irlandaises sont peut-être un peu lointaines pour qu'on puisse leur attribuer ses tendances fédéralistes — et ils se laissent entraîner à d'incessantes concessions aux nationalités et à de nouvelles particularisations parlementaires, lesquelles ne peuvent qu'accentuer l'antagonisme existant entre l'Autriche et la Hongrie.

Ce qu'il faut à l'Autriche, c'est la tranquillité : d'abord et avant tout à cause de l'état de ses finances, ensuite parce qu'au point de vue militaire elle est impuissante à soutenir une lutte contre la Russie. Sa situation intérieure lui impose, à d'autres titres, la nécessité de se maintenir en paix. Le mélange au sein de l'empire autrichien des races slave et germanique, dans le royaume hongrois des éléments slave, magyar et roumain, d'une part; d'autre part, la division religieuse qui existe entre la majeure partie de l'ancienne Autriche, la Croatie et la Bohême, profondément catholiques, tandis qu'une forte proportion de Magyars sont attachés au protestantisme, voilà sans doute pour la monarchie austro-hongroise des sûretés contre les convoitises des deux plus puissants de ses voisins. Mais en même temps, il en résulte pour elle, au point de vue gouvernemental, d'immenses difficultés. Assurément l'Allemagne ne saurait songer à s'annexer les quatre à cinq millions d'Allemands de l'archiduché d'Autriche, du duché de Styrie, de la Carinthie, de l'archevêché de Salzbourg, du Tyrol septentrional, dont elle est séparée par les populations à tendances essentiellement slavophiles du margraviat de Moravie et du royaume de Bohême. Le prince de Bismarck sait fort bien que, le jour où ils seraient incorporés à l'Allemagne, les Tchèques se tourneraient vers la Russie. Il ne peut pas non plus souhaiter d'aggraver encore les difficultés religieuses de l'empire germanique, en y introduisant un élément catholique aussi important que celui de l'Autriche allemande et des territoires intermédiaires, ni de fortifier le socialisme qui le menace, en y ajoutant l'appoint de celui des faubourgs de Vienne. De même, la Russie, qui ne ferait qu'une bouchée des Ruthènes de la Galicie orientale et d'une partie de la Bukovine, qui, quoique plus difficilement, pourrait encore absorber les populations slaves catholiques et les Juifs de la Galicie occidentale, la Russie, dis-je, trouverait d'une digestion malaisée les Magyars de la plaine hongroise, les Roumains et les Saxons de l'ancienne principauté de Transylvanie. Or, pas plus la Russie que l'Allemagne ne peuvent enjamber, l'une la Bohême, la Moravie et une fraction de la Silésie, peuplées de sept millions de Slaves, pour aller dans l'Autriche centrale, l'autre les provinces magyares et roumaines pour donner la main aux Croates du Banat et aux Slavons de Dalmatie. Si l'on considère les nationalités au point de vue de la conquête, l'excellent professeur berlinois Kiepert, qui fait loi en matière ethnographico-géographique, peut être considéré comme le sauveur de la monarchie austro-hongroise.

Mais ces divisions, qui sont pour elle une garantie contre les ambitions de ses voisins, ont un revers de médaille. Si elles assurent la prolongation d'existence d'un tout appelé empire d'Autriche, d'un autre côté, elles sont une source permanente de faiblesse intérieure pour cet État composé d'éléments discordants, dont chacun est sollicité du dehors par de puissants amis, avec lesquels il entretient de continuelles intelligences. C'est là ce qui fait de cette puissance la plus difficile du monde à gouverner et celle qui est le plus intéressée au maintien de la paix. C'est par nécessité, non par choix, qu'elle a accepté l'alliance de l'Allemagne et celle de l'Italie et, bien qu'elle ne semble pas en retirer de grands avantages directs, on peut tenir pour certain qu'elle y persistera longtemps encore. Il est une seule éventualité qui pourrait compromettre la solidité de son alliance avec l'Allemagne : voyant cette puissance prise en flanc par la Russie d'un côté, de l'autre par la France, et juste assez forte pour tenir tête à ces deux adversaires, l'Autriche entrerait-elle dans la voie des concessions à l'égard de la Russie, plutôt que de tirer l'épée?

Il y a quelques mois, certains hommes politiques anglais, téméraires et d'humeur batailleuse, inclinaient à croire que la perspective d'une alliance avec la seule Angleterre suffirait pour mettre fin aux tergiversations de l'Autriche. Je m'efforcerai de montrer, dans les études consacrées à l'Italie et à la Grande-Bretagne, qu'autant l'alliance italienne est précieuse à l'Autriche, autant l'alliance anglaise — et cela pour les motifs d'ordre militaire parfaitement connus des hommes d'État autrichiens — est dénuée de valeur pour elle. Mieux lui vaudrait à coup sûr une alliance avec la Roumanie. La puissance maritime de l'Angleterre ne saurait être d'aucune utilité à l'Autriche pour lui épargner les conséquences immédiates d'une guerre et, pendant les deux mois qui suffiraient probablement aux Russes pour leurs opérations, nos forces militaires ne compteraient pas. Les Roumains, au contraire, mettraient en ligne dès le début 150,000 hommes parfaitement commandés et exercés, dont la solidité au feu est comparable à celle des troupes allemandes.

L'intérêt qui s'attache à une comparaison des forces respectives de la Russie et de l'Autriche, entre lesquelles un conflit prochain semble inévitable, est augmenté encore, au point de vue anglais, de cette considération que nous sommes exposés à soutenir un jour, contre la première de ces puissances, une lutte pour laquelle il nous serait évidemment avantageux d'avoir le concours de la seconde. Les événements, je le crains, donneront tort à ceux qui jugent l'Autriche en état de résister à la Russie, aussi bien qu'à ceux qui croient, d'autre part, le grand empire du Nord invulnérable aux armes britanniques. Les écrivains spéciaux emploient bien des méthodes différentes pour supputer les forces militaires des diverses nations européennes, et il n'est pas facile d'arriver à une moyenne raisonnable. Pour l'Italie, par exemple, on se trouve en présence d'un élément inconnu. Les Italiens prétendent posséder un effectif supérieur de plus du double à celui de l'Autriche et dépassant de 100,000 hommes celui de l'Allemagne. Pure fantaisie statistique, absolument contredite par les discours du général Ricotti, autorité compétente assurément en la matière, et qui doit connaître à fond l'armée, à l'organisation de laquelle il a lui-même beaucoup contribué autrefois. Il parle en effet de la mobilisation possible de douze corps d'armée, soit 500,000 hommes en tout, chiffre fort éloigné des 2,862,000 que donnerait l'évaluation dont il était question tout à l'heure. Une considération à faire entrer en ligne de compte est la valeur militaire de l'armée italienne qui est fort discutée.

Je ne mets pas en doute l'intrépidité personnelle des soldats, amplement démontrée par les récents événements d'Abyssinie; mais la capacité des cadres d'officiers est sujette à caution. Les critiques militaires les plus autorisés reprochent aux officiers italiens de manquer de fermeté et disent d'eux qu'ils savent se faire battre bravement, mais sont incapables de remporter des victoires. C'est un point à vérifier.

A mon sens, il est difficile d'accorder une valeur militaire égale aux armées russe, autrichienne et allemande. Aucun observateur expérimenté ne saurait soutenir aujourd'hui la supériorité de l'armée austro-hongroise sur celle de la Russie, question de nombre mise à part. Il est des gens qui croient à la pénurie d'officiers dans l'armée russe; mais c'est là un vieux souvenir d'Inkermann, et il ne faut pas fermer les yeux sur les progrès réalisés depuis 1878. Quant aux Autrichiens, ils n'ont plus de ces grands généraux qui commandent la confiance des troupes. En négligeant d'ailleurs les considérations relatives à la qualité, que nous reconnaîtrons, si l'on veut, égale entre les armées russe et autrichienne, il en est d'autres qui peuvent nous guider dans nos appréciations. Ainsi, nous savons que le budget militaire de l'Autriche est un peu supérieur à celui de l'Italie et inférieur de plus d'un tiers à celui de l'Allemagne. La proportion est la même entre ces trois armées pour le chiffre des effectifs sur le pied de paix et pour le nombre des bouches à feu. Ce sont là de sérieux criteriums et, si on les applique à l'appréciation des forces russes, on est amené à conclure qu'elles sont équivalentes à celles de l'Allemagne et de l'Autriche réunies. En ce qui concerne la Russie, les chiffres budgétaires sembleraient pourtant contredire mon assertion. En effet, si l'on considère la valeur actuelle du rouble — qui ne dépasse pas 2 fr. 05 — les sommes consacrées annuellement par le gouvernement russe à l'entretien de ses armées de terre seraient inférieures aux 750 millions de francs qui représentent les budgets militaires réunis de l'Autriche et de l'Allemagne. Mais comme je l'ai dit dans le chapitre précédent, il est en Russie bien des dépenses militaires qui ne sont pas supportées par le département de la guerre. En ce qui concerne les effectifs de paix, ceux de la Russie montent au chiffre de 850,000 hommes, suivant certaines appréciations, et de 890,000 à mon sentiment personnel, défalcation faite des troupes de police et du corps douanier, mais volontaires d'un an compris; tandis que le total de ceux de l'Allemagne et de l'Autriche ne s'élève pas à plus de 749,000. Quant à l'artillerie de campagne, dans l'armée russe elle reste un peu au-dessous du chiffre donné par l'addition de celles des deux autres puissances; mais, en revanche, le contingent de cavalerie y est infiniment plus considérable. Je dois donc maintenir cette assertion, qui sera sans doute vivement contestée : la Russie est aussi forte que l'Allemagne et l'Autriche réunies, et de deux à trois fois plus forte que cette dernière. Il est vrai que ses forces sont disséminées dans un territoire immense; mais la majeure partie de ce territoire n'ayant pas besoin d'être gardée, elle peut facilement jeter sur l'Autriche la moitié de ses troupes, le reste suffisant amplement à occuper la Pologne et le Caucase.

Malgré les dépenses considérables qu'ils ont faites en grande hâte durant ces derniers mois, les Autrichiens n'ont pas encore pris toutes les mesures défensives que leur impose l'existence d'une très longue frontière, purement nominale, commune avec leurs formidables voisins. Même dans leur état actuel, Cracovie et Przemysl ne sont guère de ces places au moyen desquelles une armée inférieure en nombre pourrait défendre la Galicie. Ainsi que l'a fait obligeamment observer, dans le premier des traités stratégiques contemporains, un grand écrivain militaire étranger, « après avoir essuyé plusieurs défaites, l'armée austro-hongroise aurait la ressource de se retirer dans les forêts des Carpathes». «Il est vrai », ajoute-t-il, « qu'alors la route de Vienne serait ouverte à l'ennemi. » Quant à sauver Vienne par une diversion qu'opérerait l'Allemagne sur le flanc de la longue colonne de marche des Russes, il n'y faut pas songer. Le jour en effet où l'Allemagne sortira de sa neutralité, elle aura la France sur les bras et sera bien assez occupée à défendre le Rhin. L'Italie seule peut secourir Vienne, en admettant que les Roumains restent neutres, et ce n'ést pas gratuitement que l'Italie prêtera son concours : la monnaie dont il faudra la payer sera tout autre qu'une simple promesse de protection contre le parti du pape, à qui les Italiens ne prêtent plus le désir de rétablir le pouvoir temporel. On ne s'explique guère que, même avec ses embarras financiers, l'Autriche ne fortifie pas sérieusement la frontière artificielle qui s'étend sur une ligne tortueuse de 1,158 kilomètres entre la Russie et les provinces galiciennes, à moins qu'elle n'ait pris son parti de perdre la Galicie ruthène en cas de guerre et de considérer les Carpathes septentrionales comme sa frontière du côté de l'est.

Loin de croire que je fais trop bon marché de la puissance militaire austro-hongroise, je pencherais volontiers vers une appréciation encore plus défavorable. Il pourrait bien en effet se trouver au sein de l'armée impériale des éléments rebelles à une lutte contre la Russie, tels que les Russiens-Rouges et les Petits-Russiens de la Bukovine et de la Galicie orientale. Il n'est pas douteux que la domination de l'Autriche et celle de la Hongrie ne soient également impopulaires chez les Dalmates et les Croates. On a lieu de penser que ceux-ci, qui donnent à l'Autriche ses meilleurs soldats, ne consentiraient pas, quoique professant la religion catholique, à se battre contre les Russes, s'ils n'obtenaient la promesse d'une organisation fédérale, avec le couronnement à Agram de leur roi. Récemment encore, une partie de la presse de Bohême manifestait des sympathies russes dont le gouvernement pouvait à bon droit s'alarmer; cependant je croirais les Tchèques assez disposés à prendre les armes pour l'Autriche, quoique — ou peut-être parce que — soumis à un régime d'autonomie limitée. Le comte Taaffe leur a accordé l'extension du droit de suffrage, l'accroissement de pouvoir du clergé, l'usage officiel de leur langue, une université tchèque; mais ils ne sont pas au bout de leurs prétentions. Dans un des meilleurs ouvrages qui existent sur les armées européennes, le colonel Rau attribue l'infériorité militaire de l'Autriche-Hongrie et celle de la Grande-Bretagne, en comparaison avec l'Allemagne et la Russie, à la division des pouvoirs du commandement. En Angleterre, c'est la responsabilité partagée entre le secrétaire d'État et le commandant en chef. Dans l'empire autrichien, où cette division n'existe pas pour l'armée active, c'est la séparation de la landwehr autrichienne et de la milice honved; avec un ministre de la guerre commun, l'Autriche et la Hongrie ont chacune leur ministre particulier de la défense.

L'empereur d'Autriche, qui a consacré à la réorganisation de l'armée austro-hongroise un labeur persévérant, passe pour être très satisfait des progrès réalisés dans ces derniers temps par sa cavalerie, au point de vue de la rapidité de mobilisation. Mais on pourrait dire que c'est fermer l'écurie quand le cheval est volé, car les Russes avaient à cet égard une avance considérable qu'ils conservent sans doute encore. Un grave danger résulte pour l'Autriche de la présence sur sa frontière d'une masse écrasante de ces nouveaux dragons russes, dont l'organisation réunit les avantages de la cavalerie à ceux de l'infanterie montée, et de l'existence, dans la Petite-Russie et dans le steppe du Don, de nombreuses réserves cosaques. Il serait à craindre que, quelques heures avant la déclaration de guerre, des hordes formidables de cavaliers russes ne fissent irruption en Galicie, pour y couper les voies ferrées et les lignes télégraphiques, se dérobant aux coups des armées régulières, mais battant en brèche toutes les dispositions prises par l'Autriche en vue de la mobilisation, sans que la cavalerie austro-hongroise, fort inférieure en nombre, stationnée sur la frontière entre Cracovie et Lemberg dans des baraquements en bois, fût en état d'entraver leur action. C'est dans le but de parer à ce péril, de protéger les chemins de fer stratégiques de Galicie et de couvrir la concentration de son armée, que l'Autriche a donné un accroissement considérable à l'effectif de ses troupes à cheval. Mais je ne crois pas qu'elle ait encore atteint la supériorité numérique qui constituerait pour elle la première des garanties de succès. Les dispositions prises à cet égard par le département de la guerre consistent à placer sur la frontière des divisions de cavalerie indépendantes, dont les régiments sont maintenus à un effectif permanent qui est en réalité celui du pied de guerre, tandis qu'une mobilisation extrêmement rapide est assurée pour tous les corps de cavalerie stationnés à l'intérieur. Au reçu d'un ordre de marche, les troupes à cheval se porteront en masse sur la frontière, dans le plus bref délai, avec un effectif de 900 sabres par régiment. La grande difficulté est dans l'occupation permanente de la frontière par des forces considérables. Le climat de cette région est fort mauvais; il ne s'y trouve que peu de centres habités et, au printemps, l'insalubrité des plaines de Galicie est extrême. Cependant l'Autriche y tient deux divisions de cavalerie, fortes de cinquante-quatre escadrons en tout, et la ligne de Vienne à Cracovie y transportera au premier signal de nombreux régiments. D'autre part — fait qui a été nié, mais qui résulte d'informations transmises par les juifs polonais au gouvernement autrichien — les Russes ont récemment augmenté dans de fortes proportions les effectifs de cavalerie stationnés depuis bien des années sur cette frontière. En réalité, l'Autriche ne saurait guère mettre en ligne pour le moment plus de 61,000 sabres au maximum, et ceux qui connaissent la force de l'armée russe comprendront combien ce nombre est insuffisant pour tenir tête même à la seule cavalerie régulière de la Russie, abstraction faite des Cosaques.

Étant donnée la situation que je viens de m'efforcer d'établir, il est assez oiseux de discuter le rôle que pourrait être appelée à jouer, en Europe, la monarchie austro-hongroise. Sans doute, elle paraissait désignée comme l'héritière de la Turquie; la protectrice d'une Grèce accrue de l'Albanie et de la Macédoine, des îles du littoral jusqu'à Constantinople et de la côte d'Asie Mineure; l'amie de la Serbie et de la Roumanie; la tête d'une confédération des Balkans, que sais-je encore? Mais, par tempérament, l'Autriche est lente à se mouvoir et ses nombreuses difficultés politiques l'ont rendue foncièrement timide. De plus, pour conquérir une telle situation, il lui faudrait devenir une puissance absolument slave, dans laquelle Tchèques, Serbes et Croates, peut-être même Polonais de Gallicie, auraient part au gouvernement avec les Magyars, transformation qui serait conforme à sa constitution ethnologique, mais à laquelle Allemands aussi bien que Hongrois sont déterminés à ne jamais consentir. Je vois l'avenir de l'Autriche sous un jour rien moins que favorable. Elle fera tout au monde pour éviter la guerre avec la Russie, mais elle n'y parviendra qu'au prix de cruelles humiliations. Se résolût-elle à tirer l'épée, elle n'en serait pas moins abaissée, et, de plus, elle perdrait pour le moins la Bukowine et la Galicie orientale.

Tenue en respect par la France, l'Allemagne est impuissante à intervenir en sa faveur. Pour obtenir l'appui de l'Italie, seule en état de sauver Vienne, il faudrait que l'Autriche sacrifiât le Tyrol méridional jusqu'à la limite tracée par la langue italienne, c'est-à-dire jusqu'à une dizaine de kilomètres de Botzen, et rien ne saurait coûter davantage à l'empereur et à nombre de patriotes autrichiens que de devoir le salut à l'Italie. En revanche, il est une prétendue menace pour l'Autriche dont aucun compte ne doit être tenu : je veux parler du désir prêté à l'élément allemand de sa population d'être absorbé dans l'empire germanique. Comme je l'ai exposé plus haut, les provinces allemandes de l'Autriche étant séparées de l'empire d'Allemagne par un territoire slave, dont la population porte à la race germanique une haine mortelle, pareille annexion serait impraticable. Le fait récent de soixante et dix membres allemands de la Diète de Prague abandonnant leurs sièges suffit à montrer les sentiments qui, dans le royaume de Bohême, unissent les Teutons aux Tchèques. Les tendances particularistes sont tellement accentuées aujourd'hui en Bohême, que je m'attends à y voir ce livre interdit, parce que je n'écris pas *Praha*, à la tchèque, — quoique je me garde pourtant bien de faire usage du nom allemand *Praag*.

Il est malaisé, pour qui ne prend pas de part au gouvernement de la monarchie austro-hongroise, d'apprécier exactement les difficultés sans nombre auxquelles se heurtent les hommes d'État dans ce pays. On sait que l'empire cisleithan possède un Reichsrath et dix-sept diètes provinciales. Dans la Haute et la Basse-Autriche, la Styrie, la Carinthie et le pays de Salzbourg, cela va tout seul; mais il n'en est pas de même dans les autres districts. En ce qui concerne la Bohême, l'empereur finira probablement par s'en faire couronner roi, bien qu'il lui soit difficile de se prêter à la proscription de la langue allemande par les Tchèques, comme, dans certaines parties de la Hongrie, il s'est vu contraint par les Magyars à proscrire différets idiomes slaves. Mais que fera-t-il pour les autres provinces? Les Autrichiens sont aussi impopulaires en Istrie et en Dalmatie qu'ils le sont en Bohême, et la Dalmatie est également un ancien royaume; faudra-t-il donc que François-Joseph se fasse couronner roi de Dalmatie, et ce nouvel État aura-t-il encore son ministère propre, sa langue officieille particulière, ses lois distinctes? Qu'adviendra-t-il alors de Fiume, ce port soi-disant hongrois? La Galicie également, quoique ayant à certaines époques dépendu de la Pologne, a joui autrefois du rang de royaume; l'empereur sera donc roi de Galicie, comme de Dalmatie et de Bohême? Et une fois la Galicie en possession de son autonomie, sera-t-elle polonaise ou ruthène? Sera-t-elle juive même, car, non seulement la population israélite y est considérable et puissante, mais elle y gagne du terrain tous les jours? Les Ruthènes de Galicie se plaignent aussi amèrement d'être opprimés par les Polonais, que les Croates d'être asservis aux Magyars. Et je n'en ai pas fini avec ces difficultés sans nombre. Il y a le margraviat de Moravie dont la population, en majeure partie tchèque, demandera à être annexée au royaume de Bohême. La Bukowine serait rattachée à la Galicie ou à la Transylvanie; la Silésie autrichienne serait partagée entre les Tchèques de Bohême et de Moravie, d'une part, les Polonais, les Ruthènes ou les Juifs de Galicie, d'autre part. Mais que deviendra ce pays que, n'en déplaise aux pédants, je persiste à appeler le Tyrol? Trieste ira sans doute avec l'Autriche, Salzbourg et les districts septentrionaux avec la Styrie et la Carinthie; quant aux districts méridionaux, où l'usage de la langue italienne va se répandant chaque jour davantage, l'Autriche a tout intérêt à en faire cession à l'Italie. Que deviendra, avec tout cela, l'intégrité de l'empire d'Autriche?

Tournons-nous vers le royaume transleithan, et nous ne verrons pas que la situation soit meilleure.

La Hongrie a un Reichsrath — pour ne pas l'appeler de son terrible nom magyar, — une Chambre de représentants et une Chambre des magnats. Elle possède moins de diètes provinciales que l'Autriche; cependant la Slavonie et la Croatie en ont une commune, dans laquelle les Magyars ne sont pas vus d'un trop bon œil, et l'ancienne principauté de Transylvanie jouissait également d'une autonomie locale que le gouvernement magyar s'efforce de supprimer, au grand détriment de sa popularité dans le pays. L'ancienne principauté elle-même — actuellement partie intégrante, bien à son corps défendant, du royaume de Hongrie — est partagée entre Allemands et Roumains, unis dans une même haine de leurs gouvernants magyars, et les Croates et Slavons qui peuplent le Banat détestent non moins leurs oppresseurs, à qui ils ne perdent pas une occasion de témoigner leur mépris, en jetant des pierres aux inscriptions en langue hongroise qu'ils rencontrent sur leur chemin. Insuffisamment représentée dans la Diète de Pesth, qu'elle prétend sourde à ses revendications, la Croatie, qui est en possession d'une autonomie limitée, réclame son indépendance locale dans l'ordre exécutif, et demande qu'on lui incorpore Fiume et la Dalmatie.

Si l'on cherche à établir une proportion entre les diverses races qui peuplent l'Autriche, on trouve environ neuf millions d'Allemands et de Juifs contre treize millions de Slaves et un petit nombre d'Italiens et de Roumains. Sur les territoires de la couronne en Hongrie, on compte deux millions d'Allemands et de

Juifs, à peu près trois millions de Roumains — bien que les Magyars prétendent réduire ce chiffre de moitié — cinq à six millions de Magyars et autant de Slaves. Au total, la monarchie austro-hongroise englobe donc dix-huit millions de sujets slaves et seulement dix-sept millions de sujets des races gouvernantes, Allemands, Magyars et Juifs, plus trois à quatre millions de Roumains et d'Italiens, que leur antipathie pour ces nationalités dominantes peut faire ajouter comme appoint à la majorité slave.

Ces chiffres révèlent pour l'empire d'Autriche un péril dont il est impossible de se dissimuler la gravité. Le comte Kalnocky est un homme de haute valeur et de grande expérience, qui a servi son pays à Berlin et à Londres, puis, comme ambassadeur, à Rome et à Saint-Pétersbourg; personne mieux que lui ne sait à quel point l'état de choses actuel est artificiel. En voici un exemple. Les affaires militaires et maritimes de la monarchie austro-hongroise sont soumises en réalité au contrôle des Délégations, lesquelles comprennent cent vingt membres, dont la nomination appartient par moitié au parlement autrichien et au parlement hongrois, ce qui constitue une représentation proportionnellement trop forte pour la Hongrie, sa quote-part dans les dépenses communes n'étant que de 30 pour 100 contre le 70 pour 100 fourni par l'Autriche. Sur ces soixante délégués du royaume transleithan, qui détiennent par moitié l'autorité suprême de la monarchie, il en est vingt provenant de la Chambre des magnats hongrois et quarante de la Chambre des représentants, où la majorité est hongroise. En réalité, ils ne représentent qu'environ six millions de sujets de l'empire et seulement le 38 pour 100 de la population du royaume de Hongrie, tandis que les soixante membres allemands ne représentent également pas plus de 38 pour 100 de la population autrichienne. Le gouvernement est donc aux mains de deux minorités.

Il se peut que l'on conteste ces chiffres. Autrichiens et Hongrois réduisent systématiquement l'évaluation de ce qu'ils appellent respectivement l'élément étranger. Le royaume transleithan exagère le nombre de ses sujets magyars, qui, il faut le reconnaître, va augmentant tous les jours et n'est pas estimé par eux à une proportion moindre de 46 pour 100 ; l'empire cisleithan estime trop haut la proportion de ses citoyens allemands. On doit aussi admettre que la majorité des Slaves de l'empire professant la religion catholique, n'est pas très russe d'inclination. Cependant, quelques réserves que l'on puisse faire, il est impossible de méconnaître ce fait évident : la situation actuelle de l'empire, ne présente aucune garantie de solidité et ne saurait se prolonger longtemps.

Sans doute, toutes les nations ne sont autre chose qu'un amalgame de races diverses : la France en est un exemple frappant. Mais l'amalgame français est bien amalgamé, et celui de l'Autriche-Hongrie l'est fort mal. Les Allemands, qui ne représentent guère plus d'un quart de la population totale, et les Magyars, qui en constituent à peine le sixième, gouvernent un État dans lequel l'élément slave et roumain est largement prépondérant. Dans les deux Autriches et leurs alentours, il se trouve un grand territoire allemand, tandis qu'une bande de terre germanique s'étend autour de la Bohême tchèque; et les duchés autrichiens même renferment une population considérable qui est en réalité slavo-croate. On considère généralement la Styrie comme une province allemande et pourtant les districts méridionaux en sont Wendes ou Slovènes. De même pour l'ancien royaume d'Illyrie, formé par la Carinthie et la Carniole, et dont la dernière de ces provinces est slave en majeure partie, comme le montrent les tendances antiallemandes de sa Diète. Sur le littoral de l'Adriatique, on ne trouve plus ni Allemands ni Hongrois : à Trieste, les Slavons se mêlent aux Italiens et toute la côte dalmate est slave, avec une classe supérieure dite italienne, mais en réalité de race croate. Dans la Bohême centrale, l'usage de la langue allemande est maintenant proscrit et de vénérables juges allemands se voient voués à l'étude de l'idiome tchèque. La Moravie, qui est aux trois quarts tchèque, suivra ce mouvement. Dans certaines parties du royaume hongrois, ce sont les Slaves qui se multiplient; dans d'autres, ce sont les Roumains. En Croatie, il a fallu en venir à un compromis par lequel tous les documents officiels sont rédigés à la fois en croate et en magyar, deux idiomes également inintelligibles aux Allemands et aux autres populations de l'Ouest. En Galicie, tandis que la partie occidentale est polonaise et catholique, les districts orientaux sont Petits-Russiens et orthodoxes. « Il est difficile d'être patriote dans notre pays », me disait l'autre jour un éminent Autrichien, « car il est impossible de savoir à quelle race, à quelle religion, à quelle langue, à quel principe on doit obéissance. »

De solution aux problèmes des nationalités qui résultent pour l'Autriche de sa constitution ethnologique, il n'en est aucune. Si jamais l'Allemagne venait à Vienne par la Bavière et la Haute-Bohême, la Bohême tchèque lui serait un terrible obstacle. D'un autre côté, toute tentative d'unité slave viendrait échouer contre la ceinture de territoire allemand dans laquelle est enserrée la Bohême. Ainsi toute concentration, aussi bien slave que germanique, semble impraticable. Les Allemands de Transylvanie sont bien éloignés de la mère patrie. Au témoignage même des cartes panslavistes faites à Moscou, les Serbes et les Bulgares sont isolés par les Magyars et les Roumains qui coupent en deux les territoires wendes, slavons et croates. En ceci les Roumains restent dans le rôle de sentinelles perdues que leur avait attribué l'ancienne Rome. Quant à la Bohême tchèque, on peut la considérer comme un coin slave enfoncé dans le flanc de l'Allemagne, à moins qu'on ne préfère voir dans la Moravie allemande et dans les duchés d'Autriche deux enclaves germaniques perdues en terre slave. Il est absolument impossible d'établir dans ces régions des frontières motivées par des considérations ethnologiques.

Autrefois c'était la Pologne qui possédait une partie de ces territoires dont on ne sait que faire aujourd'hui. Si l'on se reporte à la carte d'Europe au temps de Cromwell, dans laquelle seules la France et la Grande-Bretagne avaient à peu de chose près leur configuration actuelle, on voit une gigantesque Turquie, aussi hétérogène que l'Autriche de nos jours, une toute petite Prusse sous un autre nom et une immense Pologne, englobant la Russie-Rouge, la Russie-Blanche, la Lithuanie et la moitié de la Petite-Russie. Or, il ne saurait plus être question aujourd'hui de la reconstitution d'un royaume de Pologne ami de l'Allemagne et lui servant de rempart contre la Russie.

Je sais quelque chose de la répression qui a suivi la dernière insurrection polonaise, et mon opinion est faite sur ces douloureux événements. Depuis Perm jusqu'au fond de la Sibérie, j'ai suivi de longues chaînes de Polonais exilés et, sur mon chemin de retour, j'ai encore croisé d'interminables convois de déportés marchant vers les régions orientales. Et cependant je n'hésite pas à dire qu'aujourd'hui la haine du Teuton est plus forte que celle du Russe au cœur du Polonais, comme de tout ce qui a du sang slave dans les veines. C'est une antipathie de race, instinctive et héréditaire. Si jamais l'unité slave venait à s'accomplir, ce serait vraiment une chose formidable. Il y a en Europe cent vingt millions de Slaves, au bas mot; j'entends des Slaves *slavisants*, sans parler des Wendes germanisés de Styrie et de Prusse, et chaque jour ils gagnent du terrain. Les progrès faits par les Tchèques sont vraiment prodigieux : c'est la renaissance d'une nation. En 1879 ils sont rentrés dans le Parlement, aux délibérations duquel ils s'étaient abstenus de prendre part; en 1880 ils obtenaient l'égalité pour l'usage de leur langue; en 1886 ils y étaient si bien devenus les maîtres que cela a été au tour des Allemands d'en sortir.

Un illustre géographe français a représenté l'Autriche-Hongrie comme une agglomération de cinquante-six États différents. Historiquement parlant, cet empire représente une fédération chrétienne contre le Turc, transformée de nos jours en un essai de coalition magyare et allemande contre le Russe. Cette prétendue union est minée par les haines intestines les plus violentes : Italiens et Slaves contre Allemands, Slaves et Roumains contre Magyars. Les Tchèques, qui sont les meilleurs entre les Slaves, qualifient de « punaises » leurs concitoyens allemands de Bohême, lesquels ripostent par l'épithète de « reptiles », et les souvenirs historiques les plus chers à leur cœur sont ceux du soulèvement national qu'on appelle la guerre des hussites. Ces Slaves irréconciliables gagnent du terrain, même en dehors de la Bohême : il y a aujourd'hui plus de Tchèques à Vienne qu'à Prague. Dans l'Adriatique, une terre slave italianisée, la Dalmatie, fait face à l'Italie, exactement comme un pays grec s'étend sur le littoral d'Asie Mineure vis-à-vis les côtes de Grèce. C'est qu'en effet les eaux, volontiers considérées par la politique moderne comme frontières naturelles, unissent autant que les montagnes divisent. Tandis qu'une chaîne de montagnes constitue généralement une ligne de démarcation très nette entre deux civilisations distinctes, il est fort commun que des deux côtés d'un fleuve ou d'un bras de mer se retrouvent la même race et les mêmes mœurs. Dans toute l'Istrie et la Dalmatie, on ne rencontre guère, en fait d'Allemands ou de Magyars, que des fonctionnaires de passage. La Hongrie, gouvernée par une race extrêmement intéressante, la seule puissante en Europe qui n'appartienne pas à la famille aryenne, est déchirée par les dissensions que provoque la haine inspirée par ces Turcs chrétiens aux Roumains, Slovaques, Croates, Serbes, Slavons, tous opposés à la politique magyare à laquelle, de leur côté, les Allemands ne prêtent pas un appui bien cordial. Les Hongrois sont prêts à se battre jusqu'à la mort pour défendre leur royaume, car il n'est pas pour eux, comme pour les Slaves, les Roumains, les Allemands, d'existence possible en dehors de la monarchie austro-hongroise. Les Allemands ont l'empire d'Allemagne pour les recueillir; les Roumains ont leurs frères du royaume de Roumanie; les Slaves peuvent se jeter dans les bras de la Russie et il leur est même permis de caresser le rêve d'une grande puissance slave. « Mais nous », disent les Magyars, « nous sommes isolés en Europe; nous n'y avons d'autre attache que le lambeau de terre conquis par nos ancêtres à la pointe de l'épée. Hors des plaines de Hongrie, il n'est pour nous que la mort et nous ne voulons pas mourir. Pendant tout le moyen âge la Hongrie a combattu les Turcs et, en se défendant contre eux, elle a sauvé l'Europe. Aujourd'hui elle prétend se défendre contre les Russes. Peut-être sauvera-t-elle encore l'Europe; en tout cas, elle sera demeurée fidèle à ses traditions historiques. »

D'un examen général de la situation dans laquelle se trouve la monarchie austro-hongroise, on est amené, j'en ai peur, à conclure que le dualisme est bien malade et que, pour assurer son existence, il lui faudra bientôt se scinder en trois États, premier pas dans la voie d'une transformation ultérieure en une confédération dont les liens seront passablement relâchés. Il est probable que, de jour en jour, le souverain et les hommes d'État autrichiens favoriseront davantage les nationalités au détriment des Allemands et des Magyars, comme le comte Taaffe en a déjà donné l'exemple.

Mais il est encore, pour l'Autriche, d'autres sources de faiblesse que celles provenant de sa constitution ethnologique. Elle est exposée à tous les périls inconnus dont un suffrage très limité menace les régimes constitutionnels. La politique de décentralisation et d'autonomie provinciale que poursuit le comte Taaffe, contrairement aux vues de M. Tisza, est assurément fort sage et c'est la seule qui puisse assurer le salut de l'empire. Cependant l'affaiblissement du pouvoir central favorise les progrès du socialisme, dont aujourd'hui la monarchie austro-hongroise a plus à redouter qu'aucun autre pays. Il y a quelques années, des informations sont venues de Londres, relatives à l'organisation socialiste à Vienne, qui ont désagréablement surpris la police autrichienne. En Hongrie aussi le socialisme prend de l'extension, et ce n'est que temporairement que ses progrès ont été enrayés par la nouvelle loi antisocialiste. A Graetz en Styrie, à Klagenfurth en Carinthie, à Wiener-Neustadt, à Florisdorf près de Vienne, à Reichemberg en Bohême, à Brünn en Moravie, cette doctrine est presque universellement répandue dans la classe ouvrière. Il est vrai que le socialisme autrichien n'est pas très violent dans ses manifestations extérieures; les écrits de ses apôtres ne sont que des élucubrations consciencieuses et indigestes. Mais, à côté des socialistes qui pensent et qui lisent, qui écrivent et qui parlent, se dresse un parti d'action qui a pour arme la dynamite. Chose singulière, tandis que l'imagination de l'Europe se complaît à toutes sortes de fables sur le nihilisme russe, dont le nombre de sectateurs militants est fort restreint, on ferme les yeux sur les progrès extraordinairement rapides que fait le socialisme en Autriche et en Angleterre, ainsi qu'à un degré moindre, dans l'empire d'Allemagne. De toutes les grandes villes européennes, Vienne est aujourd'hui celle où les socialistes sont le plus puissants. Cependant ils sont encore tenus en respect; reste à savoir si la faiblesse gouvernementale d'une confédération peu homogène sera en état de les contenir plus longtemps.

Je n'ai rien à ajouter à ce que j'ai dit de l'alliance austro-allemande dans le premier chapitre et, des observations faites au cours de celui-ci, il résulte que l'Allemagne ne peut faire pour l'Autriche autre chose que contraindre la France à la neutralité et autoriser l'Italie à vendre son concours au gouvernement autrichien. Il est évident que l'Allemagne n'a point pris l'engagement d'épouser toutes les querelles de son alliée. Le prince de Bismarck n'aurait garde assurément de se mettre sur les bras la France et la Russie, en menaçant cette dernière puissance ou en prenant la tête d'un mouvement antirusse, à propos d'affaires dans lesquelles l'empire allemand n'a qu'un intérêt secondaire. L'Autriche serait donc laissée seule pour supporter le choc. Selon l'expression même de M. de Bismarck, « c'est à l'Autriche qu'il passe la mainn ». En même temps qu'il veut respecter la foi jurée, il croit devoir, dit-il, laisser à chaque puissance le soin d'assurer elle-même l'exécution des clauses auxquelles elle est plus directement intéressée. On a vu dans les pages qui précèdent quelles nombreuses difficultés rendent périlleux à l'empire d'Autriche l'honneur que lui fait le chancelier allemand : faiblesse militaire, rivalités nationales, socialisme, embarras financiers, autant d'obstacles à une guerre. Dans le chapitre qui traite de l'Allemagne, j'ai été amené à effleurer cette question : impuissante à soutenir une lutte autre que purement défensive, l'Autriche serait-elle disposée, le cas échéant, à accepter de la Russie une compensation territoriale qui lui fait plus de peur que d'envie? Elle a bien assez déjà de l'occupation de la Bosnie, laquelle cependant, au milieu d'inconvénients multiples, lui présente un avantage sérieux : par là elle peut tenir en respect le Montenegro et empêcher le prince Nicolas d'attaquer le roi Milan dans le but d'établir en Serbie une souveraineté vassale de la Turquie. L'annexion de Salonique serait pour l'Autriche une nouvelle source de faiblesse militaire; Serbes, Grecs et Bulgares, en prendraient ombrage, et la dissolution de la monarchie austro-hongroise ne pourrait être que hâtée par cet accroissement de sa population slave. Le pays dont on fait volontiers l'objet de ses convoitises et dont, en réalité, elle redouterait au contraire de prendre charge, la Macédoine, est le champ de bataille des races slaves, revendiquée qu'elle est à la fois par les Grecs, les Bulgares et les Serbes.

Quand l'Autriche a fait des ouvertures à Bucharest et à Berlin, en vue d'une alliance avec la Roumanie, le gouvernement du roi Charles a répondu en demandant une garantie solide de la neutralité roumaine. Sa requête n'ayant pas été accueillie, de grands travaux de fortifications ont aussitôt été entrepris en Roumanie. Ce petit État s'est résolu à ne compter désormais que sur soi-même et son organisation militaire est si puissante aujourd'hui que, pour une guerre de courte durée, l'armée roumaine peut être mise au sixième rang parmi celles de toutes les puissances d'Europe. Aussi est-il possible que sa neutralité soit respectée. Il paraît résulter de la marche suivie par les Russes que, s'ils veulent occuper la Bulgarie sans s'attaquer à l'Autriche, ils devront opérer par la voie maritime, c'est-à-dire de connivence avec la Turquie. La politique hardie du cabinet de Bucharest est populaire dans le pays et, au lieu de tirer sur leurs ministres comme sur un vol de perdreaux, ce qui était autrefois leur divertissement favori, les Roumains s'appliquent maintenant à les soutenir par des votes presque unanimes à la Chambre des députés.

Une des difficultés insolubles qui mettent obstacle à l'organisation d'une confédération des Balkans est l'inimitié personnelle éprouvée par le roi de Roumanie pour le couple royal de Serbie. Le roi Charles est un prince dans toute l'acception du terme et il n'est pas en Europe de souverain plus accompli que lui et le remarquable écrivain dont, sous le nom de Carmen Sylva, les pensées et les poésies font le tour du monde littéraire. Le roi Milan, au contraire, n'est à tous égards qu'un prince de troisième ordre, si l'on peut s'exprimer ainsi, et sa mère, ainsi que la reine de Serbie, sont d'origine roumaine, alliées au parti d'opposition. Ce sont là des querelles de famille. La Roumanie est absolument isolée par le fait même de son existence. Que les Roumains soient, comme ils y prétendent et comme je le croirais volontiers, les descendants des légionnaires de Rome ou, comme on le dit à Moscou, des Slaves mélangés de sang romain, toujours est-il qu'ils sont séparés de tous leurs voisins par l'idiome et par la race, n'ayant de commun avec eux qu'une religion de forme slave. C'est à leur isolement sans doute qu'ils doivent cette ténacité et cette persistance du caractère national qui existent chez eux au même degré que chez les Bohémiens et chez les Juifs.

Bien différents sont leurs voisins les Serbes, de même origine que les habitants de la Croatie hongroise, quoiqu'ils appartiennent à l'Église d'Orient et les Croates à celle de Rome. On se rappelle comment. égarés par des souvenirs ou des ambitions, ils ont attaqué les Bulgares et comment, à la satisfaction de ceux qui désapprouvent les agressions violentes, ils ont subi une défaite que ne pouvait faire prévoir leur supériorité d'organisation militaire. Ils réclament pour la Grande-Serbie de leurs rêves une portion considérable de la Macédoine, en partie revendiquée aussi par les Bulgares, et que les Grecs englobent également dans leur Grèce agrandie. Mais toutes ces belles combinaisons n'ont guère de chance de se réaliser. Considéré en Russie comme un instrument de l'Autriche, le roi Milan n'y est pas aimé. Fait curieux, après avoir enlevé le trône de Serbie aux Karageorgévitch, jugés trop autrichiens dans leurs inclinations, et l'avoir donné aux Obrenovitch, la Russie paraît vouloir aujourd'hui, pour le même motif, pratiquer l'opération inverse. Dans ses propres États, Milan n'est guère plus populaire et, fort vraisemblablement, il sera tôt ou tard renversé soit au profit du prince Nicolas de Monténégro, soit à celui de son gendre, le prince Karageorgévitch qui n'est pourtant qu'un jeune homme bien insignifiant.

Comme la Roumanie, la Grèce possède sur la Serbie et la Bulgarie cet avantage d'avoir un roi vraiment éminent, et j'ajouterai une reine charmante, tandis que le souverain des Serbes est impopulaire et que les Bulgares, organisés en monarchie constitutionnelle, ne peuvent trouver un prince qui consente à les gouverner. Non pas que le roi de Grèce soit populaire au même sens du mot que l'est le roi de Roumanie : le peuple grec est de tempérament trop profondément démocratique pour s'attacher à la personne d'un souverain. Mais de la valeur du roi Georges, il est impossible de douter. « Il sera bien fort, celui qui apprendra quelque chose à ce jeune homme », disait un jour de lui lord Beaconsfield, et ce n'est pas à la science d'école qu'il faisait allusion, mais à l'art du gouvernement.

La question de l'Albanie est une des plus graves de celles qui intéressent les Grecs. Les Albanais constituent un peuple distinct, parlant une langue différente de toute autre et ils sont animés d'un sentiment national très caractérisé. Je crois pourtant qu'un grand nombre d'entre eux étant déjà sujets du roi Georges et se trouvant satisfaits de leur sort, une union avec le royaume de Grèce, librement consentie par eux, ne serait pas impossible. Il n'est pas de Grecs qui aient combattu avec plus d'ardeur pour la cause hellénique contre les Turcs que les Albanais Souliotes. Quant à demeurer indépendants et isolés dans un pays qui est l'objet de tant de convoitises, les Albanais ne sont pas assez forts pour cela.

La Grèce est entrée dans une voie politique pleine de sagesse. L'éminent premier ministre actuel, M. Tricoupis, a réduit de deux cent cinquante environ à cent cinquante à peine le nombre des députés, mesure dont le résultat a été de faire de la Chambre un corps parlementaire laborieux et pratique. Mais les Grecs ne sauraient se contenter de leurs frontières actuelles. Ils sont tout au plus deux millions de sujets du roi Georges, tandis que trois millions de leurs frères hellènes vivent en dehors du royaume, sans compter ceux de l'Asie Mineure qui s'hellénise chaque jour davantage. L'Angleterre a toutes raisons de voir d'un œil favorable le développement rapide du royaume hellénique. Une grande et forte Grèce serait une puissance maritime, presque insulaire, dépendante du Royaume-Uni avec laquelle se ferait principalement son trafic et toute disposée à en servir la politique. Les Grecs sont pleins de confiance dans le succès futur d'une entreprise qui leur tient au cœur et dont je parlais plus haut : helléniser les Albanais. Ceux-ci sont absolument Grecs de religion et de costume, disent-ils, ceux du Sud tout au moins, qui portent la fustanelle, et ils le sont d'inclination. Mais la terreur des Grecs, c'est l'Autriche et l'Italie. L'escadre italienne qui ne cesse de croiser dans les eaux de Rhodes leur inspire des alarmes justifiées, car ils ont gardé le souvenir des intrigues ourdies en Albanie par les Italiens, il y a peu d'années. Quant à l'Autriche, ils représentent au gouvernement anglais que l'extension territoriale de cette puissance porterait préjudice aux intérêts du commerce britannique, auxquels serait fatal le partage entre elle et la Russie de la péninsule des Balkans. Le peuple grec, au contraire, essentiellement commerçant, est pour nous un précieux auxiliaire et le serait encore quand bien même nous ne réussirions pas à éloigner les Russes de Constantinople. Les îles grecques qui masquent l'entrée des Dardanelles fournissent 50,000 des meilleurs marins qui soient au monde, les meilleurs assurément de la région méditerranéenne, et l'absorption de ces îles par la Russie serait un désastre pour le commerce britannique dans le Levant.

Les Grecs ont toujours fait d'immenses sacrifices au sentiment national. Ils se sont résignés à la perte de Janina, qui leur a été repris après leur avoir été solennellement promis par l'Europe; mais l'Autriche à Salonique et l'Italie en Albanie, c'est plus qu'ils n'en sauraient jamais supporter. Ils s'efforcent de montrer combien l'Autriche s'est rendue impopulaire en Bosnie et comme, en coupant en deux l'ancien territoire serbe, elle s'est attiré l'animosité de tous les Slaves. Il est certain que les Bosniaques ne sont pas heureux sous la domination autrichienne, et que leur désaffection est extrême, à l'exception de ceux qui appartiennent à la communion catholique romaine. La seule raison apparente qu'ait l'Autriche pour occuper cette longue bande de territoire est que, par là, elle tient la route de Salonique et maintient ses communications avec le Sud. Il est curieux de constater, dans les provinces turques administrées par l'Autriche, la persistance de ce brigandage que les Grecs ont enfin réussi à extirper complètement de leur territoire. Ceux-ci ne sont pas peu fiers du contraste entre les progrès réalisés par eux à cet égard, dans les parties récemment annexées de la Thessalie, et l'inanité des efforts du gouvernement autrichien dans la Bosnie et l'Herzégovine.

Il est certain qu'au cas où les Russes voudraient prendre pied dans la péninsule des Balkans ou occuper la Bulgarie, l'Autriche se verrait contrainte à tirer l'épée et, avec tel secours même qu'elle puisse recevoir, elle serait très probablement battue. Alors, comme baume à la blessure infligée à son orgueil national, elle voudrait peut-être s'emparer de Salonique, la Grèce prenant en manière de compensation le reste de la Macédoine et aussi la côte albanaise, à moins que l'Italie n'en fasse son affaire. Le résultat de cette conquête pourrait bien être la dissolution de la monarchie austro-hongroise absorbée par l'élément slave. Mais ce démembrement n'entraînerait aucune modification sensible dans la situation respective de ses différents éléments constitutifs. Je l'ai dit, aucun pouvoir ne parviendra jamais à abattre les Magyars, et il n'est pas de nouvelle délimitation de frontières qui puisse apporter de solution à la difficulté résultant de la juxtaposition, dans certains parages, de districts allemands et slaves. Il a été suggéré, ces temps derniers, de soumettre à une conférence européenne la question bulgare et tous les problèmes qui en découlent; on a même tout récemment parlé d'élargir le champ des délibérations de cette conférence, en y examinant la question d'un désarmement général. Je crois savoir que, lorsqu'en février l'Angleterre a été sondée sur ce projet, elle a répondu que la réunion d'une conférence serait superflue, tant que les puissances ne se seraient pas entendues au préalable sur les lignes générales. Il peut être périlleux d'entamer des négociations d'une nature aussi délicate sans que les bases en soient clairement définies à l'avance; on risquerait fort d'en voir sortir la guerre plutôt que la paix.

Deux interprétations différentes ont été données au discours prononcé en novembre dernier par lord Salisbury. D'après les uns, il en faudrait conclure que le premier ministre anglais comptait alors principalement sur l'Autriche pour barrer à la Russie le chemin de Constantinople; d'autres croient qu'il la savait déjà résolue à éviter la guerre par tous les moyens possibles. Comme je l'ai montré dans mon étude sur l'Allemagne, c'est à ces derniers que je donne raison. L'Autriche, au surplus, est assez coutumière des reculades, et lord Salisbury en a déjà fait une fois l'expérience au cours de sa carrière. A l'époque du traité de Berlin, lord Beaconsfield et le comte Andrassy avaient négocié un arrangement par lequel l'empire d'Autriche et le Royaume-Uni s'engageaient conjointement à maintenir l'intégrité du territoire turc, celui-là en Europe, celui-ci en Asie Mineure. Et, que l'on s'en souvienne, le territoire turc comprenait alors en fait, comme aujourd'hui encore nominalement, la Roumélie orientale et la ligne des Balkans. En même temps, il était tacitement convenu que l'Angleterre prêterait assistance à l'Autriche dans les affaires européennes et qu'en retour, l'Autriche ferait cause commune avec l'Angleterre dans l'éventualité d'une agression dirigée contre l'empire ottoman en Asie Mineure. Mais le gouvernement autrichien avait fini par laisser tomber ces propositions d'alliance anglaise, exactement comme, au mois d'octobre dernier, il a fait la sourde oreille à de nouvelles avances de l'Angleterre.

Si les Autrichiens voulaient adopter une politique amicale à l'égard des Grecs, des Roumains et des Serbes; s'ils se résignaient à renoncer définitivement à Salonique; s'ils consentaient à fortifier la situation intérieure de la monarchie en la transformant en une confédération un peu relâchée, avec des droits égaux conférés à la Bohême, à la Croatie et à la Galicie polonaise, tout en restant fidèles à l'alliance italienne, qu'ils payeraient, quand le moment en serait venu, de la cession du Tyrol méridional, — à toutes ces conditions ils pourraient encore maintenir leur pays au rang de grande puissance. Dans l'état de choses actuel, avec la frayeur mortelle de la Russie dont ils sont hantés, leurs ministres, tout remarquables qu'ils sont, à commencer par le comte Kalnocky, se font une réputation de faiblesse parfaitement imméritée. Le courage et l'énergie du peuple magyar mettent une arme sérieuse aux mains de la monarchie austro-hongroise qui, le jour où elle prendrait une forme triple ou fédérative, serait encore fortifiée par la vaillance et la solidité des Tchèques; car, à l'exception des Petits-Russiens de la Ruthénie et de la Bukowine septentrionale, les Slaves autrichiens sympathisent peu avec la Russie. Mais comme, ainsi que nous l'avons dit, ils détestent aussi cordialement les Allemands que les Magyars, ce n'est qu'un régime fédératif qui peut faire vivre en bonne harmonie ces trois races, plus les Roumains.

Là est donc le péril pour l'empire autrichien que l'on croit communément menacé par le prince de Bismarck, alors que celui-ci est, de l'Europe entière, l'homme dont le plus vif désir est d'en prolonger l'existence. Cette existence lui est indispensable. L'Autriche une fois disparue, l'Allemagne reste seule pour tenir tête à la France et à la Russie, car alors l'Italie ne bougerait pas. Non seulement le chancelier le sait, mais le peuple allemand ne l'ignore point et c'est là un atout dans le jeu de l'Autriche. Elle a aussi à son actif une certaine tendance à l'amélioration dans les sentiments nourris à son endroit par les Bulgares et les Slaves des Balkans, et aussi la conviction où arrivent les Hongrois que leur existence serait menacée par la chute de la monarchie austro-hongroise. Après qu'auraient été limitées les différentes sphères d'influence de la Bulgarie, de la Serbie et de la Grèce en Macédoine, l'Autriche pourrait voir la sienne s'augmenter progressivement dans les Balkans. Si elle se décidait hardiment à l'évacuation de l'Herzégovine et d'une partie de la Bosnie, pour bien montrer qu'elle renonce à Salonique, elle aurait chance d'amener à une entente générale les petits États des Balkans et la Turquie elle-même. Mais cette hypothèse est malheureusement plus que douteuse, l'orgueil autrichien devant s'opposer toujours à l'abandon de ces provinces.

En résumé, autant une confédération des Balkans est impraticable, autant serait possible une alliance entre les États des Balkans, et elle présenterait cet avantage de prolonger l'existence de l'Autriche. Au contraire, le partage de ces territoires entre la Russie et l'Autriche ne ferait que précipiter la ruine de cette dernière puissance. Quant à la conquête de Salonique, ce serait pour elle une source de violente hostilité avec les populations de la Macédoine, grecques, serbes ou bulgares; elle y trouverait encore une cause d'affaiblissement dans l'adjonction de nouveaux sujets slaves et, en somme, elle ne pourrait jamais s'y maintenir qu'autant qu'il plairait à la Russie. Il n'en saurait résulter pour l'avenir que sa chute et l'introduction des Russes dans l'Adriatique.

V

ITALIE

Un Anglais a quelque peine à comprendre comment, avec une faible majorité, si peu stable qu'il a fallu par deux fois proroger le parlement afin de gagner le temps nécessaire pour introduire des hommes nouveaux dans le cabinet, un ministère a pu conclure une alliance entraînant des obligations dont on ignore encore toute l'étendue. C'est pourtant ce qui vient de se passer en Italie. Un cabinet sans autorité a fait signer à un ministre déjà à demi renversé un traité d'alliance avec une puissance si impopulaire auprès des masses non investies du droit de suffrage que, pendant le carnaval, des effigies du prince de Bismarck ont été promenées dans les rues. Et cela à un moment où les principaux organes de la presse étaient à peu près unanimes à prôner une politique qui laisserait les mains libres à l'Italie.

Comment un gouvernement a-t-il pu être aussi téméraire? En Angleterre, c'eût été impossible. La Grande-Bretagne est bien plus directement menacée dans ses intérêts par la Russie, au moins en ce qui concerne son empire des Indes, que ne peut l'être l'Italie par cette puissance ou par la France, et cependant jamais, s'il ne se sentait très solide, cabinet britannique ne songerait à conclure en temps de paix une alliance défensive avec les empires allemand et autrichien ; en tout cas, il ne s'y risquerait pas sans se présenter devant le parlement. L'opposition en Italie ne manque habituellement pas de vigueur, et pourtant il semblerait, à première vue, qu'en cette circonstance M. Crispi n'ait pas fait preuve d'une bien grande force offensive. C'est que, pour voir la situation sous son vrai jour, il faut se rappeler combien, si le dernier ministère italien était faible, l'opposition qu'il avait en face de lui était divisée, et aussi se rendre compte de l'influence exercée sur la politique étrangère du Quirinal par les incessantes protestations du Vatican contre l'occupation de Rome. Tant qu'il ne s'était agi que d'attaquer le ministère au sujet des événements d'Abyssinie, la tâche était facile ; mais encourir la colère du prince de Bismarck, c'en était trop pour le courage même de M. Crispi, « le roi des souris et des rats », comme on appelle en Italie cet homme politique, tout-puissant dans l'opposition jusqu'à ces derniers mois et aujourd'hui tout-puissant dans le gouvernement. Ce sobriquet lui a été donné par ces respectables membres de la droite qui tiennent tous les hommes du Sud pour des bandits, dont MM. Crispi et Nicotera sont les chefs. La vérité est que, dans le parlement italien, il n'existe pas à proprement parler de partis, mais seulement des groupes inféodés à certaines personnalités, et de même, dans le pays, il n'est pas de courants d'opinion distincts sur les questions extérieures. Aussi, tant que de profonds changements ne seront pas survenus dans les conseils de la curie romaine, la grande majorité du corps électoral italien continuera à appuyer la politique de l'alliance allemande.

S'il est permis de les considérer comme des partis parlementaires, on peut dire des groupes qualifiés de « droite » et de « gauche » dans la Chambre italienne, qu'ils représentent respectivement les fractions cavourienne et garibaldienne de l'ancien parti libéral à qui est due l'unité de l'Italie. Sympathie pour la forme républicaine ou attachement pour les institutions de la monarchie constitutionnelle sous la maison de Savoie, voilà quelle était l'unique distinction entre les hommes de ce grand parti de l'unité. La distinction a disparu et les qualifications de « gauche » et de « droite » ont été conservées, mais dans un sens plutôt personnel que politique. Pendant les années qui ont suivi la mort de Cavour, le pouvoir était demeuré aux mains d'hommes modérés qui ont marché dans la même voie que lui. Entre la droite, représentée par M. Minghetti, et l'extrême gauche, constituée par les partisans de Garibaldi et de Mazzini, un troisième parti s'est formé peu à peu, le centre gauche, dont M. Rattazzi était un des membres les plus éminents. Lorsque la gauche est arrivée aux affaires, elle a pris dans le sein de ce groupe le chef du cabinet actuel, M. Depretis, en qui l'Italie a trouvé un vrai ministre constitutionnel, possédant à un rare degré l'art de la tactique parlementaire et qui est parvenu en plusieurs circonstances à constituer des ministères de conciliation, soutenus successivement par tous les partis.

On ne saurait trop le répéter, en Italie l'étiquette de « droite » ou de « gauche » n'implique pas nécessairement telle ou telle doctrine politique déterminée. Il est généralement admis que la droite est plus conservatrice, et cependant quelques-uns de ses chefs, comme par exemple M. Bonghi, font profession de libéralisme; de fait, sur certaines questions, ils se montrent infiniment plus libéraux que nombre de membres de la gauche. Les deux partis comptent dans leur sein des unionistes; les fédéralistes se partagent également entre la gauche et la droite; protectionnistes et libre-échangistes se trouvent d'un côté comme de l'autre. Le seul groupe qui professe un corps de doctrines à peu près défini est l'extrême gauche; mais il est peu nombreux et subdivisé en fractions infinitésimales, fort opposées entre elles sur certains points, les irredentistes irréconciliables s'y heurtant à une poignée de radicaux partisans de la paix à tout prix. Quant à ceux qui devraient constituer la véritable droite, nous voulons dire les conservateurs cléricaux, très largement représentés dans les assemblées municipales, ils ne le sont pas à la Chambre. Les plus conservateurs des membres de la soi-disant droite parlementaire italienne sont des sortes de libéraux doctrinaires, assez semblables à nos whigs, et plus encore aux libéraux belges dont ils partagent généralement les sentiments anticléricaux.

Il est facile de comprendre quelle confusion jette

dans l'esprit des étrangers la dénomination de « gauche » appliquée à cette agglomération hétérogène qui constitue la majorité parlementaire, dont une fraction soutient le ministère alors que l'autre l'attaque et qui compte dans son sein des représentants des opinions les plus opposées : radicaux, socialistes, républicains antisocialistes, voire quelques conservateurs. Il serait vraiment à souhaiter qu'un groupement rationnel des partis s'établît dans la Chambre italienne. De l'absence de ligne politique définie, il résulte une apparente instabilité qui se traduit parfois d'une façon bien curieuse. Ainsi, quand M. Depretis est arrivé aux affaires pour la première fois avec un ministère centre gauche, M. Cairoli, un des autres chefs de la gauche, après avoir penché vers une coalition avec la droite, avait fini par se décider à soutenir le gouvernement. Mais lorsque, dans la suite, le même premier ministre eut introduit dans son cabinet des membres de la droite, c'est la plus grande partie de ce groupe qui lui a donné la majorité, tandis qu'il perdait l'appui d'une fraction considérable de la gauche. Plus tard encore, il s'est trouvé avoir contre lui la « pentarchie », ou alliance des cinq chefs de la gauche, combinaison qui mettait à la tête de la majorité MM. Cairoli et Crispi, autrefois adversaires dans de fréquentes occasions. Enfin, M. Depretis ayant désorganisé l'opposition en s'attachant MM. Crispi et Zanardelli, les trois autres pentarques sont demeurés indécis sur l'attitude à prendre et il est assez difficile de définir exactement la solution à laquelle ils ont abouti.

C'est après la fusion de la majeure partie de la droite avec la fraction de gauche représentée dans le cabinet, c'est-à-dire après les élections de 1882, que M. Depretis a commencé à mettre en pratique une politique fortement conservatrice, dont les objets principaux étaient ceux poursuivis depuis longtemps par les groupes de droite : appui donné au régime monarchique, maintien de la loi des garanties pontificales, fidélité à l'alliance avec l'Allemagne et l'Autriche. Or, bien que la gauche pentarchique renfermât des éléments hostiles à la monarchie et peu enclins à la bienveillance, voire à la neutralité vis-à-vis de l'Église, elle se souciait peu d'attaquer le ministère Depretis sur ce terrain. On peut donc dire qu'en dépit de l'apparence d'une division en partis parlementaires, la grande majorité des Italiens, ou du moins de leurs représentants, est unie sur toutes les grandes questions à l'ordre du jour.

Bien que l'on doive reconnaître, dans les corps délibérants de l'Italie, la prédominance du bon sens en matière politique, on est obligé de constater quelques écarts excentriques qui se manifestent de temps à autre par l'apparition au Montecitorio de chevaliers d'industrie, de diffamateurs, de fous, d'assassins même, appelés à y siéger. Outre certaines causes locales particulières auxquelles sont dues ces élections étranges, l'absence de partis et de discipline politique telle qu'on l'entend en pays parlementaire, y est pour beaucoup. Cependant si, en Italie, les partis et les principes font défaut, en revanche les hommes ne manquent pas. Les morts successives de MM. Minghetti et Sella ont été de grandes pertes pour la droite; mais M. Bonghi lui est resté. D'autre part, le gouvernement possède dans MM. Depretis et Magliani des ministres remarquables, et M. Cairoli est pour l'opposition un chef qui lui fait le plus grand honneur.

Il importe de se bien persuader que la reconstitution récente du cabinet Depretis n'a apporté aucun changement à la Consultà, car les affaires étrangères ont passé aux mains du premier ministre lui-même, qui n'a sans doute aucune intention de renoncer à une politique dont il a été le véritable promoteur. De même que le précédent cabinet Depretis avait été transformé par la retraite de MM. Baccarini et Zanardelli en un gouvernement franchement conservateur, soutenu par la droite et par la fraction conservatrice de la gauche, la rentrée aux affaires de celui-ci et l'introduction de M. Crispi dans le ministère sembleraient lui donner une nuance sensiblement plus libérale si, d'autre part, le ministre de la guerre n'appartenait à un groupe tout opposé. Aussi est-il malaisé de dire si M. Depretis s'est vraiment rapproché de la gauche. Ce ne sont pas des questions politiques qui avaient causé au gouvernement les embarras d'où est résultée la dernière crise ministérielle, mais des questions de personnes et la bouderie d'une partie de la droite, provoquée par la très impopulaire campagne d'Abyssinie. La manière dont le premier ministre italien a « lâché » ses collègues au lieu de faire cause commune avec eux, montre combien, en Italie, la politique est subordonnée aux questions de personnes. Jamais ce pays ne possédera de stabilité ministérielle tant que le vrai système parlementaire des cabinets homogènes et unis n'y sera pas pratiqué dans toute sa rigueur.

Tandis que, pour des raisons qui vont être exposées tout à l'heure, la plupart des hommes politiques italiens sont partisans de l'alliance austro-allemande, ils ont en face d'eux une minorité, très faible il est vrai, dans le pays comme au parlement, mais passablement bruyante. En réalité, le parti opposé à l'alliance allemande se compose principalement des partisans de la politique indépendante, c'est-à-dire de ceux qui, en temps de paix, ne veulent pas de traités, mais qui, aussitôt les épées hors du fourreau, s'empresseraient de se jeter dans les bras de l'Allemagne. Cependant il est quelques jeunes gens qui brûlent Bismarck en effigie et proclament hautement leur amitié pour la France. Sans doute, ce sont des exaltés qui ne comptent guère, pas plus que les ultra-irredentistes, disposés à chercher querelle à la fois à l'Angleterre pour Malte, à la France pour la Savoie, à l'Autriche pour le Tyrol, à la Suisse pour le Tessin, à la Turquie et à la Grèce pour l'Albanie. Si peu nombreux qu'ils soient pourtant, ils ont été encouragés dans une certaine mesure par quelques journaux d'opposition qui ne cessent de harceler le gouvernement au sujet de l'alliance austro-allemande, dont ils demandent quel bien en est résulté pour le pays. A ces questions indiscrètes il est difficile de répondre qu'elle a peut-être déjà évité bien des maux dans le passé, sans parler des avantages tangibles qui en pourront découler dans l'avenir, car il serait également dangereux d'avoir à définir ces avantages et ces maux.

A côté de la question de l'alliance allemande, se pose celle d'une union étroite avec l'Angleterre qui est en grande faveur auprès du corps électoral italien. L'assistance prêtée autrefois par lord Palmerston à l'expédition de Garibaldi en Sicile, l'amitié témoignée de longue date au jeune royaume par la Grande-Bretagne, la proposition faite il y a quelques années par M. Gladstone en vue d'une occupation commune de l'Egypte, autant de souvenirs qui contribuent à la popularité en Italie de la nation britannique. Peu de temps avant sa mort, M. Minghetti avait amèrement déploré le refus fait à l'Angleterre par M. Mancini de coopérer à l'occupation de l'Éygpte et, de fait, la surprise causée alors par cette décision a été extrême. Non seulement en Angleterre, mais aussi dans les cercles diplomatiques italiens, le sentiment général était que les propositions anglaises seraient acceptées. Sans doute, l'Italie est habituellement mieux servie par ses hommes d'État que par ses diplomates, bien que plusieurs de ceux-ci soient gens de mérite, entre autres le comte Corti qui, sans devoir être absolument égalé au prince de Bismarck comme M. Bonghi, je crois, n'a pas craint de le faire un jour, possède des capacités remarquables. Cependant, dans cette circonstance, c'étaient les diplomates qui avaient raison contre les hommes d'État. Une alliance avec l'Angleterre aurait donné à l'Italie, sans l'exposer à aucun risque, cette position dans la mer Rouge qu'elle a depuis vainement essayé de conquérir par la récente expédition de Massouah. En août 1884, l'opinion anglaise était très favorable à une intervention commune avec l'Italie dans les affaires égyptiennes. En effet, quoique pour appuyer ses prétentions, sinon à la prépondérance, du moins au partage égal avec l'Angleterre de l'influence en Égypte, la France mette toujours en avant le grand nombre de nationaux et de « protégés » qu'elle possède dans ce pays, la quantité de sujets vraiment italiens y est plus considérable que celle de sujets vraiment français. Je croirais volontiers que c'est l'Allemagne qui a suggéré à l'Italie le rejet de nos propositions. De même qu'en 1866 il était inféodé à la France, c'est de Berlin que, depuis ces dernières années, le gouvernement italien reçoit le mot d'ordre en matière de politique extérieure. Quoi qu'il en soit, les Italiens ne nous ont pas gardé rancune de la faute qu'ils ont commise et l'impression favorable produite sur eux par notre offre amicale ne s'est pas effacée : si vraiment l'Allemagne s'est mêlée de l'affaire, elle en a été pour ses frais de mauvais conseils.

Il est donc bien évident que les changements de personnes qui pourront se produire dans la direction de la Consultà n'affecteront en rien les tendances de la politique étrangère de l'Italie : l'événement l'a déjà prouvé et l'avenir ne me démentira pas. Cette direction a déjà plusieurs fois changé de mains depuis que M. Depretis est premier ministre; or l'attitude du gouvernement italien vis-à-vis des autres puissances était exactement, avec le soldat-diplomate qui vient de quitter le département des affaires étrangères, le général comte Robilant, ce qu'elle avait été avec l'homme politique d'opinions fort différentes qui a conclu l'alliance allemande, M. Mancini, et ce qu'elle sera toujours. Malgré le souvenir de Novare, que devrait entretenir dans sa mémoire la vue de sa manche vide de bras, le général Robilant passe pour porté de sympathie vers l'Autriche depuis son séjour à Vienne et le mariage qu'il y a contracté; mais quand le plus antiautrichien de tous les Italiens l'aurait remplacé à la Consultà, les choses en seraient allées absolument de même et la politique de M. de Bismarck aurait continué à prévaloir. On peut dire qu'en Italie les affaires étrangères sont en dehors et au-dessus des questions de parti. L'attitude de la Chambre après le récent désastre de Saati en est une preuve bien frappante. M. Bonghi et la droite ont accordé à M. Depretis le vote de confiance qu'il demandait sur la question d'Abyssinie, mais ils ont pris prétexte du premier vote qui s'est présenté ensuite pour lui retirer leur appui, uniquement parce qu'il se refusait à certains changements de personnes dans le cabinet. La nouvelle de la catastrophe était parvenue à la Chambre au cours d'une discussion orageuse sur les travaux publics et, dans une assemblée italienne, il fallait s'attendre à ce qu'elle provoquât de vives démonstrations et de longues amplifications de rhétorique. Cependant tous les discours prononcés à cette occasion par des hommes appartenant aux opinions les plus diverses respiraient les mêmes sentiments de patriotisme et les crédits demandés ont été votés à la presque unanimité par la Chambre, à l'unanimité par le Sénat. En posant ultérieurement la question de confiance, M. Depretis a détruit l'effet de cette démonstration patriotique, mais, quoique impopulaire en réalité, jamais sa politique africaine n'a été combattue. Comme il arrive toujours dans le parlement italien, ce sont les personnes qui étaient en jeu, et les attaques de l'opposition dans cette circonstance ne visaient que les généraux Robilant et Ricotti.

Tout comme sa politique européenne, la politique coloniale de l'Italie ne paraît pas devoir subir le contrecoup des changements qui pourront se produire dans le cabinet. Sans doute un désastre militaire nuit toujours plus ou moins à la popularité d'un gouvernement et les feuilles satiriques de Rome ont eu beau jeu à représenter M. Depretis au premier plan d'une longue perspective de squelettes revêtus de l'uniforme italien, blanchissant dans le désert. Il est peu probable cependant que cet échec arrête l'Italie dans ses entreprises coloniales. Jusqu'à présent les Italiens ont émigré plutôt que colonisé et l'on évalue à deux millions le nombre de ceux qui vivent loin de la mère patrie. Un grand nombre d'entre eux ne sont que des émigrants temporaires en France et en Égypte, qui reviennent chez eux après avoir plus ou moins fait fortune. Mais dans l'Amérique du Sud, il en est une quantité considérable qui sont établis d'une façon permanente. La république Argentine en compte près d'un million et, ce mouvement d'émigration s'accentuant chaque jour davantage, elle est en voie de devenir bientôt un État absolument italien. Déjà la population de Buenos-Ayres est italienne pour plus du tiers, et la plupart des 200,000 émigrants qui, dans le cours de l'année 1886, ont quitté l'Italie, se sont dirigés vers cette destination.

Les colons anglais et irlandais, allemands et scandinaves ne peuvent s'acclimater que dans des régions tempérées où il n'est plus de territoires disponibles; la facilité avec laquelle les Italiens supportent les climats chauds leur est un précieux avantage dans des entreprises de colonisation un peu tardive. Aussi persévéreront-ils à s'établir dans la mer Rouge. Ils ont grand intérêt à ouvrir au commerce une partie du littoral africain où, par l'établissement de postes importants, ils pourront attirer le trafic des régions centrales, actuellement dirigé vers le Congo ou Zanzibar. Mais leurs convoitises ne s'arrêtent pas à la côte d'Abyssinie. Dans la première de ces études, j'ai parlé des promesses qui leur avaient été faites à Berlin au sujet des régences de Tripoli et de Tunis. L'établissement dans celle-ci du protectorat français leur a été une cuisante blessure. Ils prendraient bien Tripoli en manière de compensation, mais ils redoutent avec raison le voisinage de la France sur une frontière commune moins facile à défendre que celle des Alpes. Dans l'éventualité d'un conflit franco-italien, l'occupation de Tripoli serait une source de faiblesse pour l'Italie, à qui elle imposerait une augmentation de ses déjà trop lourdes charges militaires et navales.

Depuis quelques années, il est si peu question des intrigues italiennes en Albanie, qu'il est peut-être superflu d'en parler ici, sinon pour rappeler combien en 1879 elles étaient actives et pour dire qu'au cas, soit d'une dislocation de l'empire d'Autriche, soit d'un mouvement des Autrichiens sur Salonique, elles recommenceraient de plus belle. C'est des Albanais que devrait dépendre la destinée de l'Albanie. Trop peu nombreux pour pouvoir se constituer en nation indépendante, ils sont assez énergiques et intrépides pour mériter que l'on compte avec leur volonté. Ils ont tant d'affinités avec la race hellénique, que je les aurais crus plus enclins à se rapprocher de la Grèce qu'à se laisser absorber par l'Italie, au plus grand dommage de la persistance chez eux du caractère national. Tout sympathique que je sois aux Italiens, j'ai été fort aise de voir les intrigues de la Consultà dévoilées aux yeux du monde par la publication de la fameuse lettre du 6 avril 1879, adressée à Moukhtar pacha par M. Corte, consul d'Italie à Prevesa, et lui mandant que le cabinet de Rome approuvait son projet de colonisation de l'Épire grecque par les Albanais musulmans et sa résistance à l'occupation de Novi-Bazar par les Autrichiens. J'aime à croire que ces étranges agissements ont pris fin le jour où le comte Tornielli a résigné le poste de secrétaire général du département des affaires étrangères et que, désormais, ce sont les vœux de la population albanaise, plutôt que les ambitions du gouvernement italien, qui décideront de la question.

Un autre indice significatif du désir d'expansion

dont est aujourd'hui animée l'Italie, est l'agitation irredentiste, de nature toute différente et plutôt sentimentale, qui d'ailleurs doit être considérée comme étant dans une phase décroissante. L'irredentisme n'a rien de commun avec les revendications de la France au sujet de l'Alsace-Lorraine. Sans doute, l'Italie moderne ne peut se défendre de convoiter parfois ces territoires de langue italienne : Nice, la Corse, Malte, le Tessin, le pays de Trente, Trieste, la côte de Dalmatie et autres anciennes possessions de la république de Venise dont elle se considère comme l'héritière. Elle ne saurait non plus se désintéresser du berceau de la famille royale qui la gouverne. D'autre part, ceux qui, en Italie, voient les choses comme elles sont, savent bien que les cantons italiens de la Suisse se trouvent satisfaits de leur sort. La Savoie est savoyarde et nullement italienne; peut-être la population riveraine du lac préférerait-elle faire partie de la confédération helvétique pour ne pas payer de doubles droits sur les cigares qu'elle fume et pour être exemptée de l'impôt du sang qui lui est odieux, mais ce n'est assurément pas vers l'Italie que la poussent ses inclinations. Dans le comté de Nice, les tendances sont niçoises, volontiers antifrançaises, peut-être un peu italiennes; si la France venait à subir du fait des Allemands un grand désastre militaire, c'est probablement sans grande résistance que ce pays retournerait à ses anciens maîtres.

Cependant, je ne partage pas l'opinion de ceux qui croient l'Italie disposée, le jour où éclaterait une guerre, à mettre son concours au prix de la restitution de Nice. S'il n'était téméraire de prétendre prévoir l'avenir en matière de politique internationale, je dirais au contraire que ce sera là la dernière des exigences de l'Italie. Prendre Nice serait de sa part répéter la folie de l'Allemagne s'annexant l'Alsace-Lorraine, mais avec cette circonstance aggravante que, notablement inférieure à la France en force militaire, elle serait assurée, à moins d'une annihilation absolue de cette puissance, de se voir bientôt ravir de nouveau le territoire disputé. La Corse aussi est plus corse qu'italienne ou française; la race y est fortement mâtinée de sang grec. Au surplus, les îles incorporées à l'Italie ne sont déjà pas d'un gouvernement si facile, pour qu'elle puisse sagement souhaiter en augmenter le nombre. L'occupation du littoral de Dalmatie pourrait avoir des résultats sérieux, mais il ne paraît pas en être question pour le moment. L'Allemagne ne désire pas voir l'Autriche céder Trieste et la Hongrie tient à son port sur l'Adriatique. Quant aux sentiments particularistes de la population maltaise, il serait facile au gouvernement britannique de leur donner satisfaction.

Reste la question du Tyrol méridional, qui touche à deux côtés de la politique italienne : la politique irredentiste et ce que j'ai appelé « la politique de pourboire ». A mon sens, le pays de Trente est destiné à devenir italien, et cette perspective est déjà acceptée par ses habitants comme par l'Europe, de même que, longtemps avant d'être annexées au royaume d'Italie, la Lombardie et la Vénétie étaient regardées comme devant lui échoir un jour. A la fin de 1869, Napoléon III avait pressenti les gouvernements autrichien et italien au sujet d'une alliance contre la Prusse, et l'on dit qu'en cette circonstance M. Minghetti avait tenu tête, non seulement à ses collègues, mais au roi lui-même, pour repousser ces propositions. On avait alors parlé d'une garantie mutuelle des territoires respectifs des trois puissances, l'Autriche devant en cas de guerre s'agrandir aux dépens de la Prusse et céder à l'Italie le Tyrol méridional. On croit que les négociations ont échoué devant l'insistance de M. Minghetti à réclamer l'évacuation de Rome par les Français. Il serait même allé jusqu'à dire que ce n'était pas aux partisans de l'unité italienne à mettre obstacle à l'unité allemande. Napoléon III s'était rabattu sur l'alliance de l'Autriche seule dont, soit dit sans vouloir offenser la mémoire du comte de Beust, il avait des raisons de se croire assuré. Différée depuis lors, cette annexion par l'Italie du Tyrol méridional résultera infailliblement, quelque jour, des embarras de l'empire austro-hongrois. Je ne crois pas que, dans l'esprit de ceux-là même des membres de la droite italienne les plus portés vers l'alliance avec l'Autriche, il soit jamais entré le désir de profiter d'une situation critique dans laquelle pourrait se trouver la France pour reconquérir Nice et la Savoie, non plus que pour s'emparer de la Corse. Par cette annexion violente, contraire au vœu des populations, l'Italie se paralyserait pour l'avenir, car il lui faudrait dès lors demeurer sans cesse armée contre un retour offensif des Français. Amis comme ennemis de l'Autriche sont au contraire unanimes à convoiter le Tyrol italien et comptent bien l'obtenir un jour, ceux-là comme un présent fait de bonne volonté par cette puissance, en échange du secours de l'Italie contre la Russie, ceux-ci comme leur part des dépouilles de la monarchie austro-hongroise désagrégée. Lorsque le droit de suffrage, déjà très étendu en Italie, le sera encore davantage, il est possible que l'introduction dans le corps électoral de la masse des paysans catholiques constitue une majorité hostile à l'alliance allemande; mais le Tyrol méridional n'en sera pas moins perdu pour l'Autriche.

En résumé, l'annexion du Trentin à l'Italie est à la fois pour cette puissance affaire de sentiment et affaire d'intérêt. Il ne saurait pas plus être question en Italie, pour un homme politique sérieux, de provoquer un mouvement d'opinion en faveur d'une cession de Malte par l'Angleterre ou de la Corse par la France, qu'en France ou en Allemagne de revendiquer la possession des îles normandes ou de celle d'Héligoland. Mais, dans le cas du Tyrol, il s'agit d'un peuple que ses aspirations poussent vers l'Italie et qui y confine dans une région où la frontière de ce dernier pays est d'une extrême faiblesse, double motif pour que les Italiens de tous les partis souhaitent s'annexer le territoire jusqu'à Botzen. Pour considérer à un point de vue plus général la politique extérieure de l'Italie, il me faut dire que son désir de maintenir le *statu quo* dans la Méditerranée est inspiré à cette puissance, non seulement par l'espoir de se garder contre toute reconstitution possible du pouvoir temporel, mais aussi par celui de tenir en échec l'expansion de la Russie dans le sud-ouest de l'Europe, à laquelle, se croyant en cela d'accord avec l'opinion anglaise, l'opinion italienne est nettement hostile.

Le seul groupe politique italien demeuré vraiment sympathique à la France est celui qui rassemble les survivants de l'ancienne faction garibaldienne, profondément attachés aux institutions républicaines. Ce n'est ni à l'ingratitude, ni aux passions irredentistes qu'il faut attribuer les sentiments peu amicaux des Italiens pour leurs voisins d'outre-monts, mais à une série de froissements et d'irritations qui ont commencé avec l'occupation de Rome, et ont été portés au comble par l'expédition contre les Kroumirs, prise par les Français comme prétexte à leur brusque occupation de la Tunisie. L'animosité qui divise les deux races est bien sensible dans les grands centres ouvriers où elles se trouvent en contact. Au contraire, la vieille haine de l'Autrichien s'est à peu près évanouie en Italie et, comme nous l'avons vu, la masse de la population, ou plus justement du corps électoral, envisage d'un œil favorable une alliance avec l'ancien ennemi héréditaire.

Quant à l'Allemagne, on a affecté en Italie de ne pas prendre ombrage des expressions de gratitude adressées par le gouvernement impérial au pape, à propos du secours qu'il en a reçu lors des dernières élections. La phrase de la lettre pontificale qui semblait faire allusion à l'espoir d'une restauration du pouvoir temporel a été attribuée à l'inexpérience d'un jeune clerc chargé de la rédiger pendant la maladie du secrétaire d'État. On peut prendre cette excuse pour ce qu'elle vaut, mais il est intéressant de constater qu'elle a été offerte et acceptée telle quelle. Plus intéressant encore est le fait qu'à une demande d'explications aussitôt adressée à Berlin, l'Italie a reçu pour réponse des gouvernements allemand et autrichien un désaveu formel de tout projet d'intervention éventuelle de leur part dans les questions intéressant le souverain pontife. Quoiqu'en dehors du gouvernement, les Italiens ne soient guère renseignés sur ce point, ils interprètent favorablement le langage de M. de Bismarck. La chancellerie allemande, disent-ils, ne pouvait moins faire que d'exprimer publiquement au Saint-Siège sa reconnaissance. En outre, ils constatent avec satisfaction que, pour la première fois que le pape intervient d'une façon ostensible dans une grande question européenne, il l'a fait dans un sens où l'Europe ne peut manquer de voir la preuve de la liberté d'action dont il jouit quoique — et peut-être parce que — privé du pouvoir temporel. Les successeurs de Cavour et de Minghetti déclarent hautement que c'est là un triomphe pour le gouvernement italien et qu'ainsi se trouve justifiée l'affirmation de leur parti, qui avait toujours jugé le pouvoir temporel comme une entrave à l'action spirituelle du Saint-Siége.

En renonçant à l'alliance allemande et en se bornant à voir venir les événements, l'Italie pourrait s'épargner les dépenses d'entretien d'une armée aussi considérable que celle dont elle a maintenant à supporter la charge. Peut-être néanmoins serait-il imprudent à elle, en tout état de cause, de réduire ses armements. Nombreuse sur le papier, l'armée italienne ne l'est guère en réalité. Quant à la flotte, elle est d'un entretien peu coûteux relativement à sa force et une défense maritime sérieuse est indispensable à ce royaume extrêmement long et fort étroit, qu'il serait facile de couper en deux, et qui est directement menacé par les positions françaises en Corse, à Carthage et sur la rivière de Gênes, sans compter la nécessité pour les Italiens de couvrir les îles de Sicile et de Sardaigne. D'ailleurs les Italiens croient à un prochain conflit européen et ils pensent que leur situation géographique les obligera à y prendre part, soit qu'ils demeurent fidèles à leur alliance avec l'un des belligérants, soit qu'ils vendent leur concours au plus offrant.

Le roi Humbert est un officier de cavalerie animé de l'ardent désir de faire ses preuves sur le champ de bataille. D'autre part, les Italiens ne sont pas sans éprouver de sérieuses inquiétudes sur la capacité de leurs généraux. On se rappelle le blâme infligé après le désastre de Saati au général Genè, remplacé aussitôt dans son commandement de Massouah par le général Saletta, qui connaît bien le pays. Cela vient à l'appui de ce que je disais dans le chapitre précédent, savoir, que la conduite des troupes italiennes à Saati prouve en faveur de leur intrépidité, mais que, dans les conjonctures critiques, les cadres supérieurs ne sont pas à la hauteur de leur tâche. Il faut considérer cependant que, lorsqu'ils sont surpris par un désastre militaire, les gouvernements inclinent volontiers à prendre pour bouc émissaire le général malheureux. On n'a pas entendu ce que le général Genè pouvait avoir à dire pour sa défense et, d'ailleurs, fût-il convaincu d'incapacité, cela ne prouverait rien contre les autres chefs de l'armée italienne. L'Angleterre a essuyé bien des revers en Afrique depuis cinquante ans; elle a pourtant des généraux capables de réparer les fautes commises. Quoi qu'il en soit, l'impression générale en Europe est que l'état-major italien aura quelque peine à reconquérir la réputation qu'il a perdue en 1866.

Le roi d'Italie est soldat dans l'âme et l'on peut s'en rapporter à lui pour faire rendre à ses troupes tout ce qu'elles peuvent donner. Les Italiens sont prompts à s'instruire dans le métier des armes, ils savent vivre de peu, et les régiments alpins en particulier constituent une troupe merveilleuse pour la guerre de montagne. Dans un excellent ouvrage publié en Angleterre et dû, je crois, à la plume du capitaine à Court, de la brigade de fusiliers, *l'Italie militaire*, une erreur s'est glissée à ce sujet, la seule peut-être de tout le livre. L'auteur y parle des bataillons alpins de chasseurs français, destinés à se mesurer avec ces belles troupes, et les dit « recrutés parmi les gardes-chasse et les forestiers[1] ». Il n'en est rien et je juge,

1. Cet auteur a sans doute voulu parler des compagnies de chasseurs forestiers, constituées par le personnel de l'administration des forêts de l'État et destinées, en cas de guerre, à être mobilisées avec la réserve de l'armée active.

pour ma part, l'armée française si inférieure à cet égard, qu'en cas de conflit avec l'Italie, celle-ci fût-elle même abandonnée à ses seules forces, ce n'est pas sans de grands efforts que les Français parviendraient à forcer les passes des Alpes.

Les plus justes éléments d'appréciation de la valeur de l'armée italienne se trouvent peut-être dans la discussion parlementaire de décembre 1886, au cours de laquelle le général Ricotti, alors ministre de la guerre, a dressé le bilan exact des forces que l'Italie pourrait mettre en ligne à dater du 1er avril de cette année. Il n'a pas songé une minute à prétendre que l'énorme effectif possédé sur le papier par l'Italie, et qui excède de 100,000 hommes celui de l'Allemagne elle-même, pourra jamais être réalisé. De ces chiffres, d'accord avec ceux du budget de la guerre, il ressort que l'effectif réel mobilisable à un moment donné est un peu inférieur à celui de l'Autriche. Mais la puissance militaire de l'Italie est considérablement augmentée par sa force navale; car, si l'armée italienne ne vient qu'au cinquième rang parmi celles des autres puissances, sa marine est la troisième de l'Europe.

Dans l'ouvrage que j'ai déjà cité, le capitaine à Court a montré comment, hors d'état avec son budget déjà bien lourd d'entretenir une flotte numériquement équivalente à celle de la France, le jeune royaume d'Italie s'est efforcé d'établir de son mieux l'équilibre par la construction d'un petit nombre d'énormes cuirassés de premier rang, « plus puissants, plus rapides et plus fortement armés qu'aucun de ceux des autres marines ». Si l'Italie n'était couverte par une flotte assez puissante pour pouvoir dans ses propres eaux tenir en respect celle de la France, sa mobilisation serait à la merci d'une escadre française le jour où un conflit s'élèverait entre les deux nations. Non seulement Ajaccio et Toulon, mais encore le nouveau port de Bizerte, sur la côte de Tunisie, sont des postes d'observation d'où les Français pourraient sans peine, à un moment donné, se jeter sur bien des points du littoral italien pour y couper les voies ferrées. D'un autre côté, l'Italie a contre elle, au point de vue maritime, un très grand désavantage : c'est la pénurie de charbon. On peut dire qu'elle en est à peu près absolument dépourvue et si, en temps de guerre, elle n'a pas le commandement des mers, il lui sera bien difficile de faire entrer dans ses ports du Sud le combustible qui lui fait défaut.

En augmentant le nombre de ses grands cuirassés, l'Italie n'a en vue rien moins que de disputer au pavillon français la suprématie dans la Méditerranée. Mais c'est là une illusion dont elle se berce. Tant que la France sera assez en sécurité sur les autres parties de son littoral pour pouvoir concentrer ses forces navales dans cette mer, jamais la flotte italienne ne pourra y lutter contre elle avec avantage. Sans doute le matériel en est de premier ordre, mais l'exemple de la bataille de Lissa n'est pas encourageant. La marine italienne fait grande figure proportionnellement à ce qu'elle coûte. Si l'on voulait classer les marines européennes d'après les chiffres de leurs budgets respectifs, on en trouverait deux de premier ordre, celles de l'Angleterre et de la France, et trois du second, celles de l'Allemagne, de la Russie et de l'Italie ; mais en réalité les flottes allemande et russe sont aujourd'hui sans valeur comparativement à la flotte italienne. Et cependant, si peu de cas que je fasse de la puissance maritime de la Russie, je tiens celle de la France en si haute estime que, dans l'éventualité d'un conflit général des puissances continentales, je crois impossible aux forces navales combinées de l'Italie, de l'Allemagne et de l'Autriche, de faire échec dans la Méditerranée à une flotte franco-russe.

Pour en revenir à la question d'argent, il est certain qu'à infiniment moins de frais que la Russie, l'Italie obtient au point de vue maritime de merveilleux résultats. En ce moment, elle est en train de construire ou d'armer huit croiseurs cuirassés de premier rang, contre sept seulement qui sont sur le chantier en France et onze en Angleterre. Il faut dire aussi qu'en temps de guerre, la marine italienne n'aurait pas à supporter les nombreuses charges qui forceraient à s'éparpiller dans toutes les parties du monde les flottes anglaise et française. Le seul devoir qui lui incomberait serait la défense du littoral et, autant que possible, le maintien des communications avec la Sicile et la Sardaigne, Massouah étant abandonné à son sort. Un moment arriverait sans doute où la France, à moins de se trouver dans une situation assez critique pour être obligée d'employer les pièces et les canonniers de sa marine à la défense de ses places fortes, parviendrait à concentrer dans la Méditerranée toutes ses forces navales et ce jour-là la tâche deviendrait rude pour la marine italienne. Ceux qui la croient destinée à des opérations offensives, parce qu'elle est composée principalement de cuirassés de premier rang et de haute mer, ne songent pas aux difficultés que créent à l'Italie sa forme et sa situation géographiques. Il est impossible de fortifier le littoral italien, et il n'est pas de pays aussi vulnérable que cette étroite bande de terre, traversée dans toute sa longueur par une arête de montagnes et dont tous les chemins de fer stratégiques sont aisément accessibles par mer. De nouveau, Carthage est une menace permanente pour Rome. Assurément, les cuirassés monstres de l'Italie ne sont pas de trop pour la défense de ses côtes et le gouvernement ne saurait assez être loué de la sagesse dont il fait preuve en fortifiant sa marine, en même temps que félicité pour les merveilleux résultats qu'il obtient à un prix relativement si modique.

Actuellement le pouvoir en Italie se trouve aux mains du premier ministre, ce vieux parlementaire que ses amis comme ses adversaires appellent « le renard », l'homme sans doctrine politique, mais d'une habileté consommée dans le maniement des partis, qui s'appuie indifféremment sur la droite ou sur la gauche. Quoique la politique italienne, surtout en ce qui concerne les affaires extérieures, procède en réalité de l'école froide et calculatrice de Machiavel, un étranger emporte généralement d'une séance de la Chambre des députés l'impression contraire. Quiconque n'est pas familiarisé avec la véhémence d'expression et l'exubérance de gestes des orateurs méridionaux croit volontiers qu'une douzaine de duels pour le moins doivent résulter de chaque discussion un peu chaude au Montecitorio, si même il ne craint pas de voir le débat dégénérer en un pugilat général dans l'enceinte législative. De semblables scènes se sont produites au sein de l'assemblée, quand on y a appris les nouvelles de Massouah, et le comte Robilant, discipliné comme un soldat en même temps que calme comme un diplomate, n'était pas l'homme qu'il fallait pour tenir tête à d'aussi violents assauts de rhétorique furibonde.

Tout différent est le premier ministre, « le vieux Stradella », comme on le nomme encore, par allusion à la circonscription lombarde de musicale mémoire qu'il représente depuis longtemps. Chaque matin, il peut lire, dans les journaux de toutes nuances, que ni la Chambre ni le pays ne sont avec lui; mais les critiques de la presse ne le troublent pas plus que ne l'intimide la turbulence du parlement. On a dit — et beaucoup de gens le croient — que, pour le cas où il n'aurait pas réussi à former son ministère actuel, dans lequel prédomine l'élément de gauche, il avait en poche pour la remettre au roi une seconde liste toute prête, sur laquelle figuraient presque exclusivement des membres de la droite. Depuis son entrée dans le cabinet dit de conciliation, il y a vingt ans, M. Depretis a presque constamment été aux affaires, avec de courtes interruptions. La mort de Rattazzi avait fait de lui le leader de la gauche et, quelques années plus tard, ayant réussi à renverser M. Minghetti, il avait été appelé à constituer un ministère. Sella mort en 1882, il s'est séparé de ses anciens collègues de l'extrême gauche pour se mettre à la tête des deux centres, et il a eu à lutter contre l'opposition des pentarques. Enfin, cette pentarchie hostile, il vient de la désorganiser en appelant aux affaires deux de ses membres, brouillant ainsi les deux pentarques du Sud, Crispi et Nicotera, et séparant des deux autres un des trois pentarques du Nord. Beaucoup plus passionnante assurément pour les Italiens que n'importe quelle question de politique extérieure, est aujourd'hui celle de l'attitude que vont prendre les deux principaux des trois pentarques restants, MM. Nicotera et Cairoli. Celui-ci s'accomoderait assez du poste d'ambassadeur à Londres, mais il pourrait se faire que le gouvernement britannique fît des objections au rappel du comte Corti.

Si, d'une part, cette entente unanime des hommes politiques italiens sur le terrain des affaires étrangères peut jusqu'à un certain point contribuer au maintien de la paix européenne, d'autre part le manque de stabilité gouvernementale en Italie est assurément un indice de faiblesse pour le pays lui-même. En Angleterre on ne peut que s'en affliger, car, de toutes les nations européennes, l'Italie est la seule qui nous porte une amitié cordiale et je puis ajouter désintéressé. La presse italienne attaque fréquemment les Russes, les Grecs, les Français, elle ne ménage même pas à l'occasion les bons alliés allemands et autrichiens; mais, dans les feuilles de toutes nuances, il est toujours fait mention des Anglais avec plus que de la courtoisie. C'est en Angleterre que les Italiens cherchent des enseignements historiques, aussi bien que des avis sur les questions du jour. Au cours de la dernière crise ministérielle, il a paru à Rome une intéressante brochure dont l'auteur, après avoir fait toucher du doigt les vices du groupement actuel des partis, suggère l'idée d'un gouvernement de coalition, pour qui les petites divergences sur les questions de politique intérieure s'effaceraient devant la gravité de la situation au point de vue européen, et il étaye son raisonnement sur l'exemple de toutes les coalitions parlementaires qui se sont successivement formées en Angleterre depuis un siècle. Le parlementarisme anglais est tenu en grande estime sur les bords du Tibre et cette bonne tradition survit encore aux débats dont, en ces dernières années, la Chambre des communes a donné le spectacle.

La récente reconstitution du cabinet Depretis ne jette que peu de lumière sur l'avenir de la politique italienne, car elle n'a pas mis d'hommes nouveaux au pouvoir. Crispi a été surnommé le Gambetta de l'Italie, mais, à dire vrai, sauf que l'un et l'autre ont vu le jour dans les provinces méridionales de leur pays, je ne vois guère d'analogie entre ces deux hommes. Crispi était déjà activement mêlé à la politique en 1848, alors que Gambetta n'était encore qu'un enfant, et aujourd'hui, presque septuagénaire, il n'a pas de grandes chances pour parvenir à une notoriété plus considérable que celle dont il jouit en Europe. Zanardelli est son contemporain. Le général Bertolè Viale, qui a remplacé le général Ricotti à la guerre, avait déjà eu un portefeuille en 1869, avant que celui-ci fût entré aux affaires pour la première fois ; il approche de sa soixantième année, et, représentant l'élément modéré dans le cabinet, il n'est pas très en faveur auprès d'une grande partie de la gauche. Les plus forts parmi les ministres actuels sont M. Brin, ministre de la marine, et M. Magliani qui, sans avoir jamais fait partie du parlement, semble désigné par ses remarquables aptitudes financières à présider éternellement à l'équilibre du budget italien.

Le parti socialiste ne compte guère en Italie. Les grandes villes du nord renferment un élément ultra-radical, et une fraction de la population romaine incline vers les idées républicaines, mais les Italiens se croient volontiers moins exposés au péril social que les autres nations d'Europe. Une feuille satirique de Rome a représenté dernièrement les grandes puissances assemblées, négociant et ergotant sur des questions d'armements et d'alliances, tandis qu'au second plan figurent, sous les traits de chacals affamés guettant leur proie, les socialistes derrière l'Allemagne, les anarchistes derrière la France, les nihilistes derrière la Russie. Mais il faut que l'artiste soit mal renseigné sur la politique britannique, car il a désigné sous la qualification « d'orangistes » les fauves par lesquels doit être dévorée l'Angleterre.

Le plus intéressant et le plus ardu des problèmes qui intéressent actuellement l'Italie, est celui des relations futures entre le Quirinal et le Vatican. Il ne s'agit pas là de simples affaires domestiques, et c'est une erreur dans laquelle tombe volontiers la presse en France, en Allemagne, en Angleterre, que de déprécier l'importance de cette question du pouvoir temporel. Un certain groupe d'hommes politiques italiens, qui a pour organes des journaux de quelque influence, oppose une attitude irréconciliable à toutes les prétentions de la papauté. Ainsi, à propos des communications récemment adressées au souverain pontife par le prince de Bismarck, un des principaux journaux d'opposition a demandé si l'Italie pouvait considérer d'un œil indifférent cette entente entre son alliée (l'Allemagne) et « son pire ennemi » (le Saint-Siège). Cependant il est en Italie un assez grand nombre de politiques sagaces, aux yeux de qui le pape n'est pas nécessairement l'ennemi né de la société moderne et qui partagent l'espoir, autrefois caressé par Cavour et par Minghetti, de voir un jour des relations amicales s'établir entre le Saint-Siège et le gouvernement italien, sans qu'il en coûte rien au principe de l'unité.

Cavour, qui n'a pas vécu pour voir même la capitale du royaume transférée de Turin à Florence, avait souvent, à la fin de sa vie, exprimé le vœu de pouvoir dater de Rome un traité avec le Vatican, dont l'influence serait considérable sur l'avenir de l'humanité. Minghetti, que l'Italie pleure encore, souhaitait comme Cavour donner à l'Église plus de liberté qu'elle n'en avait jamais eu, tout en maintenant dans son intégrité l'unité italienne. Selon les amis de cet homme éminent ce n'est pas le gouvernement italien, qui a pris possession de Rome, mais la nation italienne tout entière, laquelle, sans être catholique fervente, est pourtant profondément attachée au catholicisme. En ceci ils diffèrent de Machiavel d'après qui, par la faute de la papauté, le peuple italien serait le moins religieux du monde. Il est certain qu'on ne trouve pas trace en Italie de cette animosité agressive contre l'Église qui est caractéristique de la France contemporaine. Presque tous les parents y font baptiser leurs enfants, et le nombre des enterrements et des mariages civils y est fort peu considérable. Mais il est non moins vrai que ce catholicisme dont la nation est imbue n'a pas le caractère exalté du catholicisme belge ou français. Et puis, l'Italien possède l'esprit de compromis, et il n'a aucun goût pour la persécution religieuse. Sur la colonnade de Saint-Pierre, on trouve parfois cette inscription : « Mort aux prêtres ! » ; mais les libéraux les plus irréconciliables envoient leurs enfants chez les Pères.

Il faut bien se rendre compte de l'état de l'opinion sur cette question de la papauté, à côté de l'hostilité apparente ou extérieure qui règne entre le Quirinal et le Vatican. On a dit plaisamment que le protestantisme ne se propage pas en Italie, parce qu'il est malaisé de demander aux gens l'abandon de doctrines qu'ils ne professent pas, en faveur d'autres qu'ils ne comprennent point. Pour l'Italien d'aujourd'hui, les églises et le clergé font partie de sa vie au même titre que le ciel bleu et le beau soleil; il n'en prend pas plus de souci. Mais, à certains avertissements, qui ne sont pas encore des menaces, et qui émanent d'hommes modérés, il est facile dès aujourd'hui de pressentir que, si le Vatican ne se prête pas à la cessation de l'antagonisme existant entre la papauté et les masses catholiques du pays, le sentiment antipapal se transformera peu à peu en un sentiment anticatholique, et qu'une fois commencé, le mouvement ne s'arrêtera plus.

Une chose est certaine, c'est que jamais le gouvernement italien ne concédera au pape la souveraineté sur le plus petit coin de Rome; jamais fraction, si faible soit-elle, de la population ne consentirait à laisser restreindre la liberté de la presse, la liberté de conscience, la liberté de l'instruction dont elle jouit à présent. Il est non moins certain que pas une puissance européenne ne sera jamais disposée à partir en guerre contre l'unité italienne. Au surplus, pour rendre justice au Saint-Siège, il faut constater qu'il est fort net dans les déclarations officieuses par lesquelles il repousse l'idée de toute intervention armée en sa faveur. Les sentiments du pape sur ce point sont partagés par le monde catholique, qui se rappelle les humiliations et les désastres attirés jadis au Saint-Siège par l'assistance des armes étrangères. Et d'ailleurs, n'est-il pas évident que, dépouillé de son pouvoir temporel, le souverain pontife fait plus grande figure aujourd'hui dans les conseils de l'Europe, auprès des puissances protestantes comme des catholiques, que s'il venait à être de nouveau investi d'une ombre de souveraineté territoriale? En ces dernières années, l'influence du Vatican s'est élevée au point le plus haut qu'elle ait jamais atteint depuis les jours de la Réforme et elle ne fera que grandir toujours davantage, à mesure que les souvenirs du pouvoir temporel s'effaceront dans les brumes du passé.

Nous avons constaté l'existence, dans le monde politique italien, de deux courants d'opinion relativement à la question de la papauté. Il y a les irréconciliables, qui voient dans le pape un prétendant à la souveraineté sur une partie du royaume et les modérés qui, sans vouloir rien concéder aux ambitions temporelles prêtées au Saint-Siège, professent la plus grande sollicitude pour la liberté absolue du souverain pontife, plus encore, considèrent d'un œil favorable l'extension de l'influence en Europe du Vatican affranchi de toute attache avec une puissance étrangère quelconque. Quant à la manière de voir du Vatican lui-même sur cette question, il est assez malaisé de la définir, les cardinaux étant partagés, comme les hommes politiques italiens, en deux groupes. Les étrangers dont la connaissance du Sacré-Collège ne dépasse pas ce qu'ont pu leur apprendre des relations mondaines avec quelques-uns de ses membres pendant un court séjour à Rome, jugent souvent bien léger le bagage d'idées de ces princes de l'Église. Non pas qu'en certaines matières nullement ecclésiastiques les cardinaux romains ne fassent preuve d'une rare compétence. Pour beaucoup d'entre eux la critique musicale, l'art culinaire, voire la science de la philologie, n'ont guère de secrets. Mais des questions à l'ordre du jour qui intéressent tous les hommes publics, ces éminents dignitaires parlent ou avec une extrême réserve ou avec une simplicité enfantine. Il faut songer néanmoins que ce ne sont pas ces prélats de salon qui sont admis dans les conseils intimes du pape : ils représentent brillamment Sa Sainteté dans les cérémonies de l'Église où ils font une figure imposante, mais ils n'ont aucune action sur la politique du Saint-Siége.

Le Vatican qui, pour le voyageur n'est qu'un magnifique ensemble de galeries, de jardins et de bibliothèques, au milieu desquels le Saint-Père vit captif, constitue en réalité le plus merveilleusement organisé des édifices publics au point de vue administratif. Il n'est pas une capitale en Europe où se trouvent ainsi réunis sous un même toit tous les départements de l'État. A cet avantage matériel, le Vatican joint celui, plus précieux encore et non moins rare, de posséder tout un état-major de diplomates consommés, familiers avec la vie des cours, hommes du monde accomplis en même temps que politiques subtils, qui chaque matin lisent les principaux organes de la presse européenne et qui ont pour auxiliaires une légion de fonctionnaires habiles au travail de bureau et versés dans l'art de rédiger une dépêche en latin d'église comme en français diplomatique. Et ces remarquables hommes d'État sont en rapports quotidiens avec des représentants de toutes les nations, laïques aussi bien que clercs, et non pas seulement catholiques, mais aussi sujets de gouvernements qui ne reconnaissent pas officiellement la papauté.

Les relations diplomatiques entre le Saint-Siège et les puissances qui en ont avec lui d'officielles sont entretenues à Rome par les quatre ambassadeurs de France, d'Autriche-Hongrie, d'Espagne et de Portugal, et par des envoyés extraordinaires dont les principaux sont ceux de Prusse, de Belgique et de Bavière. A l'extérieur, le Vatican est représenté par des nonces à Paris, Vienne, Munich, Lisbonne, Bruxelles et Madrid, pour ne parler que des plus grandes capitales. On voit que l'envoi de représentants est réciproque, sauf dans le cas des États protestants qui sont en relations avec la papauté : ainsi la Prusse entretient à Rome un envoyé extraordinaire et ne possède pas de nonce à Berlin, tandis qu'au rebours le Saint-Siège a à la Haye un internonce, diplomate de seconde classe, alors que la Hollande n'est pas représentée à Rome. Les nonciatures sont des postes d'apprentissage pour les plus hauts emplois pontificaux. Léon XIII a été nonce à Bruxelles; le cardinal Franchi, son premier secrétaire d'État, l'était à Madrid, où lui a succédé le cardinal Nina venant de Belgique; c'est de Vienne que le cardinal Jacobini avait été appelé à la secrétairerie pontificale. Plusieurs des représentants actuels du Saint-Siège dans les capitales européennes sont des hommes destinés à un brillant avenir en dehors du corps diplomatique, tels le cardinal di Rende, qui occupe le poste le plus difficile, celui de Paris, et les frères Vanutelli, nonces à Vienne et à Lisbonne[1]. Il avait été question, pour la secrétairerie d'État, du nonce en Espagne, le cardinal Rampolla; mais des raisons de santé auraient fait renoncer à ce dessein. Il est un des plus jeunes membres du Sacré-Collège, quarante-trois ans seulement, et c'est à cette même nonciature de Madrid, sous le cardinal Simeoni, qu'il avait débuté dans la carrière diplomatique. On remarquera que tous les prélats employés dans les affaires du Vatican appartiennent, sans exception, à la nationalité italienne.

Pour le moment, le gouvernement pontifical et celui de l'Italie se regardent venir. Le Quirinal attend que le Vatican formule quelque proposition par laquelle Rome sera reconnue comme la capitale du royaume d'Italie et, de son côté, le Vatican demeure dans une attitude expectante, sans se faire d'ailleurs — du moins tout porte à le croire — la moindre illusion, ni se bercer d'aucune espérance relativement à une concession de territoire faite par l'Italie ou par quelque autre puissance.

Le clergé italien n'est pas dépourvu d'un esprit patriotique, qui s'est fait jour à l'occasion du récent désastre d'Abyssinie, par des éloges adressés du haut de la chaire aux soldats morts pour le pays. Les irréconciliables contestent, il est vrai, la sincérité de ces effusions, en prétendant que le Saint-Siège a tout intérêt à encourager des entreprises coloniales d'où résultera la création de missions apostoliques placées

1. Écrit avant les récents changements opérés dans le personnel des nonciatures.

sous le contrôle direct du Vatican. Mais ces insinuations ironiques ne prouvent rien contre l'existence d'un réel sentiment national dans la masse du clergé italien.

Jamais le pape ne met le pied hors de sa soi-disant prison. De temps à autre, quelque entrefilet d'un journal italien ou français nous apprend qu'on a reconnu, dans les rues de Rome, le Saint-Père faisant une promenade en voiture, déguisé, ou du moins dépouillé de ses insignes pontificaux. Il est possible que ces informations soient données de bonne foi, mais alors l'erreur a sans doute pour origine la ressemblance de Léon XIII avec son frère aîné, le cardinal Joseph Pecci. La captivité du pape est envisagée à Rome et en Italie d'un tout autre œil qu'à l'étranger. Au dehors, elle donne à la vie du souverain pontife un caractère mystérieux dont s'augmente son prestige. Ceux-là même qui sont le mieux renseignés sur l'intérieur du Vatican sont frappés malgré eux par la grandeur un peu théâtrale de cette imposante figure, dirigeant du fond de sa prison volontaire les affaires de ce qu'il est convenu d'appeler l'Église universelle — car les Occidentaux ne savent pas grand'chose de l'Église d'Orient — bien plus, exerçant une influence considérable sur la politique européenne. Toute différente est l'impression produite à Rome par le mystère dont s'entoure le pape. L'Italien n'est pas mystique. Pour le peuple, la religion est affaire d'habitude journalière et il ne s'embarrasse guère de polémiques sur des matières de foi ou des questions ecclésiastiques.

On a dit assez méchamment de la nation italienne qu'elle serait libre-penseuse par tempérament, si elle avait jamais su penser. L'épigramme renferme une certaine dose de vérité. Il est de fait que ce peuple est sensible plus qu'aucun autre à la pompe extérieure, à l'apparat des cérémonies, à la magnificence des processions et des cortèges. Pour lui, le pape invisible derrière les murs du Vatican n'est rien, tandis que le pape traversant les rues de Rome dans son carrosse de gala, escorté de ses brillants gardes-nobles, lui était une représentation vivante de tout ce qu'il a appris à admirer et à révérer. Sans doute, les conseillers du souverain pontife savent ce qu'ils ont à faire et cependant on ne saurait douter que, si le Saint-Père avait consenti à se montrer aux Romains, chacune de ses promenades à travers la ville aurait été pour lui une marche triomphale. Le roi et la reine eussent été les premiers à lui donner des marques de respect, et l'on ne saurait évaluer trop haut l'effet bienfaisant qui serait résulté de ce spectacle : les populaires souverains de l'Italie une et libre rendant un hommage public au vénéré successeur de saint Pierre. La majorité du Sacré Collège en a jugé autrement, et aujourd'hui le pape est inconnu aux jeunes générations italiennes.

Cependant, les cardinaux n'ont aucune foi en une restauration possible du pouvoir temporel, et, d'autre part, ils ne se soucient pas le moins du monde de quitter Rome, où les retiennent leurs intérêts d'argent et tous les avantages de la vie chère à ces vieillards très raffinés. Ils n'ignorent pas que, même en supposant l'impossible, c'est-à-dire une renonciation éventuelle du gouvernement italien à une partie des conquêtes faites par lui en 1870, le peuple romain resterait, avec lequel ils auraient à compter. L'occupation italienne a apporté dans la Ville Éternelle des changements considérables. Depuis son érection en capitale du royaume d'Italie, Rome s'est agrandie dans d'énormes proportions et, non seulement l'élément nouveau de la population y est fortement opposé à une restauration des institutions pontificales, sous quelque forme et à quelque degré que ce soit, mais encore les vieux Romains, s'ils ne sont pas animés pour le gouvernement royal d'un amour bien ardent, n'éprouvent qu'éloignement pour un retour à l'ancien ordre de choses.

On a fort discuté, ces temps derniers, l'interdiction faite par le Vatican à tous bons catholiques de prendre part aux affaires intérieures de l'Italie, soit comme candidats, soit comme électeurs. Il serait cependant possible au clergé d'exercer une grande influence sur les populations rurales aux jours du scrutin. D'un autre côté, il est vrai, le pape ne pourrait obtenir une Chambre catholique qu'au prix d'une franche renonciation au pouvoir temporel, sinon il n'aurait, pour donner leurs suffrages à ses candidats, que quelques exaltés traîtres à leur pays, prêts à y fomenter la guerre civile, et le nombre en est très faible. Ceux qui attribuent au Vatican le pouvoir de rendre le gouvernement constitutionnel impossible en Italie se méprennent étrangement sur la situation. Ce que le Vatican pourrait faire, ce serait d'user de son influence dans un sens conciliant et amical, pour fortifier à la fois sa position et celle du gouvernement italien, au grand avantage des intérêts conservateurs en Italie et dans le monde entier. En juillet 1880, l'attitude à prendre par le Saint-Siège au point de vue électoral a été l'objet de longs et vifs débats dans les conseils pontificaux. Quelques-uns des cardinaux étrangers étaient partisans d'un appui conditionnel accordé à la monarchie italienne; mais la majorité a fait adopter un avis contraire. La politique du Saint-Siège s'étant, depuis cette époque, accentuée dans le sens réactionnairè, ce qui avait été qualifié de simplement « inopportun » a été déclaré « condamnable », en sorte qu'aujourd'hui la prohibition est absolue.

Cependant le clergé italien compte de nombreux évêques extrêmement influents, et je crois l'Église en possession de faire de l'Italie moderne la citadelle de la foi catholique, si seulement elle consent à reconnaître, sans arrière-pensée, l'unité italienne et à faire preuve de sentiments sincèrement patriotiques dans les rares questions intérieures dont elle doit se mêler. Les cardinaux réactionnaires font usage d'armes modernes. Ils représentent au souverain pontife, avec raison sans doute, que l'Église doit être, non pas italienne, mais universelle. Mais alors, si l'Église ne doit pas être exclusivement italienne, la première chose à faire serait de remanier le Sacré Collège et de lui donner un caractère cosmopolite. Il est possible qu'un chapeau de cardinal pour l'Australie et un autre pour le Canada suffisent encore à ces deux pays, mais on ne saurait assurément prétendre que la population catholique des États-Unis n'ait pas droit à plus d'un représentant dans le Sacré Collège. A mon sens, là serait la sagesse: d'une part, rendre moins exclusif le gouvernement de l'Église et le remettre aux mains des plus dignes de ses serviteurs, sans parti pris de nationalité; d'autre part, faire de l'Italie, aussi dégagée de toute influence étrangère que peut l'être la Suisse elle-même, l'asile paisible et sûr de cette grande Église. C'est du Saint-Siège qu'il dépend de réaliser cette conception d'un État moderne où revivrait quelque chose de l'ancienne splendeur romaine. Les doctrines révolutionnaires de Mazzini et de Garibaldi n'ont que peu d'adeptes dans le royaume transalpin, mais le patriotisme y est ardent, le sentiment de l'unité italienne profond et une Église hostile à cette unité y est considérée par le peuple comme antipatriote. Le jour où ces vérités seront comprises — et cela viendra tôt ou tard — la véritable Église universelle trouvera en Italie la véritable indépendance, sans qu'il y soit besoin d'aucun pouvoir temporel.

Si l'on envisage le côté religieux de la question, il est bien évident, d'ailleurs, que ce *veto* mis sur les opérations électorales est préjudiciable aux intérêts catholiques, car il les met à la merci d'une minorité non catholique, ou nominalement catholique, mais qui ne reconnait pas l'autorité de l'Église. A ce point de vue aussi bien qu'au point de vue politique, l'attitude prise par le Vatican paraît donc manquer de sagesse.

Je le répète, parmi les plus réactionnaires des conseillers du pape, personne ne croit à une restauration du pouvoir temporel; l'obstination du Vatican n'a d'autre résultat que de tenir à l'écart de la vie publique l'élément conservateur, dans l'attente d'un événement que chacun sait parfaitement ne jamais devoir arriver. On a voulu expliquer cet interdit mis sur les élections, en disant que l'Église dissimule ainsi son impuissance à diriger les votes. Assurément elle serait impuissante à les diriger si elle prétendait le faire dans un sens hostile à l'unité italienne et ce serait folie à elle de l'essayer seulement; à cet égard, il est certain que l'opposition passive de l'Église produit plus d'effet qu'elle n'en pourrait attendre d'une opposition militante non couronnée de succès. Mais vraiment, le temps est venu pour elle d'en finir avec cette comédie et, restituant aux électeurs catholiques l'exercice de leur droit de suffrage, de renoncer à une attitude peut-être très noble, mais absolument contraire à ses véritables intérêts.

Le pape et les cardinaux politiques se plaisent moins aux rapports avec les masses qu'à ceux avec les souverains et les hommes d'État, pour lesquels ils possèdent d'ailleurs des aptitudes remarquables et, s'il était moins paralysé par l'attitude de la majorité réactionnaire du Sacré Collège, ce serait merveille que le degré d'influence auquel le Saint-Siège pourrait parvenir dans la société moderne. Pourtant il est des questions dont les plus avisés des hôtes du Vatican jugent avec une étroitesse et un parti pris dignes de ces prêtres à courte vue qui ne connaissent rien au delà de leur horizon borné : par exemple, celle de la franc-maçonnerie. Impossible de convaincre le souverain pontife et ses meilleurs conseillers que les loges maçonniques d'Angleterre n'entretiennent aucunes relations avec celles du continent et n'ont rien de commun avec les sociétés secrètes antireligieuses. En vain leur représente-t-on que les francs-maçons anglais sont simplement de bons convives étrangers à la politique, réunis, dans le but plus ou moins louable de faire la charité tout en festoyant, en une association à la tête de laquelle se trouve l'héritier présomptif de la couronne et dont le hasard veut précisément que presque tous les membres présents ou passés des cabinets conservateurs soient au nombre des principaux dignitaires. C'est inutilement qu'on leur demande si le simple fait d'user de mots de passe et de signes secrets constitue un crime de lèse-Église et si les *forestiers*, les *druides*, les *libres jardiniers*, les *buffles*, les *bisons*, les *odd fellows*, les *caledonian corks* et autres membres d'associations anglaises, aux dénominations aussi bizarres qu'intraduisibles, doivent également être tenus pour des ennemis de la religion. La seule réponse que l'on puisse tirer du Vatican est que les éminents personnages qui favorisent ces sociétés en ignorent le véritable caractère. Il pourrait sembler puéril d'introduire dans une étude politique sérieuse cette question de la franc-maçonnerie anglaise, s'il n'y avait là un exemple bien frappant des progrès qu'ont encore à réaliser, dans la connaissance de la société moderne, les esprits les plus ouverts du Vatican, pourtant si supérieurs en culture au reste du clergé. On considère néanmoins comme l'indice d'un élargissement des idées du Saint-Siège sur ce point, la protection qu'il vient d'accorder aux « chevaliers du travail » en Amérique. Mais n'est-il pas singulier de voir une institution aussi conservatrice que la papauté accorder sa bénédiction aux chevaliers du travail, tandis qu'elle persiste à condamner les francs-maçons anglais ?

Le souverain pontife actuel est non seulement un homme d'État bien instruit des affaires européennes, mais aussi un administrateur de premier ordre et doué d'une remarquable capacité de travail. Non content de rédiger lui-même une grande partie de ses dépêches, il surveille encore de très près l'énorme correspondance qu'entretient le Saint-Siège avec toutes les parties du monde et l'on croit parfois reconnaître son style dans l'organe officiel du Vatican. Tout ce qui paraît dans l'*Osservatore romano* est marqué au sceau apostolique. Sans avoir de caractère officiel, le *Moniteur de Rome* est souvent employé à lancer comme ballons d'essai des articles qui en rendent la lecture instructive. Il fut un temps où ce journal avait des attaches avec Monsignor Galimberti, aujourd'hui l'agent du Vatican pour toutes les missions délicates nécessitant du tact et de l'adresse. On lui attribue l'arbitrage entre les gouvernements allemand et espagnol dans l'affaire des Carolines. Quant à son récent voyage à

Berlin qui a donné lieu à de nombreux commentaires et provoqué une grande irritation dans certains milieux italiens, il n'avait pour objet que des questions de politique intérieure et les rapports de M. de Bismarck avec le centre parlementaire.

Il est probable que l'intervention du pape, en cette affaire, a été l'objet d'un marché : on avait promis d'apporter des modifications à certaines lois anticléricales. En tout cas, le Vatican pouvait justifier devant l'opinion les lettres du cardinal Jacobini par le désir de maintenir la paix européenne, que le sentiment public faisait dépendre du vote du septennat. Alors, il est vrai, la logique voudrait que les fidèles fussent engagés à soutenir par leurs suffrages la politique germanophile du gouvernement italien. De mauvais plaisants ont ainsi interprété le discours de M. Windhorst sur l'intervention pontificale : « Le pape est infaillible, c'est incontestable; mais quand il aura entendu ce que nous avons à dire, il ne s'en apercevra pas moins qu'il s'est trompé. » Le langage de la presse protestante bismarckienne est plus curieux encore : elle déclare que, dans cette circonstance, le chef du parti catholique allemand « a dépassé Martin Luther ». Il paraît que, cependant, M. Windhorst est demeuré dans les meilleurs termes avec le Vatican.

On remarquera que j'attribue pour unique mobile à cette intervention du pape le désir de faciliter le règlement d'affaires intérieures de l'empire allemand; mais je crois que la satisfaction d'être consulté par M. de Bismarck et de jouer un rôle en Europe n'y a pas été étrangère. On a voulu voir dans les lettres du cardinal Jacobini une allusion à certaines promesses faites, ou au moins demandées, relativement au pouvoir temporel. J'ai dit plus haut comment la fameuse phrase a été expliquée, et le fait que l'Italie a reçu de Berlin à ce sujet satisfaction pleine et immédiate prouve bien qu'il y avait eu là une simple maladresse. Le bruit a couru, néanmoins, d'une tentative que ferait l'Allemagne pour établir une entente entre le Quirinal et le Vatican, à laquelle on donnerait pour base la renonciation formelle du Saint-Siège à tout espoir de restauration du pouvoir temporel sous une forme quelconque, donnant ainsi une sanction définitive à ces paroles du roi Humbert : « La conquête de Rome est impérissable. »

Mais quelles concessions le royaume d'Italie pourrait-il, à la demande du prince de Bismarck, faire à la papauté au delà de celles contenues dans la loi des garanties de 1871 ? Cette loi déclare sacrée la personne du souverain pontife et assimile à des crimes de lèse-majesté tous attentats directs ou indirects venant à être commis contre lui, toutes offenses ou insultes dont il serait l'objet. Les honneurs souverains lui sont rendus et la préséance honorifique que lui ont toujours accordée les princes catholiques lui est conservée. Il est autorisé à entretenir une garde du corps ; on lui a octroyé une magnifique dotation et abandonné la propriété des palais apostoliques avec toutes leurs dépendances. On a garanti l'indépendance absolue des conclaves, en affranchissant la personne des cardinaux de toute autorité administrative ou judiciaire pendant les périodes de vacance du Saint-Siège. L'entrée des palais pontificaux et de tout édifice où se trouve réuni un conclave ou un concile œcuménique est interdite aux fonctionnaires royaux et officiers de police. Les ecclésiastiques, soit italiens, soit étrangers, domiciliés à Rome, qui, en raison de leur emploi, participent à un degré quelconque à l'exercice du ministère spirituel du Saint-Siège, sont soustraits au contrôle de l'autorité publique et à toute responsabilité vis-à-vis d'elle. Les envoyés du Saint-Siège à l'étranger et ses courriers de cabinet jouissent de toutes les prérogatives et immunités accordées à ceux du gouvernement italien et des autres États. Le service postal et télégraphique du Vatican est fait, dans l'enceinte du palais, par un personnel à la solde pontificale, sa correspondance est exempte de toute taxe et l'extra-territorialité est virtuellement accordée aux séminaires de Rome ainsi qu'à ceux des diocèses suburbains. Les restrictions que, l'on s'en souvient, les anciens gouvernements catholiques de l'Italie avaient apportées au droit de réunion du clergé sont abolies. Les papes sont exemptés du serment de fidélité. Assurément, l'on peut dire que ce statut assure à l'Église catholique en Italie plus de liberté et de pouvoir qu'en aucun autre pays, et que nulle part ailleurs elle ne trouverait ces avantages, difficiles à concilier, d'une constitution puissante avec un affranchissement complet de tout contrôle gouvernemental. Ce n'est pas que la loi de 1871 n'ait fait naître bien des difficultés légales. Des juristes badins ont soulevé, par exemple, la question de savoir si, au cas où Rome serait assiégée, l'autorité militaire aurait pouvoir pour expulser comme bouches inutiles le pape et les cardinaux. Mais enfin, je ne vois guère à quel traitement plus favorable le Saint-Siège pourrait prétendre. D'autre part, s'il ne consent pas à en venir à une entente, on a lieu de craindre qu'une agitation populaire ne finisse par se déclarer en faveur du rappel de la loi des garanties, de la suppression de cet article de la Constitution par lequel l'Église catholique est déclarée l'Église d'État de l'Italie, enfin de la sécularisation de tous les biens ecclésiastiques. La gauche a déjà quelque peu manifesté son inclination à ouvrir une campagne de mesquine persécution de l'Église, qui présenterait tous les inconvénients d'une guerre ouverte, sans en offrir les avantages.

D'aucuns ont pensé que les lettres du cardinal Jacobini et la mission Galimberti avaient moins affaire avec les intérêts domestiques de l'empire allemand, la dignité du Saint-Siège ou la question du pouvoir temporel, qu'avec un projet prêté au pape de prendre le rôle d'arbitre entre l'Allemagne et la France. Imagination pure, aussi bien que tous les détails de fantaisie donnés sur une prétendue neutralisation de l'Alsace. Jamais, en pareille affaire, il ne saurait être question de l'arbitrage pontifical. En langue diplomatique, le mot « arbitrage » implique la résolution chez l'arbitre de prendre les armes contre celle des deux parties qui refuse de se soumettre à sa décision ;

« médiation » ou « bons offices » seraient plutôt applicables dans l'espèce. Il importe peu, d'ailleurs, l'histoire étant absolument dénuée de fondement.

Le pape ne peut s'en prendre qu'à lui seul des interprétations erronées auxquelles a donné lieu la mission Galimberti et il ne saurait trouver d'excuses à l'ambiguïté de la fameuse phrase sur l'assistance éventuelle de l'Allemagne. Parler de la maladresse d'un jeune rédacteur inexpérimenté ne signifie rien, sinon qu'on reconnaît maintenant la phrase comme absurde. Cette allusion à une intervention étrangère a produit en Italie la même impression fâcheuse que jadis, dans l'Angleterre de la reine Élisabeth, l'appui prêté au Saint-Siège par l'Espagne, et le mal qu'elle a fait ne sera pas facile à réparer. Même en négligeant la question du pouvoir temporel, l'assistance qu'il serait au pouvoir de M. de Bismarck d'offrir à la papauté serait circonscrite dans des limites restreintes. De l'aveu même du chancelier, les lois de mai constituaient une arme contre l'Église ; « mais si, en temps de guerre, la mélinite est une denrée fort appréciable, il est superflu de s'en encombrer en temps de paix ». On peut donc rapporter ces lois de mai et rendre la situation de l'Église catholique en Allemagne aussi bonne qu'elle le serait en Italie, si le pape consentait à l'accepter franchement telle que la lui fait la loi des garanties. La situation personnelle du pape en Europe pourrait encore être améliorée par une grande déférence qui s'attacherait à ses actes et à ses paroles. Il y serait traité en roi, plus qu'en roi même. On aurait recours à sa médiation pour les affaires de peu d'importance ou dans les occasions où la médiation n'est qu'une formalité. Mais au delà de ces prérogatives honorifiques, le prince de Bismarck ne peut rien pour le pape et mon sentiment est que le pape en est parfaitement convaincu. Peut-être aussi, si Léon XIII nourrit l'arrière-pensée de faire sa paix avec le gouvernement italien en acceptant la loi des garanties, songerait-il, pour sauver sa dignité, à se servir du chancelier allemand comme intermédiaire auprès du Quirinal. Il peut également souhaiter de voir, en ce cas, la loi des garanties consolidée par une sanction officielle de l'Europe.

J'ai traité précédemment la question du protectorat français des missions catholiques en Orient. Si jamais la paix venait à se faire entre le Quirinal et le Vatican, il serait possible que l'Italie prît la succession de la France dans ce rôle et assumât, de concert avec le Saint-Siège, la charge de sauvegarder les intérêts catholiques dans le monde entier. En Chine tout au moins, le protectorat français est fort préjudiciable à ces intérêts. Pourquoi, demandent les Chinois, la France insiste-t-elle pour protéger bon gré mal gré les chrétiens du Céleste Empire? Opprimer en France et protéger en Chine, plus près même, au Maroc, est une contradiction flagrante. La devise de Gambetta : « le cléricalisme, c'est l'ennemi », lui avait été inspirée par ce même Paul Bert qui, athée militant dans la mère patrie, protégeait le clergé dans l'extrême Orient. Ce qu'il y aurait de mieux sans doute serait que les chrétiens d'Orient ne fussent pas confiés à la garde d'une seule puissance, mais que, chacune d'elles protégeant les intérêts temporels de ses nationaux, leurs intérêts spirituels fussent aux mains des chefs de leurs religions respectives, c'est-à-dire, en ce qui concerne les catholiques, aux mains du pape. Mais il ne serait pas impossible que le royaume d'Italie devînt un jour le bras séculier de l'Église. Il est certain que les rapports entre le Saint-Siège et la France sont plus tendus aujourd'hui qu'ils ne l'étaient en novembre 1885, époque où l'encyclique, qui déclarait l'Église dégagée de toute préférence pour une forme particulière de gouvernement, a été considérée comme une marque d'adhésion aux institutions républicaines. En 1886, la question chinoise est venue tout gâter. On n'a pas oublié les menaces de M. de Freycinet, et l'intervention du pape en faveur de M. de Bismarck a encore contribué à envenimer la situation, quoique pourtant la France fût loin de souhaiter le rejet de la loi militaire allemande.

Il n'est pas une seule nation, à l'heure actuelle, qui soit sans sujets de souci et d'inquiétude pour l'avenir. La Grande-Bretagne a l'insuffisance de son organisation militaire en présence des lourdes responsabilités qui pèsent sur elle; la Russie est rongée par le nihilisme et par la corruption, l'Autriche est menacée par le socialisme et les antagonismes de races; l'Allemagne a à lutter contre le désavantage de sa situation géographique entre deux puissances militaires de premier ordre et la France souffre du gaspillage de ses finances, ainsi que de sa pénurie d'hommes d'État. Tout comme le reste de l'Europe, le royaume d'Italie se trouve aux prises avec certaines difficultés, dont les plus sérieuses naissent peut-être de l'état arriéré dans lequel végètent encore ses provinces méridionales en général et en particulier la Sicile. Cependant, je crois cette puissance exposée, en somme, à moins de périls qu'aucune autre. Plus que toute autre — la Russie exceptée, qui a pour elle l'avantage d'une étendue territoriale lui permettant, comme les États-Unis, de donner de la terre à tous ses habitants — elle améliore chaque jour sa situation d'une façon notable et avec une extrême rapidité. Des résultats remarquables ont été récemment obtenus en Italie en matière d'instruction publique et sous le rapport industriel, aussi bien qu'en ce qui concerne la suppression du brigandage et, quoiqu'il y reste sans doute fort à faire, on ne se rend pas assez compte des immenses progrès qui y ont été accomplis pendant ces seize dernières années.

VI

GRANDE-BRETAGNE

Au cours des cinq premières de ces études sur la situation respective des grandes puissances continentales, j'ai eu occasion de montrer que, nonobstant le développement formidable de leurs armements, l'Allemagne et la France ne semblent pas devoir jamais chercher à troubler la paix européenne. La première de ces puissances est retenue par la crainte de voir la Russie s'unir à la France, le jour où éclaterait un conflit franco-allemand; la seconde est influencée par les sentiments absolument pacifiques de la masse du corps électoral, sur lesquels ne doivent pas faire prendre le change les déclarations chauvines d'un groupe de journalistes et d'hommes politiques. Tant à cause des difficultés intérieures auxquelles elle est en proie, que de l'incertitude dans laquelle elle se trouve au sujet d'une alliance efficace contre la Russie, l'Autriche-Hongrie est intéressée au maintien de la paix. Malgré la force de leur armée et surtout de leur marine, les Italiens seront les derniers à provoquer une guerre. Reste la Russie qui est, je l'ai dit, le facteur inconnu de la situation de l'Europe et, malheureusement pour l'Angleterre, c'est avec la Russie qu'elle aura à compter un jour.

Dans les pages qui précèdent, il a souvent été parlé incidemment de la situation du Royaume-Uni. On y a vu que les temps belliqueux sont passés pour l'Angleterre et qu'il faudrait des mobiles bien puissants pour lui faire tirer l'épée, car, d'une part, elle n'ignore pas l'insuffisance de son organisation militaire et, d'autre part, l'opinion y est absolument pacifique. Nous avons admis que l'immensité de ses ressources, ainsi que le courage et l'énergie de son peuple, pourraient lui donner, dans une lutte de longue durée, une force de résistance supérieure à celle d'aucune autre nation européenne. Mais, d'un autre côté, avec le système actuel de mobilisation rapide, c'est des premières opérations que dépend l'issue d'une guerre, et la Grande-Bretagne étant incapable de mettre en ligne à bref délai des forces considérables, nous avons dit que, dans les premiers mois d'un conflit continental, son intervention serait absolument inefficace ; d'où nous avons induit que l'Autriche trouverait infiniment moins d'avantage à une alliance avec l'Angleterre qu'avec la Roumanie, dont les cent cinquante mille hommes d'excellentes troupes seraient, dès le début de la campagne, prêts à être portés sur le point où leur présence serait le plus nécessaire, Quant aux tendances profondément pacifiques généralement répandues dans la nation anglaise, il faut remarquer qu'elles prennent en grande partie leur source dans ce qui ferait précisément, au cours d'une longue guerre, cette force redoutable dont nous parlions tout à l'heure : sa grande richesse et la concentration sur les affaires commerciales de toutes ses énergies. Cet éloignement pour la guerre, qui résulte aussi bien de la conscience de la force nationale à l'état latent, que de celle d'une évidente infériorité militaire, a fort contribué au maintien de la paix européenne en ces dernières années. Le peuple britannique, en effet, y a puisé la modération dont il a fait preuve, non seulement devant les provocations irritantes de la presse continentale, qu'il est facile de dédaigner, mais encore en présence des traitements infligés à Madagascar à des sujets anglais et de l'occupation des Nouvelles-Hébrides.

En ce qui concerne nos relations avec les grandes puissances continentales, on a vu que, malgré quelques petits différends sur certaines questions coloniales, il n'y a jamais eu de sérieux sujets de froissement entre l'Allemagne et l'Angleterre. M. de Bismarck n'approuve pas notre politique sentimentale au regard des sujets chrétiens de la Porte ; mais pour tout ce qui est relatif à la question plus pratique du maintien de nos communications avec l'Inde et de notre occupation de l'Égypte, il nous donne généralement son appui. On sait comment nos rapports avec la France ont subi quelque tension du fait de l'hostilité témoignée à l'Angleterre par certains organes de la presse française, mais le bon sens qui gouverne la majorité des deux pays nous préservera, il faut l'espérer, des graves conséquences que pourrait entraîner ce refroidissement. Le plus important des sujets de conflit entre la France et l'Angleterre est la question d'Égypte; or nous avons des raisons de croire que jamais les Français ne partiront en guerre à ce propos. Nous l'avons dit, ce sont eux qui, en se tenant volontairement à l'écart des affaires égyptiennes, ont fait leur situation sur le Nil ce qu'elle est aujourd'hui et, si l'Angleterre a été amenée à en assumer exclusivement la charge, elle a toujours agi avec une extrême modération, uniquement préoccupée d'assurer la liberté du transit par l'Égypte, ce qui est le premier de ses intérêts dans ce pays. Enfin, nous avons reconnu l'exagération de l'importance attribuée à notre occupation de l'Égypte, alors qu'en cas de guerre avec la France notre flotte serait trop occupée ailleurs pour empêcher que le canal de Suez soit fermé à nos troupes, à notre marine marchande, peut-être même au trafic britannique sous toutes les formes.

Relativement aux rapports entre l'Angleterre et la Russie, j'ai exposé les raisons qui me portent à croire improbable pour le moment, quoique sans doute inévitable quelque jour, une lutte entre l'éléphant et la baleine : la principale en est que les Russes ont pour la différer de sérieux motifs dans la condition actuelle de leurs voies ferrées asiatiques. Nous avons vu comment s'est effondré tout l'édifice de la politique britannique échafaudé en 1878 et que l'Angleterre doit désormais prendre son parti de se désintéresser de Constantinople. La vieille tradition qui faisait de l'intégrité de l'empire ottoman une question vitale pour les intérêts du Royaume-Uni a été battue en brèche par lord Randolph Churchill et autres hommes politiques influents, mais on sait combien il existe entre la Russie et l'Angleterre d'autres sujets de conflit. Nous avons signalé, notamment, la violation par le gouvernement du tsar de ses engagements solennels relatifs à Batoum et l'exaspération du sentiment antirusse provoquée dans l'opinion anglaise par la mauvaise foi qu'a déployée la Russie à propos des affaires de l'Asie centrale, ainsi que par les lenteurs apportées à la délimitation de la frontière de l'Afghanistan. On se rappelle aussi que j'ai montré l'immensité des ressources dont dispose l'empire russe et établi que, malgré ce qui se dit de l'état de ses finances, il est de tous les Etats européens, hormis le Royaume-Uni, le plus apte à soutenir un effort prolongé, mais cependant incapable à mon sens de menacer sérieusement l'Angleterre dans son empire indien avant quelques années.

Dans le chapitre qui traite de l'Autriche-Hongrie, j'ai eu occasion de faire remarquer que le penchant de cette puissance pour l'alliance anglaise continuera à être subordonné aux considérations pratiques des avantages immédiats qu'elle en pourrait retirer dans l'éventualité d'une guerre avec la Russie. Quoique je ne partage pas l'opinion de ceux qui croient l'Autriche capable, sans le concours de l'Allemagne ou de l'Italie, de tenir tête à la grande puissance du Nord, j'ai pourtant signalé l'intérêt qu'aurait l'Angleterre à s'assurer des alliés pour cette lutte que tout lui fait présager avoir tôt ou tard à soutenir contre la Russie. Mais l'Autriche n'envisage pas sans effroi la perspective d'une guerre avec les Russes, fût-ce même avec l'aide de l'Italie et de l'Angleterre, dont elle sait l'incapacité à lui porter rapidement secours dans les provinces galiciennes, théâtre des premières opérations. Quant à l'Italie, nous avons noté la constance de ses rapports amicaux avec la Grande-Bretagne, en dehors de toutes les autres combinaisons dans lesquelles elle a pu entrer.

Parmi les questions secondaires qui ont été abordées dans le cours de ces études, la plus importante peut-être, au point de vue anglais, est celle de la neutralité belge, sur laquelle je vais avoir à revenir. J'ai insisté sur l'impuissance actuelle de la Belgique à empêcher une violation de son territoire; sur la tentation permanente qui s'offre à l'état-major allemand de pénétrer en France par ce côté; sur l'impossibilité pour l'Angleterre, en eût-elle le désir, de s'opposer par la force à une invasion de la Belgique; enfin sur le fait que, selon toute probabilité, les autres puissances se refuseraient à coopérer à la défense du royaume belge. Ces lignes, je le sais, ne seront d'une lecture agréable ni pour les Belges, ni pour les Anglais; mais la vérité est toujours amère. Lorsque j'ai entrepris ce travail, je ne me suis pas fait d'illusion sur le mécontentement général qu'il était appelé à provoquer en Europe et je n'ignore point que ce chapitre sera aussi peu favorablement accueilli dans le Royaume-Uni, que l'ont été respectivement dans les pays intéressés ceux concernant la France, la Russie et l'empire d'Autriche.

Si en effet, dans les pages qui précèdent, il se trouve de quoi déplaire aux nations continentales, j'ai grand'-

peur qu'elles ne renferment également, et celles qui vont suivre plus encore, des assertions de nature à donner peu de satisfaction à mes compatriotes. Ainsi, il est pénible aux Anglais de toucher du doigt la force réelle des Russes, avec qui une guerre peut éclater au premier jour. Ne vaut-il pourtant pas mieux regarder la situation en face que de se payer de chimères? On a trop pour habitude, en Angleterre, de ne jamais concentrer son attention que sur un seul côté à la fois des affaires publiques et, à un moment où la question irlandaise occupe tous les esprits, on néglige volontiers celle des rapports internationaux, ainsi que celle des relations de la mère-patrie avec ses dépendances d'outre-mer. Et pourtant, si grave que soit et que doive être longtemps encore la situation de l'Irlande, le plus grand de ses inconvénients est d'ajouter une difficulté de plus à celles avec lesquelles le Royaume-Uni est aux prises dans toutes les parties du monde. Mais, tandis que l'opinion se préoccupe uniquement du problème irlandais et des incidents de nature à amener des changements de ministère, les questions extérieures sont abandonnées sans contrôle à la direction du Foreign-Office. Grâce à la rare compétence des hommes qui président à ce département, peut-être n'est-il pas encore résulté grand mal de l'indifférence qui prévaut en ces matières; est-il sage cependant pour le pays de se désintéresser de questions aussi absolument vitales? Cela n'empêche pas d'ailleurs que, si quelque fâcheux incident vient à se produire au dehors, ces indifférents de la veille n'y attachent tout à coup une importance exagérée et ne mettent en cause, souvent sans aucun fondement, tout le personnel diplomatique. Très attentive à la direction donnée aux affaires intérieures, l'opinion, en ce qui concerne les questions étrangères, passe ainsi brusquement d'une période d'ignorante quiétude à un état de surexcitation prompte à dégénérer en violent mécontentement, voire en panique parfaitement injustifiée. Il faut le reconnaître, la politique étrangère de la Grande-Bretagne manque de cette stabilité qui caractérise celle de l'autocratie russe, de la monarchie constitutionnelle italienne ou de la république des États-Unis. Non seulement elle est subordonnée aux vues personnelles des hommes qui sont au pouvoir, mais encore elle subit de temps à autre les oscillations les plus extraordinaires, tout en demeurant aux mains du même parti.

Dans ces temps que j'ai dit être absolument gouvernés par la force, l'Angleterre est, de toutes les puissances, la moins préparée pour la guerre. On a accoutumé de dire que cette infériorité évidente est compensée par les avantages de sa position insulaire. J'ai déjà eu occasion de signaler le danger qu'il y aurait pour nous à abuser de cet argument économique, et comment la nécessité de protéger notre énorme trafic maritime, ainsi que notre empire asiatique, nous défend de prendre exemple à cet égard sur la république américaine. Les exagérations des plus violents parmi nos écrivains et politiciens antirusses ont fait le plus grand mal à la cause du bon sens et de la vérité. Je me suis efforcé dans ce travail, particulièrement dans le chapitre consacré à la Russie, de faire la part du vrai et du faux, et, sans m'abandonner à des tendances pessimistes, je veux essayer de montrer avec exactitude dans quelle mesure le grand empire du Nord menace la sécurité du Royaume-Uni.

Il me semble évident, pour quiconque aura pris la peine de me lire avec attention jusqu'ici, que l'Angleterre ne saurait, sans s'exposer aux plus graves périls dans l'avenir, adopter une politique de désarmement et d'effacement dans le concert européen. La nécessité qui s'impose à nous de défendre l'Inde contre une agression éventuelle ne nous dispense pas de veiller à ce qui se passe sur le continent, dussions-nous même renoncer, comme objet immédiat de notre politique, à sauvegarder la neutralité belge et à empêcher les Russes de prendre position dans la Méditerranée. C'est avec regret cependant que je limiterais à la défense de ses intérêts en Asie la politique d'observation armée qui doit être celle de l'Angleterre vis-à-vis des puissances continentales. Il n'est pas douteux que nos colonies ne soient en état de se défendre elles-mêmes, et nos forces navales suffisent assurément à protéger notre trafic maritime, sans qu'il soit nécessaire de recourir à une augmentation du budget de la guerre. Mais je ne saurais prétendre de bonne foi que nos défenses militaires actuelles soient de nature à nous garantir contre tout danger d'invasion. Il ne faut pas méconnaître que l'Angleterre jouit de peu de sympathie sur le continent et que, le jour où elle serait attaquée isolément, pas un bras ne se lèverait pour la défendre.

D'autres considérations encore, d'un ordre moins égoïste, doivent s'opposer à l'abdication de notre rôle dans le concert européen.

S'il était possible, dans un pays aussi démocratique que l'est devenue aujourd'hui l'Angleterre, de conserver le secret sur les affaires extérieures, en même temps que de leur imposer une marche ferme et assurée dans une direction invariable, le mieux serait sans doute de ne toucher à ces questions que le jour où l'on s'y verrait contraint par la force des choses. Mais il n'en est malheureusement pas ainsi. Tandis que l'opinion publique néglige de se mettre assez sérieusement au courant des questions extérieures pour pouvoir, le moment venu, se ranger en connaissance de cause au parti le plus sage, elle encourage la légèreté avec laquelle certains hommes d'État se prononcent d'une façon hâtive et irréfléchie sur des questions qui leur sont imparfaitement connues, « s'emballant » de temps en temps à leur suite dans les directions les plus contraires. En 1878, le pays semblait aussi pénétré de cette nécessité de soustraire à tout prix Constantinople aux convoitises russes, qu'en 1870 il avait été partisan de la défense de la Belgique contre une annexion par l'Allemagne ou par la France. Or, en 1887, la Belgique comme Constantinople sont ouvertement abandonnés par les mêmes hommes qui, peu d'années auparavant, soutenaient une politique diamétralement opposée.

La récente discussion qui a eu lieu au parlement britannique sur les affaires étrangères aura, j'en ai peur, des conséquences nuisibles aux intérêts de la paix générale, ou tout au moins à ceux de l'Angleterre, car elle ne peut que pousser la Russie dans une voie agressive. La responsabilité est grande de ceux qui soulèvent de pareils débats. Les comptes rendus parlementaires sont télégraphiés à la presse continentale dans une forme tronquée, souvent inexacte et, quelque scrupuleuse que soit l'attention apportée à cette lecture par les hommes d'État étrangers, ils ne font pas assez la part des erreurs de transmission et de traduction, ainsi que des exagérations de l'esprit de parti. Du temps de Castlereagh, c'était par des lettres secrètes qu'étaient entretenues les relations extérieures, et les dépêches publiques étaient rédigées dans le seul but de jeter de la poudre aux yeux du parlement. Aujourd'hui au contraire, on envisage volontiers le langage tenu à Westminster comme l'expression réelle de la politique étrangère britannique, prenant beaucoup moins au sérieux les dépêches et les notes de nos ambassadeurs. Certaines questions ne devraient jamais être l'objet de discussions parlementaires, car il ne saurait résulter que du mal de cette publicité provoquée dans le seul but de créer des embarras au cabinet. A côté de celles-là, il en est au contraire qu'on néglige et sur lesquelles il serait opportun de faire la lumière, telle par exemple celle des menaces faites par l'Angleterre au sujet de Haïti.

Tout gouvernement — tout gouvernement britannique, au moins, à cause de la complexité des intérêts qu'il représente — étant forcément exposé, s'il ne veut se désintéresser de la politique internationale, à essuyer de temps à autre quelque rebuffade, il est, je pense, conforme aux lois de la nature humaine que les oppositions fassent ressortir de leur mieux l'affront reçu par leur pays. De ce que le régime parlementaire nous a habitués à cette singulière conduite des oppositions — ou plutôt de certains opposants, car les partis n'approuvent pas toujours l'attitude en ces circonstances de quelques individualités agressives — il n'en faudrait pourtant pas conclure qu'il est salutaire au pays de se parer de ces petites humiliations inévitables. En somme, elles sont un indice de faiblesse, d'une faiblesse dont chacun a sa part de responsabilité, puisque la source en est dans l'insuffisance de la nation à faire face aux charges qu'elle a assumées. Est-il sage et patriotique de la révéler à l'étranger? Mais enfin, puisqu'on doit renoncer à obtenir le secret sur certaines affaires, du moins faudrait-il retirer de cette publicité à l'ordre du jour les avantages qu'elle peut offrir, c'est-à-dire une connaissance assez approfondie des faits, assez répandue dans la masse des électeurs, pour les mettre en état de remplir leur tâche en connaissance de cause. Il est permis d'espérer qu'un jour viendra où régneront en Angleterre cette intelligence générale des questions extérieures et cette entente unanime sur la ligne à suivre en ces matières, qui prévalent même dans les assemblées démocratiques et passablement violentes du royaume d'Italie et de la république américaine. Chacun peut contribuer pour sa part à amener ce résultat, en se gardant d'approuver chez ses amis l'attitude qu'il blâme chez ses adversaires et de se faire de la politique extérieure une arme à deux tranchants, aussi dangereuse pour les mains qui la manient que pour celui contre qui elle est dirigée.

Au moment d'aborder en contradiction avec l'optimisme officiel la question de notre insuffisance militaire, il me faut tout d'abord déclarer que ce n'est pas par le défaut d'argent que nous péchons. L'empire britannique, au contraire, a un budget de la guerre plus considérable que celui d'aucune autre puissance, et non pas seulement d'une façon absolue, mais aussi relativement à ses charges. Lorsque je considère l'écart entre l'énorme dépense faite et le mince résultat obtenu, je suis tenté de demander à ceux qui consacrent au problème irlandais autant de temps et d'efforts, s'ils ne feraient pas sagement d'employer un peu de leur énergie à l'étude d'une question non moins pressante et, à mon sens, encore plus grave. Je n'ignore pas la réponse qui m'attend. L'Angleterre est une île, ses communications avec l'Inde se font par la voie maritime : une force navale supérieure à toute autre suffit pour assurer sa défense et celle de ses colonies. Mais, dans l'étude consacrée à la Russie, j'ai montré qu'au moins en ce qui concerne nos rapports avec cette puissance, le secours de notre marine serait tout à fait insuffisant. En signalant la possibilité pour une escadre anglaise de saigner à blanc la Russie dans les parages du Pacifique, jusqu'au jour inévitable où sera terminée la construction des chemins de fer transsibériens, j'ai fait la plus large part possible à l'efficacité de notre action maritime. Quant à ce qui est de l'Inde — et personne n'osera prétendre que de ce côté le danger n'est pas assez redoutable pour valoir d'être pris en considération sérieuse — c'est par une puissance continentale qu'elle sera attaquée et par une puissance continentale qu'elle devra être défendue. Je sais de quel optimisme font preuve, sur cette question, la plupart des écrivains qui l'exposent au public. Il est, je crois, impossible d'aller plus loin dans ce sens que ne l'a fait M. Howard Vincent, dans la courte brochure intitulée *le Tour de l'empire britannique en dix minutes*, exploit qui dépasse celui du héros de M. Jules Verne. Il y fixe à 2,250,000 hommes le chiffre approximatif des forces militaires défensives de l'empire, en omettant, à la vérité, de nous dire combien de temps serait nécessaire pour mettre en ligne aux approches de Londres le dixième seulement de cet effectif, pourvu d'un contingent normal d'artillerie de campagne, et prêt à engager les opérations contre une armée continentale, même inférieure en nombre, pour la défense du cœur de l'empire britannique.

Je ne voudrais pas que mes lecteurs pussent m'accuser d'un pessimisme de parti pris, mais mon désir est de montrer autant que possible les choses sous leur vrai jour. Si nous consultons sur notre situation militaire actuelle l'opinion compétente de l'étranger, à quels résultats aboutissons-nous ? Nous voyons la France entretenir dans ses établissements des Indes occidentales des garnisons plus considérables que celles de l'Angleterre dans ses possessions des mêmes mers, et fortifier sérieusement ses principales positions coloniales, Fort-de-France à la Martinique, Dakar au Sénégal, tandis que nous parlons beaucoup de couvrir par des défenses nos stations de ravitaillement et dépôts de charbon, mais sans avoir encore fait grand'chose jusqu'à présent. Aussi, en cas de guerre avec les Français ou les Russes, la marine britannique aurait-elle fort à faire de garder certains de ces postes, tels que ceux de l'île du Jeudi ou du port du Roi-Georges, ainsi que nos colonies de la couronne[1]. Et puis, ces stations fussent-elles fortifiées, est-ce qu'il ne leur faudrait pas des garnisons? Et la défense de la neutralité belge, à laquelle l'Angleterre se trouve tenue, n'est-elle pas en réalité incapable d'y faire face? Et notre « lutte inévitable » avec les Russes sur la frontière de l'Inde, ne dit-on point « qu'il est impossible d'en prédire le résultat? » N'est-il pas démontré que, si l'armée anglaise est assez forte en infanterie pour constituer huit corps d'armée, le défaut de cavalerie et d'artillerie ne permettrait pas d'en employer plus de deux ou trois en dehors du territoire de la Grande-Bretagne? Au reste, le ministre de la guerre actuel, M. Stanhope, a déclaré « avorté » le projet militaire de 1875 comportant huit corps d'armée, et cependant c'est lui qui prend l'initiative de la réduction de l'arme la plus difficile à organiser, je veux dire l'artillerie à cheval.

1. C'est-à-dire celles des colonies britanniques qui ne jouissent pas d'une autonomie parlementaire.

Les plus autorisés des écrivains militaires continentaux nous disent encore que toute grande guerre dans laquelle se trouvera engagée la Grande-Bretagne aboutira fatalement à une invasion de son territoire que sa flotte sera impuissante à prévenir. Ils estiment qu'elle est difficilement attaquable par les comtés du nord, l'Irlande et l'Écosse, mais que rien au contraire ne serait plus aisé qu'un débarquement par surprise sur la côte méridionale, suivi d'une marche rapide sur Londres, avant que nous ayons pu concentrer aux approches de Croydon les forces nécessaires pour couvrir la capitale. Pendant ce temps-là notre marine, immobilisée pour la défense de la Jamaïque et autres positions d'un intérêt de premier ordre pour nous, mais facilement accessibles, serait hors d'état de protéger les îles de la Manche, incapables de se défendre elles-mêmes. On représente les anciennes fortifications de Plymouth comme insuffisantes, les nouvelles comme encore incomplètes et, par suite, ce port comme exposé à un bombardement facile. Quant aux projets présentés par Sir Ed. Hamley en vue de la défense de Londres, on a dit plaisamment que, pour en assurer l'efficacité, il faudrait, après le débarquement, prier l'ennemi de vouloir bien suspendre sa marche en avant jusqu'à ce que les volontaires métropolitains aient mené à bonne fin la construction de leurs ouvrages en terre; de même leurs pièces de position pourraient être de quelque utilité si l'ennemi avait la bonté de n'attaquer que de front et non autrement. Bref, l'exposé de notre situation au point de vue technique est loin de justifier le système d'économies préconisé par les trois derniers chanceliers de l'Échiquier relativement au département de la guerre dont, cependant, l'on ne peut pas dire qu'il nous en donne pour notre argent.

D'autre part, nous devons reconnaître qu'il n'est rien de nature à alarmer l'Angleterre dans l'opinion professée par les écrivains spéciaux du continent au sujet de la possibilité d'une attaque de Londres par la Tamise. Il serait facile de renforcer par des torpilles et des défenses sous-marines les forts de Tilbury, et la proximité de l'arsenal de Woolwich permettrait de pourvoir avec une promptitude suffisante à la fourniture du matériel nécessaire en temps de guerre, moyennant toutefois qu'on n'en ait pas fait l'économie pendant la paix. Mais le vrai danger de la situation actuelle est que l'Angleterre n'est sur aucun point absolument invulnérable et que l'impressionnabilité de sa capitale ne lui permettrait pas de se défendre sans le secours de la flotte. Si la Tamise était sûre, si la milice était convenablement organisée et suffisamment pourvue de pièces de campagne pour pouvoir opposer une résistance sérieuse aux forces envahissantes, les escadres britanniques seraient disponibles et libres de se concentrer sur les points où leur présence serait jugée le plus profitable aux intérêts généraux de l'empire ; mais il n'en est point ainsi. Dans l'état actuel des choses, le mot d'ordre de la presse serait qu'il ne faut point laisser Londres sans défense, et nos grands bâtiments se verraient immobilisés sur le littoral, paradant de Douvres à Harwich, et montant pour ainsi dire la garde à l'embouchure du fleuve. Et alors, voilà les colonies de la couronne, ainsi que le trafic maritime de l'Angleterre, à la merci de la marine ennemie. Pour parer à ce péril, en même temps que nous ménager, dans l'intérêt de la défense nationale, la faculté de prendre l'offensive à un moment opportun, il serait essentiel que nos ports fussent en bon état de défense et la capitale mise à l'abri d'un coup de force. Il est aussi bien applicable à l'Angleterre qu'à l'Australie auquel il s'adressait, ce propos d'un marin illustre : « Employer les flottes à protéger les ports, alors que les ports sont créés pour protéger les flottes, c'est intervertir les rôles et empêcher les uns comme les autres de remplir leurs véritables devoirs. »

Non pas cependant que, selon toute vraisemblance, l'Angleterre soit jamais exposée à ce que les hommes de mer appellent une attaque cuirassée. Certes, l'état de nos fortifications surannées, mal pourvues pour la plupart des pièces de fort calibre nécessaires pour entamer les blindages des nouveaux bâtiments, et pour lutter contre les canons à tir rapide sans être aussitôt démontées, ne serait pas de nature à nous faire envisager d'un œil serein semblable perspective, même en tenant les nouveaux engins à la mélinite comme n'étant pas entrés dans le domaine des choses pratiques. Mais, pour ma part, je ne crois pas que le prochain conflit doive se réduire à une lutte entre la puissance des substances explosives et la force de résistance des matériaux. Avant le mois d'août 1870, il avait été fait autant de bruit des merveilles accomplies par les mitrailleuses, qu'il est aujourd'hui question des prodigieux effets de ces nouveaux projectiles; et pourtant, quoique les mitrailleuses continssent en germe le principe des pièces à tir rapide actuelles, on n'a guère eu à s'en louer dans la première guerre où il en ait été fait usage. Mais la vérité est que l'Angleterre n'est pas prête à repousser même une rapide attaque par des bâtiments légers. Déplorons tant que nous voudrons les perfectionnements actuellement apportés à la puissance destructive des engins de guerre, gémissons sur l'insuffisance de nos fortifications vieillies, considérons avec chagrin l'accroissement de force militaire de nos voisins et la promptitude de leur mobilisation ; mais, même en laissant de côté les considérations relatives à la politique étrangère dont je parlerai dans un moment, concluons-en que le simple souci de la sécurité de notre territoire nous interdit toute réduction, peut-être même nous fait une loi de l'augmentation de notre budget militaire.

Au surplus, le fait même de cette position insulaire dont s'autorisent certains hommes politiques pour laisser la Grande-Bretagne dans un état d'infériorité militaire si marquée, me semble au contraire, à moi, lui créer l'obligation de maintenir sur un pied constant de préparation une armée qui rachèterait par là son insuffisance numérique. Précisément parce que l'Angleterre n'est exposée qu'à une invasion rapide par des forces peu considérables, cette invasion pourrait se produire dans un délai infiniment plus court que celui nécessité par une mobilisation continentale.

Rien ne serait plus facile à la France, par exemple, que de concentrer secrètement les troupes suffisantes pour tenter un coup de force sur Londres qui nous frapperait avec une rapidité foudroyante. Plus que toute autre, l'armée anglaise devrait donc être toujours prête, et ce n'est pas le moyen d'obtenir ce résultat que de se prêter à toutes les réductions de matériel qui peuvent passer par la tête d'un chancelier de l'Échiquier. En réalité, le mauvais vouloir avec lequel la nation britannique supporte les dépenses militaires tient beaucoup à ce qu'elle s'imagine, non sans raison, ne pas en avoir pour son argent. Il n'en sera pas de même le jour où ces dépenses seront judicieusement réparties, dussent les impôts subir une augmentation qui peut être calculée de façon à peser sur ceux qui sont le mieux en état d'en supporter la charge : ce serait comme une assurance mutuelle au payement de laquelle contribueraient pour une plus large part ceux qui ont le plus à assurer. Il n'est besoin que de mentionner les chapitres du budget de la guerre sur lesquels il y aurait lieu de faire porter l'accroissement des dépenses ; fortification des stations de ravitaillement sur les bases du projet autrefois élaboré par le cabinet Gladstone et qui, quoique fortement restreint depuis, n'a jamais été mis sérieusement en voie d'exécution ; augmentation et perfectionnement du matériel de l'artillerie de forteresse destinée à la défense de ces stations, de la Tamise, des ports marchands et des ports militaires — Plymouth et Portsmouth — enfin de toutes les places fortifiées en général; adoption du système des coupoles cuirassées et des moteurs hydrauliques pour la manœuvre des pièces pivotantes; enfin améliorations apportées à l'armement et à l'équipement du corps de volontaires, autant de réformes qui s'imposent de l'avis unanime des autorités compétentes.

Quelques-uns cependant de nos chefs militaires semblent s'être résignés à l'inévitable et ralliés de bonne grâce à la politique qui restreint à la défense de l'Angleterre et de l'Inde le rôle de l'armée britannique. Dans un discours prononcé le 23 avril au club de la Presse, lord Wolseley déclare que ces derniers mois ont été marqués par des progrès considérables dans la réorganisation militaire à laquelle l'état-major s'emploie activement depuis longues années. Mais, en arrivant au fait, il paraît que ces progrès considérables se réduisent à l'organisation de deux corps d'armée et d'une division de cavalerie, d'où est éliminé un « élément théâtral », mot par lequel l'éminent officier général entend l'artillerie à cheval, dont, contrairement à l'opinion presque unanime de l'armée, il approuve la réduction. Ces forces sont exclusivement destinées à un rôle défensif, car, déclare-t-il, « aucun esprit sain ne saurait prétendre que la défense du territoire soit possible à une armée active inférieure à ce nombre, même avec la coopération des troupes auxiliaires ». Il continue en disant que « le pays est ouvert à l'invasion et qu'il faut y entretenir une force défensive suffisante pour que les sujets de la reine puissent dormir tranquilles dans leur lit ». Chose singulière assurément, qu'en dépensant pour notre armée des crédits annuels supérieurs à ceux de tous les autres budgets militaires d'Europe — trente-huit millions de livres sterling environ — nous obtenions pour tout résultat soixante-dix mille hommes dans l'Inde et deux corps d'armée en Angleterre, plus une vingtaine de mille hommes à Malte, à Gibraltar et sur d'autres points du globe, c'est-à-dire pas même la valeur de cinq corps d'armée en tout. Et il ne faut pas oublier que la plupart des corps indigènes de l'Inde ne sauraient être employés avec sécurité contre un ennemi européen, au moins tant que les régiments ne comporteront pas plus de quatre ou cinq officiers anglais et que, comme le fait s'est produit un jour en Afghanistan, ils pourront se trouver conduits au feu par un officier subalterne tout nouvellement débarqué d'Angleterre. Moins de cinq corps d'armée pour près de quarante millions sterling! — car une faible part seulement de cette somme est attribuée à l'entretien des volontaires et de la milice, troupes qui, sans le secours d'artillerie légère, ne présentent guère plus de solidité que les plus médiocres des corps indigènes de l'Inde. Si je ne me trompe pas sur la valeur des mots, la déclaration de lord Wolseley est donc le premier aveu public, émanant d'une haute autorité militaire, de la réduction à deux corps d'armée, uniquement destinés à la défense du territoire, des huit corps naguère décrétés par l'ambitieux projet de 1875. Voilà la triste conclusion à laquelle est arrivé le général en qui, il y a peu de temps encore, la jeune Angleterre mettait ses espérances.

Dans deux excellents articles consacrés à démontrer l'insuffisance de préparation de l'armée britannique, qu'ont publiés dernièrement la *Contemporary Review* et la *National Review*, il a été établi que l'Angleterre peut mettre sur pied en Europe une force à peu près égale à celle de la Serbie et de la Bulgarie réunies, de beaucoup inférieure en nombre à celle de la Roumanie et nullement supérieure à celle-ci en qualité. Cela nous coûte nominalement plus de dix-huit millions sterling par an — dont cependant il convient de déduire une certaine somme affectée à l'entretien des pièces de marine. Avec les vingt millions sterling en moyenne que nous dépensons annuellement dans l'Inde, nous pouvons y mettre en ligne une force équivalente, en négligeant, bien entendu, les troupes indigènes qui ne sauraient être utilisées contre les Russes. Les auteurs de ces articles — dirai-je l'auteur, car tout porte à croire qu'ils ne sont qu'une seule et même personne? — nous disent encore que, malgré la forte proportion de troupes permanentes que nous possédons sur le papier, comparativement aux troupes de réserve, « la mobilisation d'un seul corps de l'armée britannique demanderait presque autant de mois qu'il faut de jours aux Allemands pour en mobiliser dix-neuf. » Au surplus, ces deux corps d'armée de lord Wolseley, les mieux informés des amis du général n'y croiront guère que lorsqu'ils les auront vus de leurs yeux tous deux à la fois en état de mobilisation : avec l'absence actuelle d'organisation, il est si facile de déshabiller Pierre, du premier corps, pour habiller

Paul, du second. A prendre même la situation militaire pour ce qu'elle nous est donnée officiellement, il paraît oiseux de la part de lord Salisbury d'édifier de vastes projets en vue d'une garantie britannique des finances égyptiennes. Comment cela serait-il possible, en effet, quand les mesures prises par le département de la guerre mettent l'Angleterre hors d'état de se maintenir en Égypte dans l'éventualité d'un conflit continental et, de l'aveu même du gouvernement, de faire face à aucune autre charge qu'à la défense du territoire de l'empire en Europe et en Asie?

Il est assez difficile d'établir une comparaison exacte entre les budgets militaires respectifs des grandes puissances. L'entretien de l'armée allemande coûte environ dix-huit millions sterling et demi, c'est-à-dire à peu près autant que celui de l'armée anglaise et un peu moins que celui des troupes de l'Inde, en somme moins de la moitié de la dépense totale faite par les deux départements de la guerre de l'empire britannique, sans tenir compte des charges supportées par l'Australie et le Canada pour la défense de leur territoire. On s'imagine volontiers que la Russie affecte une somme équivalente à l'entretien sur le pied de paix de son effectif de 890,000 hommes : c'est une erreur fondée sur une évaluation inexacte du rouble, qui est fortement déprécié aujourd'hui. J'ai dit, dans l'étude consacrée à cette puissance, que le chiffre de son budget militaire dépasse un peu celui des budgets réunis de l'Allemagne et de l'Autriche, total qui représente environ trente millions sterling et demi pour un effectif de paix de 750,000 hommes. Naturellement, si notre budget militaire seul est déjà supérieur à celui de toute autre puissance, en y ajoutant celui de la marine, on arrive à un chiffre formidable pour l'ensemble des forces de terre et de mer. Abstraction faite des budgets coloniaux de défense locale et en négligeant le crédit extraordinaire de onze millions sterling affecté, il y a quelques années, à la construction de bâtiments cuirassés et à l'augmentation du matériel d'artillerie, ce total n'est pas moindre de cinquante-deux millions sterling en moyenne. Il y a un écart considérable entre cette énorme somme et le chiffre des budgets militaires et maritimes de la Russie et de la France. Avec cela pourtant, nous ne sommes pas à la hauteur des progrès réalisés par la France et par l'Allemagne au point de vue de l'armement et, bien qu'il soit question, dans le budget de cette année, de l'adoption graduelle du fusil à répétition, aucune mesure ne paraît devoir être prise pour en armer nos troupes. En somme, nous n'avons aucune sûreté pour les promesses qui nous sont faites. De l'aveu du ministre de la guerre actuel, ce fameux projet militaire de 1875, dont il a été fait tant de bruit sous les gouvernements conservateurs antérieurs à celui-ci, « n'était qu'une amplification de rhétorique et n'a jamais eu d'existence que sur le papier. » En serait-il de même de la nouvelle organisation de deux corps d'armée, au bénéfice de laquelle il a fallu sacrifier une partie de l'artillerie à cheval?

J'ai dit que la réduction de cet « élément théâtral », comme l'appelle lord Wolseley, n'a guère trouvé dans l'armée d'autre défenseur que lui. L'auteur des articles que j'ai cités plus haut montre toutes les puissances européennes préoccupées de la gravité de la situation militaire, hormis la Grande-Bretagne. Peut-être est-il suspect d'une légère exagération, quand il prétend « les intérêts britanniques en Asie menacés d'un côté par la Russie et de l'autre par la France ». Tant que nous restons maîtres des mers, en effet, la présence des Français dans l'extrême Orient ne saurait être pour nous un péril. Mais quant à la Russie, jamais on ne dira assez combien elle nous est redoutable. Notre auteur établit la nécessité absolue pour l'Angleterre, si elle veut se défendre avec succès en Europe et dans l'Inde, de se tenir prête à prendre l'offensive, le cas échéant. Attribuant cette tâche aux deux corps d'armée que lord Wolseley semble vouloir affecter à la seule défense du territoire, il démontre que ces deux corps absorbent exactement toute l'artillerie disponible. Sans être grand tacticien, on comprend aisément que les risques d'invasion auxquels est exposée l'Angleterre rendent indispensable à sa sécurité une ample réserve toujours prête de cavalerie et d'artillerie, de cadres d'officiers, de bouches à feu, de munitions et d'approvisionnements de toutes sortes, pour constituer une armée défensive avec la quantité considérable d'infanterie que fournissent la milice et les corps de volontaires. Ce ne sont point là des éléments qui se puissent improviser comme les cadres de sous-officiers, dont l'importance est assurément capitale, mais qui, avec les progrès de l'instruction populaire, se recrutent sans peine aujourd'hui. Quoi qu'en disent quelques officiers, cette remarquable alliance des aptitudes militaires, du courage personnel et du sentiment de discipline qui caractérise la race anglo-saxonne, rend possible l'organisation rapide d'une nombreuse et excellente infanterie formée avec les corps de volontaires.

Mais l'infanterie ne suffit pas et il est aussi peu sage d'économiser aujourd'hui sur les services de l'artillerie et de la cavalerie, qu'il y a quelques années sur ceux des approvisionnements et des transports. Nous diminuons notre artillerie au moment où l'Italie double la sienne et où elle accroît considérablement les armes de la cavalerie et du génie, ainsi que le cadre des officiers de réserve. Non pas sans doute que cette réduction de notre artillerie à cheval, résultat de l'accès d'économie dont le gouvernement a été atteint sous l'influence de lord Randolph Churchill, ait en soi une importance considérable; mais c'est comme indice d'une funeste tendance qu'il convient de l'envisager. Le ministre de la guerre nous assure bien, il est vrai, que des canons vont être donnés aux volontaires; mais ce ne seront pas des pièces de campagne et les volontaires sont infiniment plus aptes au service de l'infanterie qu'à celui de l'artillerie, pour lequel ils ne pourront jamais valoir des hommes plus complètement instruits. Il est indubitable qu'une masse considérable de volontaires, non soutenue par de l'artillerie de campagne, serait comme un troupeau à la merci de forces françaises ou allemandes très inférieures en nombre. La vérité est — autant qu'un modeste civil peut comprendre les chiffres présentés par M. Stanhope — que le gouvernement a transformé en sections de munitions quatorze de nos trop peu nombreuses batteries de campagne, ce qui prive l'armée de quatre-vingt-quatre bouches à feu. Il est puéril de parler comme d'une compensation, des canons qui vont être donnés aux volontaires et qui, au dire des hommes compétents que j'ai consultés, seront à peu près aussi mobiles qu'un camion chargé,

La situation maritime de la Grande-Bretagne ne donne pas autant de prise à la critique que sa situation militaire. Libre à d'ingénieux officiers allemands d'écrire *La grande guerre maritime de 1888* et de dépeindre la destruction de la flotte anglaise par les torpilleurs français ; cela n'empêche pas que, depuis ces trois dernières années, de sérieux progrès n'aient été réalisés dans la condition de notre marine. N'eût-on pas pu faire davantage pour le même prix ? il est permis de le croire. C'est un mystère pour mon incompétence en matière de constructions navales que la façon dont s'y prend l'Italie pour entretenir une si belle flotte de guerre, avec un budget maritime de cinq à six fois inférieur à celui de la Grande-Bretagne. La marine britannique n'en est pas moins, d'un consentement unanime, cotée comme la première du monde et, relativement aux résultats obtenus par la France, le nombre de bâtiments à la mer et sur chantiers semble être dans une juste proportion avec les sommes dépensées. La découverte que l'on a faite de l'inefficacité des torpilles automatiques est fort avantageuse pour nous. M. Gabriel Charmes a bien enseigné à ses compatriotes le moyen de ruiner notre trafic maritime; mais, depuis qu'a paru son excellent ouvrage, de sages mesures ont été prises en Angleterre en vue de parer au danger qu'il a eu l'obligeance de nous faire toucher du doigt. A tout prendre, c'est moins dans des défectuosités de notre service naval que dans l'insuffisance de notre organisation militaire qu'il faut chercher des sources de faiblesse pour notre marine, à laquelle on impose des charges étrangères à sa véritable mission. Au commandant en chef d'une flotte incombe le devoir de disputer les mers aux escadres ennemies et de bloquer celles-ci dans leurs ports, mais c'est aux forces de terre qu'il appartient de défendre les ports et les stations de ravitaillement. Or c'est justement là ce qui jusqu'à présent ne s'est pas encore fait en Angleterre.

Quand je déclare satisfaisante la situation de la flotte britannique, ce n'est d'ailleurs que par comparaison avec celle de l'armée. Il n'en faudrait pas conclure que, de ce côté, on doive se croire à l'abri de toute inquiétude. Tant que la France ne sera pas engagée dans une guerre et qu'elle continuera à dépenser pour l'amélioration de sa marine les sommes considérables affectées par elle à ce service depuis ces dernières années, sa puissance navale ne sera pas assez inférieure à la nôtre pour ne pas nous causer de souci. Un grand *alea* réside dans les résultats pratiques que donneraient en cas de guerre maritime les inventions nouvelles. Nos stations de ravitaillement et nos ports commerciaux fussent-ils même convenablement fortifiés, la marine britannique n'est assurément pas trop forte pour les nombreuses et lourdes responsabilités qui pèsent sur elle. Il serait aussi oiseux à l'Angleterre de prétendre avec le seul secours de sa flotte, sans l'alliance de l'Italie, conserver contre les Français la suprématie absolue dans la Méditerranée et dans la mer Rouge, que de vouloir employer son armée actuelle à la défense de la Belgique ou de l'empire ottoman. Non-seulement elle doit donc, au point de vue militaire, se résigner à l'inaction dans les affaires européennes, mais encore, si elle ne se préoccupe d'augmenter ses forces navales, il lui faut considérer désormais la route du Cap comme la seule voie sûre de communication avec l'Inde sur laquelle elle puisse compter, au cas d'une guerre avec la France dans laquelle l'Italie demeurerait neutre. Défendre toutes ses colonies et protéger son énorme trafic maritime, couvrir sa capitale contre une invasion éventuelle, et en même temps se maintenir un passage par la Méditerranée et la mer Rouge, entre les feux de Toulon et d'Alger, de la Corse et de Bizerte, c'est plus qu'elle ne peut raisonnablement demander à sa flotte. Nous serions sans doute assez forts pour bloquer dans la Méditerranée l'escadre cuirassée française, mais en fermant le détroit de Gibraltar plutôt qu'en entreprenant un blocus de Toulon. Je ne saurais assez m'émerveiller de voir nos *jingos*, ou chauvins britanniques, réclamer à cor et à cri la possession de l'Égypte, et ne pas se rendre compte de notre incapacité actuelle à nous y maintenir en temps de guerre et à assurer nos communications par le canal de Suez.

Il est clair qu'en présence d'une coalition franco-russe, notre marine se trouverait moins forte encore. On ne sait pas assez en Angleterre combien la Russie est puissante dans le Pacifique, où, de toute nécessité, nous aurons à la combattre un jour, même si nous devons nous borner à la défense de nos possessions. Et cependant, de même que la réduction de notre artillerie à cheval semble indiquer que nous renonçons définitivement à une intervention éventuelle en faveur de la neutralité belge, on est en droit de conclure de l'abandon de Port-Hamilton que nous avons perdu tout espoir de jamais tenir tête dans ces parages à la Russie. Au 1er août de cette année 1887, la station navale russe du nord du Pacifique comprendra, croisant entre Vladivostock et Yokohama, trois nouveaux bâtiments blindés, *le Vladimir Monomakh* et *le Dmitri Donskoï*, de 6,000 tonneaux; *le Duc d'Édimbourg*, de 4,600 tonneaux; un bâtiment blindé plus ancien, *le Vitiaz*, de 3,000 tonneaux; quatre croiseurs à marche rapide, *le Naïezdnick, le Razboïnick, le Djighite* et *l'Opritchnick*; enfin, quatre canonnières, dont deux entièrement neuves. Tandis qu'ils mènent grand bruit autour de leurs escadres européennes, les Russes s'en occupent en réalité fort peu et concentrent petit à petit leurs forces navales dans le nord du Pacifique.

Je viens de faire allusion à la neutralité belge. Lorsqu'au mois de janvier le premier article de cette série a été publié simultanément par la *Fortnightly Review* et la *Nouvelle Revue*, j'étais dans une grande perplexité au sujet des réponses qui seraient faites à la question posée par moi relativement à la Belgique. Je ne savais pas quelles pouvaient être à cet égard les intentions de l'Angleterre, mais je croyais devoir appeler son intention sur ce point si important. Il s'en est suivi d'interminables polémiques, aujourd'hui passées à l'état d'histoire ancienne. Le principal organe des conservateurs anglais, le *Standard*, a déclaré par la plume de *Diplomaticus*, « non seulement insensée, mais impossible » cette intervention en Belgique qui, jusqu'à cette année, avait toujours été un article de foi pour les deux partis. Après *Diplomaticus* disant que l'Angleterre devra, le cas échéant, accorder un « droit de passage temporaire » par la Belgique, la *National Review* suggère la possibilité d'un arrangement consacrant cette suspension momentanée de la neutralité belge dans un cas de guerre et dans tel intérêt militaire donné, les anciennes conventions reprenant toute leur force une fois la lutte terminée. Il est superflu de discuter sérieusement les chances que pourrait avoir cette neutralité d'être « religieusement respectée » dans l'avenir, après un tel précédent. Mon sentiment sur cette question demeure ce qu'il était quand je l'ai traitée en janvier et février de cette année : le jour où la neutralité belge aura été violée, c'en sera fait de l'indépendance de la Belgique et, que l'avantage après une lutte longue et incertaine, appartienne à la France ou à l'Allemagne, ce sera le royaume belge qui payera les pots cassés. La construction de places fortes sur la Meuse, à Namur et à Liége, les projets de service militaire personnel et d'augmentation du budget de la guerre présentés en Belgique ont donné lieu, ces temps derniers, dans ce pays et ailleurs, à de longues discussions dont le résultat a été une énorme accumulation sur mon bureau de livres et de papiers que j'ai bien vite relégués dans un tiroir, car la question, qui valait d'être examinée il y a six mois, me semble maintenant résolue en ce qui concerne la Grande-Bretagne.

Fort sagement, les Belges commencent à s'occuper de prendre des mesures défensives, car ils voient clairement qu'ils ne doivent plus compter sur le secours de l'Angleterre. Nous ne pouvons pas les sauver, mais avec de la volonté et du courage, ils ont encore des chances de se sauver eux-mêmes. Ce que les Suisses peuvent faire pour sauvegarder leur neutralité et leur indépendance, pourquoi les Belges n'en seraient-ils pas capables? Entre leurs mains, le salut de leur pays est plus sûr qu'il ne l'eût été entre les nôtres, à ce qu'il semble ressortir des récentes polémiques engagées sur cette question. Le *Morning-Post* a dit à ce sujet: « Il est peu probable que nous laissions impunément et sans protestation violer des traités. On représente que de stériles protestations sont choses passablement oiseuses. Il serait cependant plus digne de notre part de protester contre une violation du territoire belge, que de regarder complaisamment les armées allemandes ou françaises traverser la Belgique, en nous payant de cette assurance qu'à la fin des hostilités l'intégrité du royaume demeurerait entière. » Le *Standard* serait d'avis que l'Angleterre accordât un droit de passage par la Belgique; le *Morning-Post* voudrait qu'elle protestât contre cette violation de territoire : je doute que les Belges, les plus intéressés après tout dans la question, y voient grande différence.

Quand j'ai demandé, dans mon premier article, si, le cas échéant, l'Angleterre prendrait les armes en faveur de la neutralité belge, conformément aux engagements pris, ou bien si son intention était de se prévaloir de quelque ingénieux prétexte pour jeter aux vents les traités, la réponse faite a été unanime et il ne saurait plus subsister le moindre doute à cet égard. D'un autre côté, il est manifeste que la Belgique montre quelque velléité, assez tiède pourtant, de sauvegarder sa neutralité, dont dépend son indépendance. Elle commence à comprendre que, pour se défendre, il lui faut pouvoir frapper de grands coups. Malheureusement nous sommes cause qu'elle s'est pendant longtemps fourvoyée. La plus compétente des autorités européennes en matière de stratégie dit, à propos du système actuel de défense de la Belgique, que tout a été sacrifié au désir d'assurer un point de débarquement à une armée de secours fournie par une grande puissance maritime, l'Angleterre, en qui la neutralité et l'indépendance belges ont le plus ferme des soutiens. Écrites en 1884, alors que le pouvoir appartenait aux libéraux, ces lignes ne le seraient plus aujourd'hui, quand la Grande-Bretagne est gouvernée par le parti qui a toujours passé pour le plus enclin aux interventions dans les affaires européennes. Il est évident que les traités sont mortels. Après tout, celui qui en 1839 a réglé la situation de la Belgique est plus ancien que celui du 21 novembre 1855, relatif à la Suède. Or, la France et l'Angleterre considéreraient à l'heure qu'il est comme extravagante l'idée de défendre contre la Russie l'intégrité du territoire suédois : il en est apparemment de même aujourd'hui pour la Grande-Bretagne au regard de la neutralité belge.

Au surplus, peut-être notre abandon de leur cause aura-t-il pour avantage de provoquer chez les Belges, livrés à eux-mêmes, un réveil d'énergie dont on commence à constater quelques symptômes? Eclairés sur la gravité de la situation — ils en conviennent eux-mêmes — par les polémiques soulevées au mois de janvier dernier, ils sont sortis de leur torpeur pour mobiliser une batterie d'artillerie et, satisfaits du résultat de cette mesure, ils parlent aujourd'hui de l'étendre à l'armée entière. Cette mobilisation de l'artillerie belge me rappelle la nôtre. Si, il y a quelques années, nous avions envoyé deux corps d'armée à Anvers ou à Constantinople, la quantité de bouches à feu laissées en Angleterre pour la défense du territoire se serait réduite à peu de chose : aujourd'hui — le fait est officiellement démontré — il n'y resterait pas une seule pièce de campagne pour soutenir l'infanterie territoriale. De même, en Belgique, quand on a voulu mettre une batterie d'artillerie sur le pied de guerre, il a fallu en désorganiser trois autres afin de se procurer le matériel et les chevaux nécessaires. Telle a été la légitime fierté causée aux Belges par ce résultat si brillant, que la fameuse batterie a manœuvré, avec grand apparat, sous les fenêtres du ministère de la guerre, où se pressaient les membres du gouvernement et un grand nombre d'officiers appelés à constater de leurs yeux cette merveille. Cependant, à l'occasion de cet événement, longuement commenté par la presse du royaume, on a été amené à découvrir que, si peu considérable qu'elle soit, la petite armée belge aurait, en cas de guerre, à se procurer du jour au lendemain 8,000 chevaux et un grand nombre d'officiers, pour l'entretien desquels il n'est pris aucune disposition préalable. De plus, la preuve a été faite, il y a dix-huit mois, que ses effectifs du pied de guerre sont purement fictifs. En fût-il même autrement, le système de défense de la Belgique est tel, qu'au dire des hommes spéciaux les plus autorisés, le royaume entier serait abandonné à l'ennemi, qui pourrait l'occuper et le mettre à contribution sans rencontrer aucune résistance. Et d'ailleurs, en présence de la rapidité de mobilisation des armées voisines, il serait à craindre que la concentration des forces belges ne fût empêchée et qu'elles n'eussent pas seulement le temps de se jeter dans leur réduit, c'est-à-dire dans Anvers.

Au mois de janvier dernier, la question belge avait excité l'intérêt public à ce point, que le roi Léopold lui-même n'a pas dédaigné de prendre part à la discussion : c'est de son inspiration qu'est émané un article paru dans la *Revue de Belgique*, sous le titre « La défense de la Belgique au point de vue national et européen », et signé par un directeur du ministère des affaires étrangères. S'il faut en croire les informations données par la *Meuse*, le roi aurait aussi adressé au président du conseil et au ministre de la guerre de si sérieuses représentations, que le parti conservateur clérical actuellement au pouvoir se dispose à recourir aux mesures jadis combattues par lui quand les libéraux en avaient pris l'initiative. Il est vrai que, par un effet de bascule habituel aux partis, ce sont les libéraux, à l'heure qu'il est, qui font de l'opposition à la défense de la Meuse, autrefois préconisée par eux. Ils s'en défendent, à vrai dire : mais les hommes politiques connaissent des distinctions subtiles ignorées des simples mortels. Au surplus, la Belgique n'a pas besoin d'adopter les institutions militaires de la Prusse; le système suisse lui suffit. Inutile pour elle de caserner ses hommes; ils peuvent demeurer dans leurs foyers. Ce qu'il lui faut — et elle travaille à s'en munir — c'est de bonnes places fortes sur la Meuse, ainsi qu'une organisation militaire lui permettant de mobiliser très rapidement les forces requises pour les garnisons de ces places, au service desquelles peut pourvoir une infanterie même imparfaitement exercée. Ni l'Allemagne ni la France ne se soucieront de violer la neutralité au prix d'un grand sacrifice de vies humaines. Dussent les spécialistes en art militaire sourire de cette introduction dans leurs calculs pratiques d'un élément sentimental, je crois que la crainte de s'aliéner par là les sympathies de l'Europe ne laisserait pas, le cas échéant, que de peser dans la balance.

Si toute idée d'une intervention de l'Angleterre en Belgique est maintenant abandonnée, que dire de son action éventuelle dans les affaires ottomanes? Chose singulière que la répudiation de ces deux principes traditionnels de la politique britannique coïncide précisément avec la présence aux affaires de lord Salisbury. L'année dernière, la presse continentale considérait le revirement relatif à la Turquie comme un résultat de l'alliance de lord Randolph Churchill avec les libéraux; ce peu de temps a suffi pour le faire admettre par l'opinion comme nouvelle base de la politique nationale. Peut-être lord Salisbury et les plus anciens chefs du parti conservateur se refusent-ils encore à reconnaître ce fait; il n'en est pas moins manifeste et j'ajouterai que je me borne à le constater ici, sans chercher à défendre cette nouvelle tendance de l'esprit public.

A-t-on d'ailleurs jamais eu sérieusement le dessein d'observer la convention anglo-turque? Il est permis d'en douter. L'engagement souscrit envers nous par la Russie avant le traité de Berlin est peut-être encore en vigueur, mais à coup sûr, il n'a pas une grande portée. Jamais la convention anglo-turque n'a reçu du sultan la ratification pure et simple pour laquelle insistait lord Salisbury. On a de fortes raisons de croire qu'il faut la ranger au nombre de ces coups de théâtre imaginés alors par le gouvernement, en vue d'obtenir la majorité dans le Parlement, à quoi il a réussi, et l'approbation du pays, qui ne lui a pas été accordée. Sir Samuel Baker l'a écrit à cette époque : « Nous avons assumé l'écrasante responsabilité du protectorat de l'Asie Mineure sous des conditions qui, nous devons le savoir, ne seront jamais remplies. » Pendant la prorogation parlementaire qui a suivi la conclusion du traité de Berlin, lord Salisbury s'est risqué à dire, dans un discours prononcé à Manchester, que les clauses en seraient absolument mises à exécution et que nous pouvions espérer voir non seulement la Grèce et les autres petits États satisfaits des arrangements pris, mais encore l'empire ottoman fortifié, réorganisé et consolidé pour un long avenir. Dans son fameux discours du 18 juillet 1878, lord Salisbury nous avait déclaré que la suprématie militaire du sultan dans la Roumélie orientale lui était conservée et que « l'occupation par des troupes britanniques de l'île de Chypre, où était accumulée une quantité considérable de matériel de guerre, serait une garantie pour le maintien de l'indépendance de l'Asie Mineure. » Or, il a été révélé à cette époque que tout le matériel de guerre dont on avait pu constater l'existence à Chypre consistait dans le « Palais-Chaumière » et un grand nombre de bassinoires qui y avaient été envoyées par suite d'une méprise ; quant à la garnison anglaise, elle se composait de trois cents hommes perchés sur le sommet d'une haute colline. Ce que savait bien alors tout militaire, c'est-à-dire l'impossibilité où nous serions de défendre l'Asie Mineure contre les Russes, sans nous résoudre à de sérieux sacrifices auxquels nous ne paraissons nullement préparés, il n'est plus dans le public personne qui l'ignore aujourd'hui.

Mais si l'incapacité qu'elle a montrée jusqu'à présent dans ses tentatives de réorganisation militaire rend la Grande-Bretagne impuissante, quand même elle le voudrait, à conserver aux Turcs l'Asie Mineure, il est une tâche plus pressante et à peine moins difficile qui s'impose à nous de toute nécessité : je veux parler de la défense de l'Inde. Ce que j'ai dit à ce sujet dans mon étude sur la Russie n'a rencontré que peu de contradiction. Néanmoins, dans un article publié en avril par le *Blackwood's Magazine*, le colonel Malleson a combattu avec infiniment de talent ma manière de voir trop optimiste, dit-il, quant aux difficultés qu'éprouveraient les Russes à mettre en ligne un corps considérable de cavaliers turcomans, et à se procurer le train nécessaire pour la marche sur Kandahar d'une colonne de 100,000 hommes. Mais si je faisais connaître à mon honorable contradicteur d'où je tiens mes informations sur cette question des convois, la plus importante peut-être de celles que j'ai été amené à toucher à propos de la Russie, il serait le premier, j'en suis sûr, à se déclarer convaincu. A un autre point de vue, je ne pense pas qu'il ait tort en disant que j'aurais pu m'attacher davantage au danger que présente pour nous une marche en avant des Russes par la Perse. Il a sans doute de bonnes raisons pour croire la Russie manifestement intéressée à l'absorption des provinces du nord de la Perse — seule de toutes les puissances européennes, elle peut s'incorporer des populations orientales — comme préliminaire à une tentative sur l'Inde, et il est positif que cette idée a fait son chemin dans le parti national russe. D'autre part, le colonel Malleson reconnaîtra sans doute qu'il s'exagère notre pouvoir de frapper sérieusement la Russie par le Caucase et je ne doute pas qu'il ne soit d'accord avec moi sur la nécessité, si nous devons défendre l'Inde par une contre-attaque, de porter dans le Pacifique cette opération offensive.

Si je prends souvent à partie les hommes constituant ce que j'appelle l'école *jingo* de 1878, ce n'est pas que je doute de leur patriotisme, bien au contraire, mais de leur sagesse. A mon sentiment, le langage emphatique tenu à cette époque fait peu d'honneur à notre intelligence et l'occupation de Chypre a été une bévue inspirée par le désir de dissimuler au pays sa lamentable faiblesse militaire et de détourner son attention des véritables remèdes à y apporter. Quoique j'approuve l'évacuation de Kandahar, ainsi que la tentative faite pour assurer l'homogénéité de l'Afghanistan et nous concilier son amitié, il me déplaît de me mettre en contradiction avec les adversaires de cette politique, car je sens bien qu'au fond nous sommes d'accord sur les points essentiels. Comme eux, en effet, je pense que l'Angleterre se paie de chimères et que, malgré l'énormité de ses dépenses, elle n'est pas en mesure de se défendre contre une agression sérieuse. Ne devrions-nous pas renoncer à des discussions dont tirent avantage les soi-disant partisans des économies et marcher au contraire, la main dans la main, vers le but que nous poursuivons également?

L'espace me fait défaut ici pour insister davantage sur l'intérêt qu'a l'Angleterre à maintenir sa domination dans l'Inde et dont je me bornerai à dire qu'il a pour corollaire celui de l'Inde à appartenir à l'Angleterre; car abandonner ce pays serait vouer à des guerres sans fin près d'un quart du genre humain. Cependant aucun esprit raisonnable ne peut nier que l'extension d'influence de la Russie dans l'Asie centrale ne soit, en somme, un bienfait pour la civilisation. Si l'autocratie russe est incapable de donner des institutions libérales aux Polonais ou aux Bulgares, elle est assurément infiniment supérieure à tous les gouvernements qui se sont succédé à Merv et à Samarkand. Mais aujourd'hui les Russes ont atteint la frontière de l'Afghanistan et, si l'on considère l'ardent amour pour leur indépendance nationale toujours manifesté par les Afghans, au milieu même de leurs divisions intestines, peu de gens seront d'avis, je pense, qu'il faille permettre aux Russes, à l'encontre des vœux unanimes de la population, de s'installer dans le pays. Ceux-ci ont dernièrement choisi des armoiries pour leur empire de l'Asie centrale: champ d'azur à l'aigle impériale russe or, entre un soleil levant et une lune couchante. Le sens allégorique en est clair et ils s'efforcent de le faire saisir aux Afghans : c'est la Russie que personnifie le soleil levant, et la lune qui se couche, c'est l'Angleterre. Cependant, malgré ses dissensions intérieures, le peuple afghan est encore uni contre l'étranger et aussi peu désireux de voir à Kaboul les Russes que les Anglais. Aussi, lorsque j'entends dire en Angleterre qu'il faudrait aboutir à une rencontre pacifique sur le Helmund des avant-postes anglais et russes, je me demande si ce ne sont pas là des illusions volontaires inspirées par un sentiment qui n'a rien d'héroïque.

Autant que l'on peut être humainement certain de quelque chose, on doit s'attendre à une guerre avec la Russie dans un avenir plus ou moins éloigné et, plus cette puissance sera près de notre frontière indienne, plus il nous sera difficile de la combattre. J'avais pourtant essayé, dans le chapitre sur la Russie, de me persuader qu'il n'y a pas encore lieu à désespérer de notre situation et que nous sommes pour bien des années à venir en état, non seulement de nous maintenir sur les frontières de l'Inde, mais même, avec un emploi judicieux de nos forces, de porter au besoin la guerre dans le camp ennemi par un mouvement offensif sur les possessions russes du Pacifique. Je m'efforçais par là de rester dans un juste milieu et c'est pourquoi, en même temps que les *jingos* m'attaquent d'un côté, de l'autre on me qualifie de *jingo* déguisé. Cependant je veux encore faire un appel au parti dit « des économies », en l'adjurant de peser les considérations que j'ai mises en avant et de rechercher sincèrement si notre situation militaire ne présente pas de sérieux sujets d'inquiétude.

Cette assertion optimiste émise dans mon étude consacrée à la Russie, je la fondais sur la possibilité où je croyais l'Angleterre d'envoyer au moment du besoin des renforts dans l'Inde, sans compromettre la sécurité de la mère-patrie, et aussi d'organiser une expédition sur Vladivostock. Depuis lors, les paroles de lord Wolseley ont fait naître le doute dans mon esprit. On se figure volontiers que l'armée indigène de l'Inde, constituant en réalité un grand corps de police militaire, est en état de figurer sur le champ de bataille à côté des troupes européennes. C'est là une illusion dangereuse. Les militaires compétents qui connaissent le soldat russe — et moi-même je l'ai souvent vu de près — pensent comme moi qu'il n'en est peut-être pas de meilleur au monde. D'autres, il est vrai, prétendent que la qualité n'en est pas égale dans tous les corps. C'est possible, mais il est bien évident que, pour une expédition en avant d'Hérat, la Russie emploierait des hommes de choix, surtout si la difficulté des convois la fait renoncer à jeter sur l'Inde une force écrasante. Comment pourrions-nous alors espérer tenir tête à l'élite de l'armée russe avec ces troupes indigènes, encadrées dans un nombre dérisoire d'officiers européens, quatre ou cinq par régiment, et exposées, après un feu un peu vif, à se trouver commandées par un subalterne sans expérience? Tout ce qu'il serait raisonnable de demander aux cipayes — bien heureux si seulement nous pouvions l'obtenir — ce serait de tenir en respect les troupes dont disposent malheureusement les princes indigènes et d'assurer les communications. Je l'ai déjà dit, si l'élite de la cavalerie du Pendjab, les lanciers du Bengale et l'infanterie sikh et goorkha étaient utilisés contre l'armée russe, il faudrait les remplacer, en arrière du champ des opérations, par une quantité équivalente de troupes britanniques. Peut-être un jour viendra-t-il où l'Angleterre saura rivaliser avec la Russie dans l'art de tirer parti des aptitudes militaires qui peuvent se trouver dans les populations sujettes et où l'armée indigène de l'Inde sera réorganisée et améliorée; mais je n'ai ici qu'à considérer la situation actuelle et il me faut la prendre comme elle est.

En résumé, nous maintenir sur la frontière nord-ouest de l'Inde et opérer une diversion en territoire russe sur le littoral du Pacifique, voilà tout ce dont nous pouvons espérer être capables. Et si nous parvenions à obtenir et à conserver l'alliance de la Chine, nous aurions en Mandchourie une position très forte. C'est par là seulement que la Russie est vulnérable pour nous et que nous pourrions lui faire au flanc une blessure mortelle. Quant à un mouvement sur le Caucase et à une attaque de Kronstadt, deux opérations autrefois préconisées par le parti antirusse, je crains que l'une et l'autre ne risquent fort d'aboutir à un échec.

En exposant, comme je l'ai fait plus haut, la nécessité qui s'impose à la Grande-Bretagne de renoncer au funeste système d'économies sur le budget militaire actuellement en vigueur, je n'ignore pas que la présence des tories aux affaires ne me donne pas de grandes chances de voir mes vœux se réaliser. Sous un gouvernement conservateur, en effet, il n'est pour ainsi dire pas d'opposition dans la presse de Londres dont les principaux organes lui sont acquis ; les membres militaires du parlement gardent le silence et la chambre des lords est sans pouvoir. Quant aux libéraux, leurs tendances les portant naturellement vers l'économie et la paix, ils n'osent guère faire échec à un cabinet qui propose de diminuer les dépenses sur certains chapitres et se refuse à les augmenter sur d'autres. Si, au contraire, les conservateurs sont dans l'opposition, toute tentative d'économies de ce genre provoque chez eux un tolle auquel se joignent les hommes spéciaux qui représentent au parlement les intérêts de l'armée. Ainsi, dans un cas, blâme général, dans l'autre, sinon approbation, du moins abstention de toute critique. Le parti libéral devrait pourtant se rappeler de grands libéraux, voire de grands radicaux, qui n'ont pas craint d'élever la voix pour demander, au nom même des intérêts de la paix, la consolidation de la force défensive de l'Angleterre, et tout Anglais devrait au moins consentir à l'examen de cette grave question : le pays est-il, à l'heure qu'il est, en état de se défendre convenablement?

Je trouverai plus tard quelque occasion d'exposer d'une façon plus complète mes idées sur le moyen de faire rendre le plus possible à notre argent, en matière de dépenses militaires — idées qui, pour être celles d'un simple civil, n'en sont pas moins, je le sais, partagées par plusieurs officiers éminents. C'est dans un examen approfondi de la nature des services demandés à nos troupes que je chercherai avant tout la source des remèdes auxquels il convient de recourir. Il semble peu probable aujourd'hui que l'Angleterre se trouve jamais engagée dans une guerre continentale; mais il est évident qu'elle doit se tenir prête à mobiliser, en cas de besoin, un corps expéditionnaire capable de concourir à la défense de son empire indien, soit directement, soit au moyen d'une diversion offensive. Il nous faut entretenir dans l'Inde, d'une façon permanente, un contingent considérable de troupes européennes. Quant aux colonies, celles qui ne sont pas en état de pourvoir elles-mêmes à leur propre défense ne demandent pas des garnisons assez considérables pour constituer un élément important du problème.

Comme je l'ai dit à l'époque où a été réduite dans notre armée la durée du service, l'occupation de l'Inde en temps de paix et, dans certaines limites, sa défense en temps de guerre, nécessitent le maintien, pour les troupes qui en sont chargées, du service à long terme. Pour les armées européennes, le service de courte durée peut être une institution excellente : en tout cas, excellente ou non, elle s'impose absolument désormais. Mais, pour faire face à la situation en présence de laquelle les Français se trouvent en Indo-Chine et l'Angleterre dans l'Inde, à Ceylan, à Hong-Kong, l'on peut affirmer qu'elle ne vaut rien. Dans un article publié par la *Fortnightly Review* d'avril, le général sir John Adye attribue à ceux qui soutiennent cette thèse avec moi l'opinion « que des hommes parvenus à l'entière maturité — par exemple de trente à quarante ans — devraient seuls être appelés à servir dans les régions tropicales ». C'est une erreur; jamais nous n'avons pensé ainsi. Il s'est également mépris sur notre système pour relever les garnisons d'outre-mer. Ce que nous voulons, ce n'est pas ce chassé-croisé continuel de régiments entre les colonies et la mère patrie, jeunes et vieux soldats pêle-mêle, mais des corps indiens permanents, qui ne seraient jamais rapatriés et dont l'effectif serait fréquemment renouvelé par l'adjonction de soldats de vingt ans, s'y enrôlant volontairement pour une période plus ou moins longue à leur choix. Lorsqu'il y a quelques années la Grande-Bretagne a cru devoir apporter des modifications à son organisation militaire, elle l'a fait dans le sens d'une imitation partielle des systèmes en vigueur chez les autres puissances, lesquelles, en général, ont à pourvoir à des besoins tout différents. Quelles que soient les précautions avec lesquelles on le mette en pratique, le système de ne pas envoyer dans l'Inde des hommes au-dessous de vingt ans a pour effet d'affaiblir les régiments de la métropole et il résulte du service à court terme des changements perpétuels, extrêmement onéreux pour le budget de l'Inde, qui voit sans cesse s'accroître ses charges militaires. Et de fait, l'armée indienne revient au même prix que celles de l'Allemagne et de la France; celle de la Russie seule est plus coûteuse, mais aussi elle comporte, sur le pied de paix, quelque chose comme 890,000 hommes.

La principale objection qui puisse être opposée à la création d'une armée spéciale pour l'Inde et pour quelques colonies des régions tropicales, c'est le danger qu'il se produise quelque jour dans ses rangs une mutinerie, ou du moins qu'il y naisse le germe d'un esprit de rébellion de nature à amener des sortes de grèves militaires. Le moyen de parer à ce péril serait de donner aux hommes la faculté d'y prolonger à leur gré leur temps de service, dont on fixerait la durée minimum à une période très courte, exactement calculée de façon à assurer le Trésor contre la perte que lui ferait éprouver un trop prompt retour en Angleterre après l'enrôlement. « Pour le service intérieur et la guerre européenne, nous sommes dans la même situation que les autres puissances continentales », dit le major Buxton, « il nous faut une réserve et, par conséquent, un service actif à court terme. Dans quels embarras nous jette la nécessité de concilier ce principe avec les besoins du service colonial! Constituez deux armées distinctes et cela devient tout simple. Pour l'armée coloniale, il ne faut qu'un petit nombre annuel de recrues, s'acclimatant peu à peu, et le moins possible de jeunes soldats inexpérimentés; des changements de garnison, mais jamais de retour dans la mère-patrie, ce qui supprime pour toujours la question des transports de troupes : les recrues partent, les hommes libérés reviennent et voilà tout.»

Pour l'armée de l'intérieur, j'utiliserais dans une large mesure la milice et les volontaires, dont des sujets choisis fourniraient en partie au recrutement de l'infanterie du corps expéditionnaire. Les mœurs britanniques sont si opposées au système de la conscription qu'il n'est guère probable de le voir jamais pratiqué chez nous; rien n'est plus facile, au contraire, que d'y trouver des hommes pour le service intérieur en temps de paix et des volontaires pour le service extérieur en temps de guerre. Il ne s'agit donc que de donner des encouragements aux volontaires. Assurer des emplois civils aux sous-officiers retirés du service est aussi une bonne mesure et il a déjà été fait beaucoup dans cette voie. Quoique n'étant pas militaire, j'ai vu la guerre d'assez près pour être en droit de dire qu'avec de bons cadres d'officiers et de sous-officiers, il ne faut pas beaucoup de temps pour former des fantassins. Si j'ai raison, ne serait-il pas judicieux d'affecter la plus grosse part du budget militaire aux armes spéciales qu'il est si difficile d'improviser au moment du besoin — cavalerie, artillerie et génie, train et commissariat — aux sous-officiers, aux fortifications, à l'armement, aux torpilles et défenses des côtes, et de n'entretenir, en temps de paix, dans les corps d'infanterie, que l'effectif strictement nécessaire pour l'instruction des cadres, lequel formerait le noyau du corps expéditionnaire? Si l'on créait une armée spéciale pour l'Inde, elle se recruterait parmi ces hommes qui cherchent dans l'état militaire la satisfaction de leurs goûts aventureux, et le service en Angleterre pourrait être localisé dans une grande mesure, ce qui le rendrait populaire et faciliterait la mobilisation des réserves, à laquelle chaque régiment aurait à pourvoir en ce qui le concerne, d'où résulterait une économie considérable. Une fois ce noyau du corps expéditionnaire mobilisé, on le renforcerait avec des volontaires exercés en temps de paix au service de l'infanterie, qui se présenteraient en grand nombre et trouveraient des cadres tout prêts à les recevoir. L'exemple de la France et de l'Allemagne montre combien il faut peu de temps aux hommes pour connaître leurs chefs et réciproquement, et comme l'esprit de corps s'acquiert vite. Nous avons dans la saine et robuste jeunesse de nos classes supérieures et moyennes un élément combattant que ne possède nulle autre nation et, si nous savions en tirer tout ce qu'il peut donner, je me figure que notre armée servirait de modèle au monde entier. Mais tout au rebours, il semble que l'on prenne à tâche aujourd'hui d'annihiler cette grande force latente de nos volontaires.

Au lieu de nous efforcer de copier tantôt l'organisation prussienne, tantôt celle de la France, nous devrions, ce me semble, chercher un système absolument national et, si nous y réussissions, je suis convaincu qu'avec une dépense inférieure aux trente-six à trente-huit millions sterling aujourd'hui affectés aux dépenses militaires de l'empire, nous pourrions entretenir une armée assez redoutable pour faire réfléchir les agresseurs. Quand, après des années de réorganisation poursuivie au prix de dépenses fabuleuses, l'empire britannique se trouve en fait avoir à opposer à un ennemi européen une armée à peu près équivalente à celle de la Roumanie, on est vraiment en droit de réclamer des mesures radicales. Le fait que, pour de petites campagnes comme celles de l'Égypte et du Soudan, il a fallu appeler les réserves démontre bien l'imperfection du système. En admettant que le gouvernement ne veuille pas recourir à cette mesure radicale préconisée, en même temps que par moi, par le colonel Mac-Andrew, le major Buxton et autres spécialistes distingués, c'est-à-dire le rétablissement d'une armée spéciale pour l'Inde, du moins lui serait-il possible de faire beaucoup dans la voie indiquée : franche adoption du principe du service local et de la fusion des volontaires avec la milice, en même temps qu'importance considérable donnée à ces éléments spéciaux difficiles à improviser.

Il faudrait aussi que l'armée se résignât à certaines réformes commandées par l'adoption de ce système plus pratique qui s'impose nécessairement aujourd'hui. Il y a fort à faire dans les bureaux de la guerre et dans ceux de l'état-major général. Quand l'âge obligera le duc de Cambridge à résigner ses fonctions, il sera bon de confier ce poste si important de commandant en chef, non pas à un jeune prince, mais à un des plus laborieux et des plus expérimentés de nos officiers généraux, sir Frederick Roberts, lord Wolseley ou quelque autre militaire de même trempe. Un jeune prince étant naturellement poussé, par les habitudes de politesse inséparables de son état, à tomber d'accord avec le dernier qui lui a parlé, on aurait lieu de craindre qu'il ne sût point adopter la ligne de conduite ferme et suivie indispensable en pareille matière. Non que je critique à cet égard le commandant en chef actuel : le duc de Cambridge n'est pas un jeune prince et son caractère n'a rien de commun avec celui que je viens de décrire. Cependant il est à souhaiter que, dans l'avenir, les rapports entre l'armée et la couronne soient limités à certaines fonctions spéciales, qui sont d'ailleurs celles auxquelles la famille royale tient le plus. Par exemple le roi, ou si l'on croyait préférable de ne pas placer le souverain dans cette situation, celui des jeunes princes qui s'occuperait plus particulièrement des choses militaires — tel qu'aujourd'hui le duc de Connaught — pourrait présider des commissions, composées chacune de quatre ou cinq des officiers généraux investis de commandements supérieurs, et qui se réuniraient une ou deux fois l'an pour régler les promotions dans les diverses armes. Pour faire court enfin, je dirai seulement qu'il est grand temps d'ouvrir les yeux à la nécessité absolue où est la Grande-Bretagne de bouleverser de fond en comble son système militaire actuel.

Il y a juste deux ans, le colonel Mac-Andrew, dont je parlais tout à l'heure, concluait un de ses articles sur la réorganisation de l'armée en exprimant le vœu de voir un jour se réaliser une fédération de l'empire britannique pour la défense nationale. Depuis lors, il a déjà été fait de grands pas dans cette voie et, si l'observateur impartial se voit contraint de blâmer le gouvernement sur bien des points, il ne saurait au contraire trop louer le département de la guerre d'avoir, l'automne dernier, déclaré vouloir faire une place aux colonies dans la future organisation militaire de l'empire. Il est curieux que l'auteur de cette excellente circulaire soit le même ministre qui depuis a pris une mesure si funeste aux intérêts de la défense nationale, aggravée encore par l'exposé des motifs sur lesquels il a fondé cette fatale réduction du service de l'artillerie. Dans la conférence tenue dernièrement pour examiner la question, toutes les colonies autonomes étaient nominalement représentées ; mais en réalité les Etats australiens y prédominaient absolument et ce sont eux qui fourniront le principal contingent colonial pour la défense de l'empire britannique. Le Canada n'est pas hostile ; mais on ne saurait se dissimuler que les tendances y sont volontiers séparatistes et que le dévouement de la population aux intérêts de l'empire, ainsi que sa reconnaissance pour les avantages qu'elle trouve dans l'union, sont sujets à des variations inquiétantes. De plus, le

Canada a ses dissentiments particuliers, et souvent assez vifs, avec ses tout-puissants voisins les États-Unis. Dans les colonies du sud de l'Afrique, la population comporte un élément indigène prépondérant. Il n'est que les Australiens jouissant de l'heureux privilège d'être les maîtres absolus chez eux, sans voisins rapprochés, et surtout sans voisins dont ils aient quelque chose à craindre.

Le compte rendu sommaire donné le 6 mai par le *Standard* de l'entrevue des délégués australiens avec lord Salisbury a été démenti le jour même par le gouvernement, mais si timidement qu'on est en droit de le croire assez exact. Ceux qui y ont assisté décrivent la scène comme assez curieuse par le contraste entre la douce humilité et la réserve diplomatique du premier ministre d'une part, et, d'autre part, la rude franchise britannique et l'ardeur juvénile des colons. Lord Salisbury, qui s'était assuré l'appui d'un délégué néo-zélandais — aussitôt dénoncé par ses collègues comme traître à la patrie coloniale — pensait sans doute que la délégation accepterait ses déclarations assez plates avec la même sérénité que l'eût fait la chambre des lords. Il n'en a pas été ainsi. Dès qu'il a eu fini de parler, les Australiens se sont écriés avec véhémence que son discours était « comme une douche d'eau froide » et qu'ils regrettaient d'être venus de si loin pour entendre un langage peut-être conforme au tempérament du vieux monde, mais qui frapperait de stupeur les gouvernements coloniaux. L'un d'eux, destiné à occuper bientôt le poste de premier ministre dans une des plus puissantes colonies, a déclaré nettement qu'il « demeurait confondu » et qu'il croyait devoir prévenir lord Salisbury que, si les Français n'évacuaient pas de bonne volonté les Nouvelles-Hébrides, on saurait les forcer à abandonner aussi la Nouvelle-Calédonie. Lord Salisbury a répondu que les Français se sont engagés à l'évacuation et que s'ils restent, c'est en violation de leur parole, ajoutant en manière d'excuse que des fréquents changements de ministère survenus en France ces temps derniers, il était résulté « quelque peu de chaos » dans les services administratifs, à quoi un délégué de l'État de Victoria, si je ne me trompe, a riposté : « Eh bien! alors, c'est que le chaos est favorable à la marche des affaires et peut-être les nôtres en iraient-elles mieux si nous en avions un peu ici ». Le propos est peu courtois. J'ai ouï dire que, depuis, une partie de l'orage est tombé sur la tête de sir F. Dillon Bell. « Interviewé » par un correspondant de journal français, il a eu l'imprudence de dire « que personnellement il s'était montré favorable à la proposition de M. Waddington » — par laquelle la France conserverait les Nouvelles-Hébrides, en prenant l'engagement de n'en pas faire un lieu de transportation — « mais que le refus de l'Australie avait fait écarter toutes autres conditions que l'indépendance absolue des îles ». Le « refus de l'Australie!... » Frémissez, ombres des secrétaires d'État pour les colonies.

J'ai eu occasion, à propos de la France, d'exposer les griefs australiens au sujet des Nouvelles-Hébrides et en général de la transportation dans le Pacifique. Il semble que maintenant les Français commencent à se rendre compte de l'état de l'opinion en Australie sur ce point. Naguère encore, les organes de toutes nuances de la presse française affirmaient bien haut l'intention où était la France de s'installer aux Nouvelles-Hébrides et d'utiliser les îles dans un intérêt pénitentiaire si elle le jugeait à propos; aujourd'hui ils gardent volontiers le silence sur cette question. Ainsi que j'ai essayé de le leur faire comprendre dans mon étude sur la France, accueillie à Paris avec intérêt, mais non sans mauvaise humeur [1], c'est agir en ami que de prévenir les Français de la ferme intention où sont les colons australiens de leur faire évacuer les îles et de la force dont ils disposent pour en arriver à leurs fins. Le meilleur moyen qu'ait la France pour sauvegarder ses droits indéniables à la possession de la Nouvelle-Calédonie, c'est de céder sur la question des Nouvelles-Hébrides, où elle s'est mise dans son tort. Elle a affaire à un pays neuf, que la conscience de sa jeune vigueur pousse peut-être à méconnaître un peu le droit strict et qui pourrait bien, à un moment donné, la chasser complètement des parages sud du Pacifique. L'Angleterre ne prend guère d'intérêt dans la question, en dehors de celui qu'elle peut porter aux Australiens et de son désir d'éviter un conflit; d'ailleurs jamais elle n'aura un gouvernement assez fort pour protéger les droits de la France contre les revendications austra-

1. Publiée dans la *Nouvelle Revue* du 1er février.

liennes. Il serait superflu de reproduire ici les arguments par lesquels je me suis efforcé d'établir l'illégitimité de l'occupation française des Nouvelles-Hébrides. Mais, lorsque je regarde dans l'avenir, j'arrive à la conviction que, toute légitime qu'est celle de la Nouvelle-Calédonie, elle n'en est pas moins destinée également, ainsi que celle de la Nouvelle-Guinée par les Allemands et les Hollandais, à prendre fin avant peu. On ne s'en tirera pas à si bon compte avec ce jeune peuple australien qu'avec une vieille puissance comme l'Angleterre, et la France a tort de jouer avec le feu.

Il est à croire que Terre-Neuve suivra l'exemple donné par l'Australie. Ici le cas est différent et la situation des colons n'est pas sans analogie avec celle des Français en Nouvelle-Calédonie. Les pouvoirs qui, au siècle dernier, ont été conférés à la France sur une partie du littoral terre-neuvien, sont préjudiciables à l'avenir de cette colonie et il n'est pas douteux que, tôt ou tard, il ne soit fait droit aux revendications des colons. Cependant, la population de Terre-Neuve n'a pas pour se faire entendre la même autorité que celle de l'Australie et, en outre, les droits écrits de la France étant infiniment plus sérieux que ceux sur lesquels elle peut fonder son action dans les Nouvelles-Hébrides, le gouvernement britannique continuera probablement encore à céder sur cette question. Assurément, le gouvernement de l'empire aurait fort à faire aujourd'hui s'il voulait prendre fait et cause pour toutes ses colonies contre les puissances qui leur portent ombrage. Si nous devions désormais nous mettre à la remorque de l'opinion coloniale, il nous faudrait entrer en querelle avec les États-Unis au sujet des pêcheries du Canada, comme avec la France à propos de celles de Terre-Neuve. Pour distinguer entre les cas où notre intervention est opportune et ceux où nous devons rester sur la réserve, il n'est pas de meilleur critérium que celui-ci : voir de quel côté est le droit et nous y ranger résolument. Ainsi, il me paraît sage de tenir bon sur la question des Nouvelles-Hébrides, où nos colons sont dans leur droit, et de chercher un compromis pour celle de Terre-Neuve, où la légitimité de leurs revendications est fort douteuse. Il est évident aussi que, si nous prétendons imposer aux autres puissances un respect absolu de la foi jurée et des droits des nationalités, nous sommes tenus, de notre côté, à agir autrement que nous ne l'avons fait en ces temps derniers dans certaines circonstances. Comment, par exemple, a-t-on laissé impuni ce meurtre du chef Dabulamanzi, tué dans la « réserve indigène », c'est-à-dire en territoire anglais, par des boërs de la nouvelle république établie sur nos frontières? La question n'est pas de savoir si la chose en soi vaut que l'on prenne les armes, mais comment elle doit être considérée au point de vue de la justice. L'inertie du gouvernement dans cette affaire est une atteinte portée aux droits individuels des sujets britanniques et des protégés de l'Angleterre, comme sa faiblesse dans celle des Nouvelles-Hébrides est préjudiciable aux droits de l'empire et à sa prospérité future.

Le principal résultat de la conférence coloniale a été l'adoption d'un projet de défense navale combiné dans les mers australiennes. C'est quelque chose sans doute, mais c'est peu, en comparaison de tout ce qu'exige la sécurité future de l'empire. Pour le moment, il n'est que l'Inde qui contribue dans une juste proportion aux dépenses du Trésor impérial. Les colonies sont redevables à la métropole, sous différentes formes, de nombreux avantages pour lesquels elles ne payent pas un retour suffisant, et il faudra désormais obtenir d'elles une coopération plus étendue et plus efficace. Et puis, avoir de l'argent ne suffit pas : encore devra-t-il être dépensé avec plus d'intelligence qu'il ne l'a été jusqu'à présent. L'état défectueux de nos stations de ravitaillement dans les mers de Chine est un exemple des maux auxquels il y a lieu de porter remède. Rien de moins rassurant que la lecture des derniers documents étrangers relatifs à la défense de Hong-Kong. Un écrivain militaire français fait ressortir l'importance considérable, au point de vue stratégique aussi bien que commercial, de cet établissement, le troisième des ports britanniques, et qui sera encore augmentée par l'ouverture de la ligne canadienne du Pacifique. Puis, passant à l'étude des défenses de la place et des améliorations que l'on s'occupe d'y apporter, il fait remarquer la faiblesse de la garnison, à peine suffisante pour le service du port, dont on consent pourtant à prendre quelque souci, tandis qu'on laisse absolument à découvert la partie septentrionale de l'ilot. Il conclut en disant que cet état de choses doit être attribué à la pénurie d'argent, mais que, jusqu'au jour où les fortifications seront complétées et la garnison renforcée, la défense de Hong-Kong immobilisera notre escadre du Pacifique. Si ses appréciations sont justes, il en serait donc de Hong-Kong comme il en était de Port-Hamilton quand nous l'occupions. De fait, l'évacuation de cette station d'une importance stratégique si capitale en cas de guerre avec la Russie, a été provoquée par ces mêmes motifs qui font la faiblesse de Hong-Kong : nécessité, faute de fortifications et de garnison suffisantes, d'en confier la défense à des forces de mer, ce qui aurait été une cause d'amoindrissement pour la division navale du Pacifique.

Il serait intéressant de rechercher dans quelle mesure ces premières tentatives de fédération militaire constituent un acheminement vers un système fédératif de tout l'empire britannique. Néanmoins, les choses ne sont peut-être pas encore assez avancées dans cette voie pour que le moment soit venu d'en faire l'objet d'une étude approfondie. Bien des petits détails pratiques peuvent déjà être considérés comme significatifs dans ce sens, mais il n'y a pas lieu de hâter la solution du problème avant qu'il soit parvenu à maturité. Pour le moment, plusieurs de nos principales colonies sont opposées au système fédératif, d'autres n'ont pas encore de conviction faite. Il faut rendre au gouvernement la justice que, sur cette question, il ne reste pas plus en arrière de l'opinion qu'il ne cherche à la devancer : ce qu'il vient de faire dans cette voie est exactement ce qui devait être fait et ce qui était susceptible de porter des fruits. Si cependant on était d'humeur railleuse, il serait permis de trouver quelque peu prématurées des spéculations sur un système fédératif colonial, quand, dans les choses les plus simples, l'union de l'empire est encore si loin d'être complète, qu'une lettre d'Angleterre pour l'Inde coûte cinquante centimes de port, alors que, de Calais pour la même destination, l'affranchissement est exactement moitié moindre. C'est là une anomalie que le parlement le plus accablé de besogne aurait depuis longtemps dû s'occuper de faire disparaître ; il sera temps alors de songer à « l'unité impériale ».

L'absence de fédération, même au simple point de vue de la défense nationale, entre les différentes parties constitutives de l'empire britannique, n'empêche pas d'ailleurs que la possession de l'Inde et des colonies ne grandisse considérablement le rôle de l'Angleterre dans le concert européen. En aucun cas elle ne peut être considérée comme le seul Royaume-Uni de Grande-Bretagne et d'Irlande ; toujours elle porte avec elle à la fois la grandeur et la faiblesse qui résultent de son extension dans toutes les parties du monde. Peut-être puis-je me croire particulièrement autorisé à examiner ce point de vue spécial de notre situation nationale, qui n'avait guère attiré l'attention publique avant qu'en 1868 j'eusse donné à l'expansion de l'empire et de la nationalité britanniques le nom, généralement adopté depuis, de « *Greater-Britain* », difficile à traduire autrement que par l'expression barbare de « Bretagne agrandie ». J'éprouve pourtant aujourd'hui quelques scrupules à revendiquer la priorité pour ce mot, quand elle est discutée par deux personnages aussi considérables que MM. les professeurs Seeley et Freeman. Celui-ci a consacré une portion de son ouvrage *Greater-Greece and Greater-Britain* à rechercher si j'ai vraiment créé l'expression, ou si je n'ai fait que traduire celle de *Britannia Major*, dont on faisait usage au XIIe siècle pour désigner la Grande-Bretagne, en opposition avec la Bretagne française, qualifiée de *Britannia Minor*. On pourrait dire aussi qu'elle vient de *Magna Græcia*, terme adopté pour désigner la tendance expansive de la race hellénique du côté de l'Italie. La vérité est que, quand elle m'est venue à l'esprit pour la première fois, je l'avais trouvée trop claire et trop simple pour l'avoir jamais crue destinée à devenir l'objet de discussions ni d'une célébrité quelconque. Entre M. Freeman suggérant que, dans mon esprit, « *Greater-Britain* » signifie l'ensemble des pays habités ou gouvernés par des hommes de langue anglaise, y compris par conséquent les États-Unis, et M. Seeley disant: « Par *Greater-Britain* nous entendons une extension de l'empire et non pas seulement de la nationalité britannique », je penche plutôt vers le premier et je proteste contre l'interprétation étroite du second, excluant de « *Greater Britain* » le plus considérable des peuples qui parlent notre langue, pratiquent nos usages et se gouvernent d'après nos lois. Pour ma part, je conserve encore l'espérance de voir prendre fin le refroidissement survenu entre la mère patrie et la grande nation sortie d'elle — dont une des principales causes est dans l'état aigu de la question irlandaise — et de voir se resserrer le lien, un instant relâché, qui les unit par le sang, par la langue et par l'histoire.

Dans *Greater-Britain*, je m'étais proposé pour but d'établir que les habitants du Royaume-Uni devraient porter plus d'intérêt aux pays, soumis ou non à la domination britannique, où se parle leur langue, où leurs lois sont en vigueur et où l'intégrité de la race anglo-saxonne demeure entière dans des caractères essentiels. J'y ai montré comment dans le principal d'entre eux, aux États-Unis, l'Angleterre a imposé sa langue et ses lois à de nombreux représentants des races germanique, scandinave, espagnole, et je puis ajouter aujourd'hui, russe. J'ai fait remarquer quel précieux auxiliaire pour notre commerce est la prédominance de notre langue dans cette immense et puissante communauté et j'ai insisté sur l'importance des conséquences politiques qui résulteront de ce fait dans l'avenir. Tous ces pays anglais, nos véritables colonies au sens où l'entend le professeur Freeman, renferment aussi un grand nombre de sujets de la reine, nés sur le territoire du Royame-Uni, et que l'on peut évaluer à près de cinq millions, la plupart fixés en Amérique, tandis que le chiffre des étrangers résidant en Angleterre ne dépasse guère 250,000. Cette disproportion peut aider à faire comprendre quelle force expansive porte en soi la race anglo-saxonne.

Si maintenant l'on considère les colonies anglaises proprement dites, ou la *Greater-Britain* du professeur Seeley, l'on en trouve parmi elles qui, dans l'avenir, pourraient bien atteindre un développement plus considérable encore que celui auquel est parvenue la république américaine. A côté des trente-cinq millions de sujets britanniques vivant sur le territoire du Royaume-Uni, nous en comptons dans l'ensemble de l'empire deux cent cinquante-cinq millions, directement soumis à la domination anglaise, et, en y ajoutant les populations des pays protégés, nous atteignons le chiffre formidable de quelque chose comme trois cent vingt millions. La seule Australie représente une étendue équivalente à celle des Etats-Unis et il est prouvé maintenant — ce qui était ignoré à l'époque où j'ai écrit *Greater-Britain* — qu'elle est habitable dans toutes ses parties. Plus vaste encore, le Canada renferme sans doute quelques districts inhabitables ; néanmoins il est très susceptible de contenir une population blanche fort peu inférieure à celle des États-Unis ou des colonies australiennes. A l'heure qu'il est, notre domination s'étend sur une superficie deux fois et demie plus considérable que celle de l'Europe entière et un jour vient peut-être où l'Australie, trois fois vaste comme l'Inde, nourrira une population blanche qui se chiffrera par centaines de millions. Il est impossible, dans une étude sur la situation actuelle de la Grande-Bretagne, de négliger l'exposé de ces faits et des rêves que l'on peut fonder sur eux. Si, d'une part, une fédération impériale englobant toutes ces forces ne doit pas encore être considérée comme réalisable et de nature à offrir actuellement un point d'appui à l'Angleterre, il ne faut pas oublier non plus qu'il lui serait extrêmement périlleux de compromettre par une attitude effacée son prestige auprès de ses colonies, et qu'à force d'énergie seulement il lui sera possible de maintenir la cohésion de l'empire.

Il me reste à dire un mot d'une source de faiblesse à la fois militaire et politique pour la Grande-Bretagne sur laquelle je ne saurais m'étendre ici : on a déjà nommé la question irlandaise. A l'époque de l'avènement de la reine, l'Irlande catholique était absolument dévouée à son trône, ainsi qu'à sa personne. Les changements qui se sont produits depuis lors portent incontestablement un grave préjudice aux intérêts de l'empire, pour l'existence même duquel la situation actuelle est une menace permanente. Cela me mènerait trop loin de rechercher seulement l'origine de la crise dont nous souffrons. Tant qu'il restera dans un seul district d'Irlande matière à grief, la nation irlandaise entière épousera sa querelle et ce sera dans tout l'empire un prétexte à désaffection, une excuse pour toutes sortes de désordre, enfin une source d'inimitié entre nous et ce peuple de même race englobé dans nos frontières. L'Angleterre n'a pas seulement à redresser des torts ; elle a, ce qui est plus difficile, à apaiser un mécontentement général, à tenter, même sans espoir, d'établir un ordre de choses présentant quelques garanties de stabilité. A regarder les choses au point de vue des intérêts généraux de l'empire, il importe peu que satisfaction soit donnée au particularisme irlandais par le *home rule* nationaliste, ou bien par le *home rule* unioniste que M. Chamberlain a ainsi défini dans son discours d'Ayr : « le *home rule,* qui ne porte pas atteinte à la suprématie du parlement impérial, le *home rule,* qui n'est pas un péril pour l'unité de l'empire ». Si le problème irlandais venait enfin à être résolu, non seulement l'Angleterre pourrait reprendre une meilleure place en Europe, mais une amitié durable deviendrait possible entre elle et la grande république à laquelle elle a donné le jour. Que la réconciliation se fasse avec l'Irlande et toutes les difficultés relatives aux pêcheries du Canada se trouveront aussitôt aplanies. Une fois la bonne intelligence rétablie entre l'Angleterre et ce vigoureux rejeton détaché de sa souche, nous aurons le droit de nous sentir fiers de la prospérité sans cesse croissante de la grande république américaine, bientôt aussi puissante à elle seule que l'Europe entière, et dont la situation intérieure est assurément beaucoup plus satisfaisante.

En terminant ce travail, il me reste à dire que je serai amplement récompensé de la peine qu'il m'a coûté, si j'ai pu dans une certaine mesure atteindre au but que je me proposais : signaler les périls auxquels je crois l'Angleterre exposée et la nécessité qui s'impose à elle de fortifier sa situation dans le monde, si elle veut y jouer le rôle auquel elle est appelée et si elle veut défendre ses libertés contre des agressions possibles. Dans les dernières considérations auxquelles je me suis arrêté, le peuple anglais peut trouver quelques sujets de consolation et d'espérance pour l'avenir, qui font défaut aux autres nations européennes. Le règne de la force auquel est aujourd'hui soumis le continent, et dont le contre-coup se fait jusqu'à un certain point sentir en Angleterre, n'affecte que fort peu la splendide floraison du Canada, de l'Australie ou des États-Unis. Là tout est prospère autant qu'ici tout est sombre. Il semble que, dans cette famille humaine qui vit en Europe, les plus élémentaires principes de la loi du progrès soient méconnus et foulés aux pieds. Après avoir parcouru, non pas en théoricien, mais en simple observateur des faits, le champ de la politique européenne en proie à la haine et à la discorde, j'aime à tourner les yeux vers ce grand flot de lumière qui vient jusqu'à nous au travers des mers. Dans le vieux monde, nous voyons les peuples écrasés par les charges toujours écrasantes de leurs forces militaires et navales et l'édifice social profondément miné par l'anarchie. En Amérique et dans les régions australes, nous trouvons de quoi nous convaincre que le progrès éternel de l'humanité n'est pas une imposture; que, si sur certains points du globe prédominent les doctrines tyranniques et les préoccupations exclusives de l'intérêt personnel, il en est d'autres, habités par l'élite de notre race, où les principes de liberté semblent porter dans la vie des nations les mêmes fruits que l'on nous a appris à en attendre dans celle des individus. Et maintenant que ces peuples jeunes et aventureux commencent à conquérir le loisir nécessaire à leur culture intellectuelle, on a des raisons d'espérer voir renaître chez eux l'esprit de sacrifice et de solidarité qui semble disparu de nos sociétés vieillies. De nouveau le droit primera la force, et c'est à des hommes de race anglo-saxonne que le principe de la fraternité humaine devra une nouvelle consécration.

CONCLUSION

En réunissant aujourd'hui en un volume ces six études sur l'état de la politique européenne en 1887, auxquelles on a bien voulu prendre quelque intérêt, sans que cependant elles aient été à l'abri de critiques assez vives dans les pays intéressés, je veux répéter encore ce que j'ai dit dès les premières lignes. Mon but a été moins d'exprimer des vœux que de constater des faits, et je me suis efforcé d'exposer des situations sans en rechercher les origines. Et maintenant que l'on me permette de répondre brièvement sur quelques-uns des points qui ont été contestés.

En Angleterre, il en est deux particulièrement sur lesquels j'ai rencontré de vives contradictions : la comparaison que j'ai établie entre la puissance militaire de l'Autriche et celle de la Russie, d'une part; d'autre part, une assertion émise incidemment au sujet de la guerre de 1870. J'ai dit que la France avait alors été menée à sa perte par la conduite de l'Autriche, imputation qu'a repoussée dans sa préface le traducteur anglais des Mémoires du comte de Beust. Quoique ce point d'histoire soit en dehors du cadre dans lequel je me suis renfermé, je voudrais cependant en dire quelques mots. J'en référerai à l'introduction d'un ouvrage récemment publié par le général Lebrun, qui promet de nous montrer un jour les copies des engagements diplomatiques et militaires pris en 1870 par l'Autriche et dont les originaux se trouvent, je crois, dans les archives du ministère de la guerre français. Il est bien des gens aujourd'hui encore qui ont connaissance de ces documents, ne serait-ce que les membres survivants du cabinet Émile Ollivier, et ils n'ont aucune raison pour se taire sur ce sujet en conversation privée.

Le comte de Beust reconnaît, dans ses Mémoires « qu'en raison de la grande rapidité avec laquelle se sont succédé les événements en 1870 et de la surexcitation qui en résultait dans les esprits, il a échappé, au cours de la correspondance entre Paris et Vienne, certaines expressions dont la portée n'avait pas été suffisamment mesurée... On peut citer, dans le nombre, la fameuse phrase si souvent rappelée depuis : fidèles à nos engagements... » Il avoue aussi qu'il s'était attendu à voir la victoire demeurer aux mains des Français et qu'il avait un instant songé à leur demander des subsides pour que l'Autriche pût prendre les armes en leur faveur. Mais il ne saurait rester de doute possible sur la duplicité de M. de Beust dans cette circonstance. M. Rothan lui-même, pourtant animé de bienveillance à son égard, rapporte les terribles paroles du ministre autrichien : « Faites grand bruit de la valeur de nos engagements et du respect que nous avons pour notre parole. » Un jour viendra où les détails nous seront connus des missions remplies à Paris par l'archiduc Albert et par le comte Vitzthum, ainsi que de celle du général Lebrun à Vienne; mais, en attendant, nous avons les révélations du duc de Gramont. Or, entre celui-ci et le comte de Beust, il n'est pas de différence essentielle, sinon quant à la question de savoir s'il a été conclu, à la fin de juillet, un traité déterminant l'attitude militaire que devait prendre l'Autriche. M. de Gramont a prouvé que jamais la dépêche de M. de Beust à l'ambassadeur autrichien, datée du 11 juillet, n'a été communiquée au gouvernement français et qu'elle avait été écrite uniquement dans le but d'être plus tard montrée à la Prusse. Il raconte également comment le voyage du comte Vitzthum à Paris avait fait disparaître toutes traces du refroidissement provoqué entre la France et l'Autriche par la brusque déclaration de guerre et qu'elle est postérieure au retour à Vienne de ce diplomate, la lettre écrite le 20 juillet par M. de Beust, dans laquelle il dit : « Fidèles à nos engagements, tels qu'ils résultent de la correspondance échangée l'année dernière entre les deux empereurs, nous considérons comme nôtre la cause de la France et nous contribuerons de tout notre pouvoir au succès de ses armes. » C'est le 24 juillet que le prince de Metternich a reçu mission d'informer le gouvernement français que l'Autriche ne pourrait pas entrer en campagne avant le mois de septembre; et c'est après cette déclaration, dit le duc de Gramont, que le comte Vitzthum est revenu à Paris pour jeter les bases d'un traité suggéré par le gouvernement autrichien, dans le but de déterminer les voies et moyens de sa coopération à la lutte contre la Prusse. En réalité, ce fait est le seul qui soit nié par M. de Beust. Ce qu'a été son langage à cette époque, on en peut pourtant juger par la dépêche du 26 juillet dans laquelle le prince de la Tour d'Auvergne, ambassadeur de France à Vienne, mande à son gouvernement l'intention où est le ministre autrichien « de presser ses préparatifs militaires afin de pouvoir, le plus tôt possible, nous donner son concours armé ». Quelque jour aussi nous aurons d'intéressants Mémoires de M. Émile Ollivier, où nous trouverons sans doute des documents de nature à faire complètement la lumière sur ce point. En tout cas, les déclarations faites à Paris par M. de Metternich ont été aussi claires et aussi nettes qu'il est possible, dans le sens d'une promesse formelle et plusieurs fois réitérée à l'empereur du concours armé de l'Autriche. Je ne m'étendrai pas davantage sur une question qui n'a qu'un rapport indirect avec l'objet de ce travail.

En ce qui concerne la comparaison au point de vue militaire entre l'empire russe et la monarchie austro-hongroise, je ne vois pas que les objections qui m'ont été faites soient de nature à modifier ma manière de voir. Mes chiffres ont été contestés dans un article anonyme de la *Saint-James's Gazette*, mais un éminent écrivain militaire les a défendus contre mon contradicteur, et de nombreuses lettres privées que j'ai reçues me prouvent que j'ai pour moi les hommes spéciaux les plus compétents. Je ne puis donc que répéter ceci : l'effectif de paix de l'armée russe, déduction faite des troupes de police et des corps douaniers, comporte 850,000 à 890,000 hommes, tandis qu'en Allemagne, y compris les volontaires d'un an, il n'est que de 460,000 hommes environ et en Autriche de 290,000, ce qui représente pour ces deux puissances réunies un total inférieur à celui que possède la première. Je le répète également, le colonel Rau a clairement établi que, dans l'empire russe, le nombre d'hommes enrôlés et instruits d'après le système européen de la conscription militaire s'élève à bien près de quatre millions, auquel il faut ajouter un contingent considérable de Cosaques et autres troupes irrégulières. Sur le pied de guerre comme sur le pied de paix, le total des forces combinées austro-allemandes se trouve donc dépassé.

Mais, si ces faits et ceux aussi que j'ai exposés au sujet de la cavalerie russe sont indéniables, mes contradicteurs de la *Saint-James's Gazette* et du *Spectator* m'ont d'autre part prêté des conclusions que je m'étais soigneusement abstenu d'en tirer. Jamais je n'ai prétendu que la Russie fût de force à lutter à armes égales sur sa frontière avec l'Allemagne et l'Autriche réunies : je ne l'ai pas dit et je ne le pense pas. S'il venait à se produire un conflit auquel la France ne prendrait pas part, par exemple au sujet de la Pologne que se disputeraient ces trois puissances, je croirais à une défaite des Russes autant qu'y peuvent croire les auteurs de ces articles. Mais, quant à l'exposé des faits, je n'y puis reconnaître aucune inexactitude. L'éminent écrivain du *Spectator*, qui semble bien connaître la cavalerie autrichienne, la juge tout autrement que je ne le fais moi-même : la guerre seule, malheureusement, pourrait démontrer lequel de nous deux est dans le vrai. Je lui demande cependant la permission de citer l'opinion professée à cet égard par un Hongrois dont il me faut taire le nom, mais qu'il me suffira de dire absolument qualifié pour parler en toute compétence sur les affaires de son pays. Certains passages de mon étude sur l'Autriche-Hongrie m'ont attiré ses critiques, mais il m'écrit : « Je suis absolument d'accord avec vous sur l'infériorité que vous constatez dans notre puissance militaire mise en regard avec celle de la Russie et je n'ai rien à reprendre à ce que vous dites de la faiblesse de notre monarchie à ce point de vue. »

Si je n'ai guère rencontré en Angleterre d'autres contradictions, il me faut reconnaître que, dans le reste de l'Europe, ces études n'ont pas provoqué une satisfaction bien vive. Mon exposé de la situation de la France a été fortement discuté dans ce pays. La revue française qui l'a publié, ainsi que les études sur l'Allemagne et sur l'Autriche, n'a pas voulu donner celle sur la Russie, de crainte d'éveiller les susceptibilités de cette puissance où, en effet, la version anglaise a été interdite. Elle n'a pas non plus inséré celle qui est consacrée à l'Italie, fondant son abstention sur ce que j'y affirme la nécessité pour ce pays de demeurer fidèle à l'alliance allemande. Enfin elle n'a pas davantage ouvert ses colonnes au chapitre qui traite de la Grande-Bretagne, sans que, pour cette fois, j'en puisse connaître la raison. D'autre part, mes appréciations sur l'Autriche-Hongrie ont suscité à Vienne et à Pesth un profond mécontentement, et je ne crois pas d'ailleurs que mon examen de la politique britannique ait reçu de mes compatriotes un bien favorable accueil.

C'est qu'en effet il est des puissances, notamment l'Autriche, qui vivent dans une certaine mesure sur le prestige résultant de leur passé, et il leur a été pénible de voir leur situation actuelle présentée sous un jour que je crois être le vrai. Ma comparaison entre la force des Russes et celle des Autrichiens a infiniment déplu à ceux-ci, et il m'a été dit que, si je ne suis pas sans savoir quelque chose de la France et de l'Allemagne, je ne connais rien de l'Autriche ni de la Russie. En ce qui concerne la grande puissance du Nord, on m'a particulièrement reproché d'avoir fondé mes appréciations en partie sur des statistiques officielles sans valeur et pour le reste sur un vague sentiment que sa force doit être en proportion avec sa population et son étendue. A ces critiques je ne puis faire qu'une réponse. Si de longs et fréquents voyages dans un pays sont le meilleur moyen d'en apprendre le fort et le faible, ce n'est pas par les informations que je pèche en ce qui concerne l'Autriche et la Russie, y compris les possessions asiatiques de cette dernière puissance. Et au surplus, si l'on veut bien considérer que les conclusions auxquelles je suis conduit sont contraires à mes désirs, on comprendra que je ne saurais être suspect d'exagération dans le sens qu'on me reproche. Au cas d'une guerre que je redoute entre la Russie et l'Autriche, c'est le succès de celle-ci que je souhaiterais et c'est à la victoire de celle-là que je me vois contraint de croire. Mes contradicteurs autrichiens peuvent se tenir pour assurés que, si cette éventualité venait à se produire, je serais tout aussi heureux qu'eux-mêmes de voir les événements me donner tort.

Les principales critiques dont, en France, mon étude de ce pays a été l'objet émanent de la *Revue politique et littéraire* (*Revue bleue*) et de la *Nouvelle Revue*. A l'auteur anonyme du premier de ces articles j'ai fait, au moment où il l'a écrit, une courte réponse, et le remerciant de sa courtoisie pour ma personne. Avec lui comme avec Mme Adam je suis d'accord pour déplorer l'impossibilité de s'entendre où semblent être à la fois Français et Anglais. Mme Adam m'accuse d' « égoïsme féroce ». Elle nie que nous soyons en droit de nous plaindre lorsque nous voyons la France s'emparer de certains territoires et y établir des droits protecteurs préjudiciables à notre commerce, et elle paraît croire que mon désir est de voir l'Angleterre en faire autant au détriment des autres puissances. J'aurais pourtant cru clair, pour qui a lu le premier chapitre de ce livre, que je demande, non pas des avantages particuliers pour le commerce britannique, mais simplement un traitement équitable. Mme Adam dit aussi que je ne blâme les spoliations dont la Turquie est victime que quand elles viennent de la France et non pas quand elles sont commises par l'Angleterre. J'ai pourtant tenu exactement le même langage au sujet de l'occupation de Chypre que lorsqu'il s'est agi de celles de la Bosnie par l'Autriche et de la Tunisie par la France. Et cependant, il est une distinction que j'aurais pu faire : la Tunisie est un pays musulman, tandis que la majorité de la population est chrétienne dans l'île de Chypre et les provinces bosniaques. Peut-être ce détail a-t-il sa valeur. En tout cas, ce qui constitue une sensible différence, c'est que la Tunisie a été séparée de l'empire ottoman sans les moindres égards pour la suprématie du sultan, à qui au contraire Chypre paye un tribut qui est acquitté religieusement.

On a aussi donné en France une interprétation erronée à ce que j'ai dit de la Belgique dans mes deux premiers articles. J'ai été rendu responsable de la thèse soutenue dans le *Standard* par *Diplomaticus*, quand j'en suis précisément le plus résolu des adversaires : qu'il me suffise de le déclarer ici. Il me semblait pourtant avoir exprimé assez clairement mes vues sur la question belge. Au surplus, elles ont trouvé un écho chez un des hommes les plus éminents de ce pays, le général Brialmont, s'il en faut croire le récit de son « entrevue autorisée » avec un correspondant de la *Pall Mall Gazette* publié le 15 avril dernier, et je serais heureux de penser que, comme on veut bien le dire aujourd'hui en Belgique, je suis pour quelque chose dans le mouvement patriotique qui s'y est produit en ces temps derniers.

Si, dans mon étude de leur situation politique, les Français ont trouvé de quoi me convaincre de gallophobie, c'est, j'inclinerais à le croire, que mes lecteurs se sont trop volontiers arrêtés aux points sur lesquels nous sommes en désaccord, bien peu nombreux pourtant à côté de ceux sur lesquels je partage leur sentiment. Parce que j'ai reproché au gouvernement français d'avoir manqué à un engagement formel dans le cas des Nouvelles-Hébrides, parce que j'ai dit combien l'Angleterre est blessée par le parti pris et la violence d'une partie de la presse parisienne, on m'attribue des tendances hostiles qui sont loin de mon esprit. En ce qui concerne le côté le plus important de la situation extérieure de la France, je ne lui ai au contraire témoigné que sympathie; du moins cela me semble ressortir assez clairement des deux premiers articles contenus dans ce volume, écrits à un moment où non seulement la presse allemande, mais aussi certains organes de la presse britannique, la représentaient comme une puissance dangereuse et animée d'intentions agressives. Je me figure que l'irritation provoquée dans le public français par quelques-unes des assertions émises au cours de ce travail, particulièrement au sujet de l'affaire des Nouvelles-Hébrides, vient en grande partie de leur vérité même et de ce qu'il n'est pas facile de les réfuter. Ce n'est qu'un mouvement d'humeur et j'espère que mes explications loyales contribueront à l'apaiser avec le temps et la réflexion.

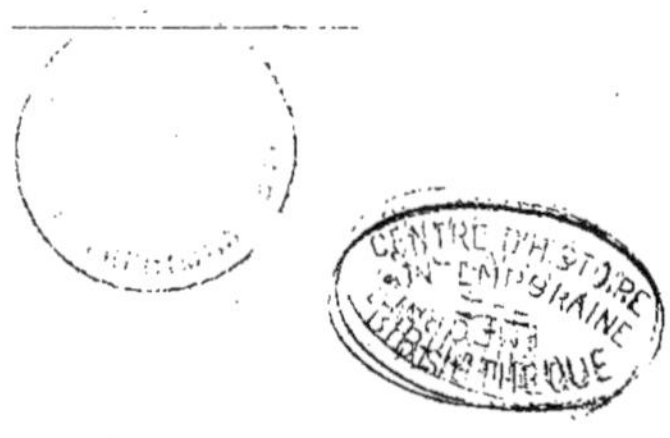

TABLE DES MATIÈRES

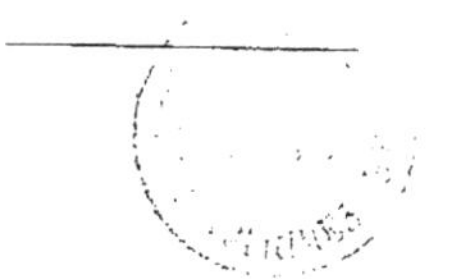

Quantin imprimeur
S. Benoit, 7. à Paris

Paris. — Maison Quantin, 7, rue Saint-Benoît.

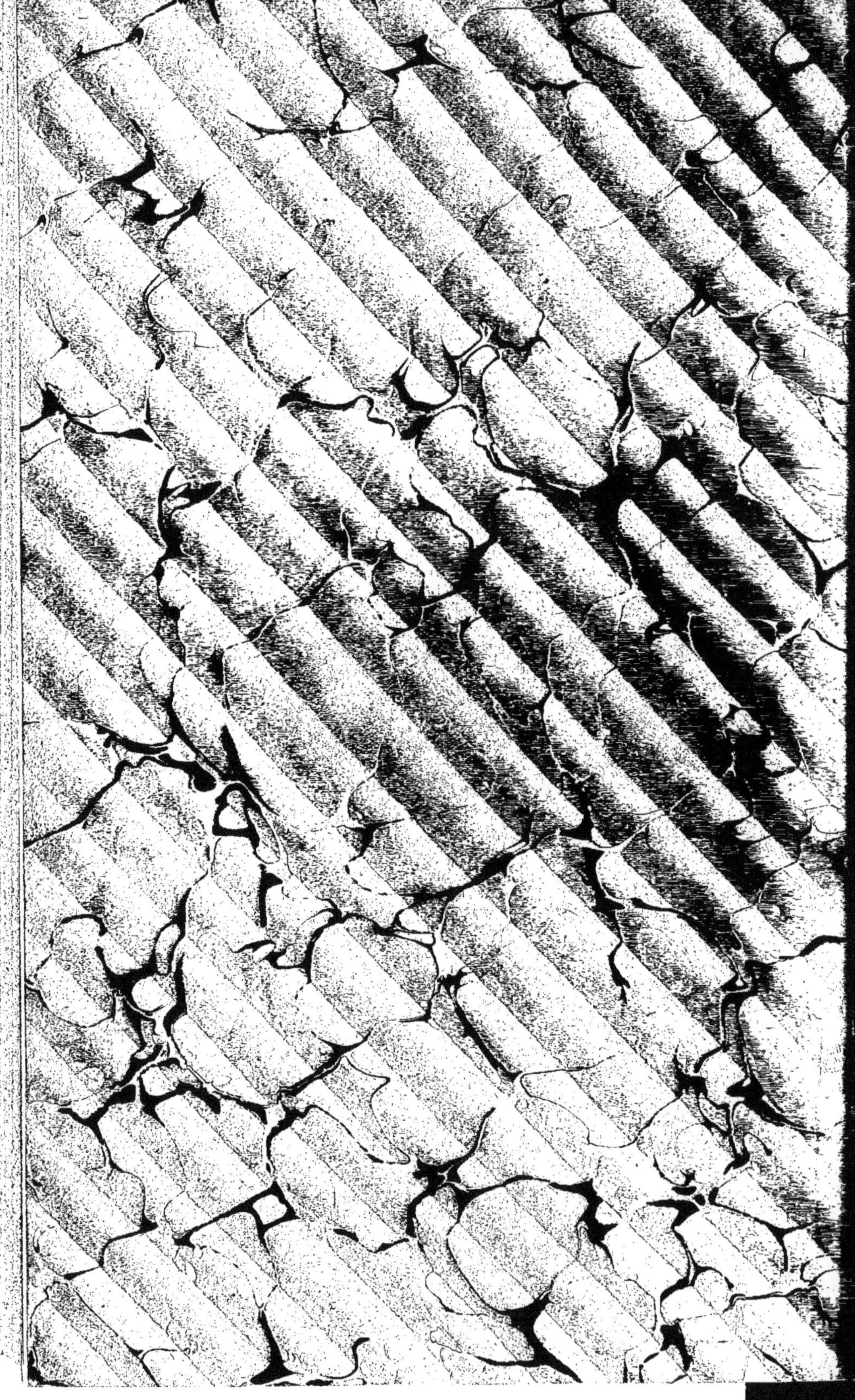

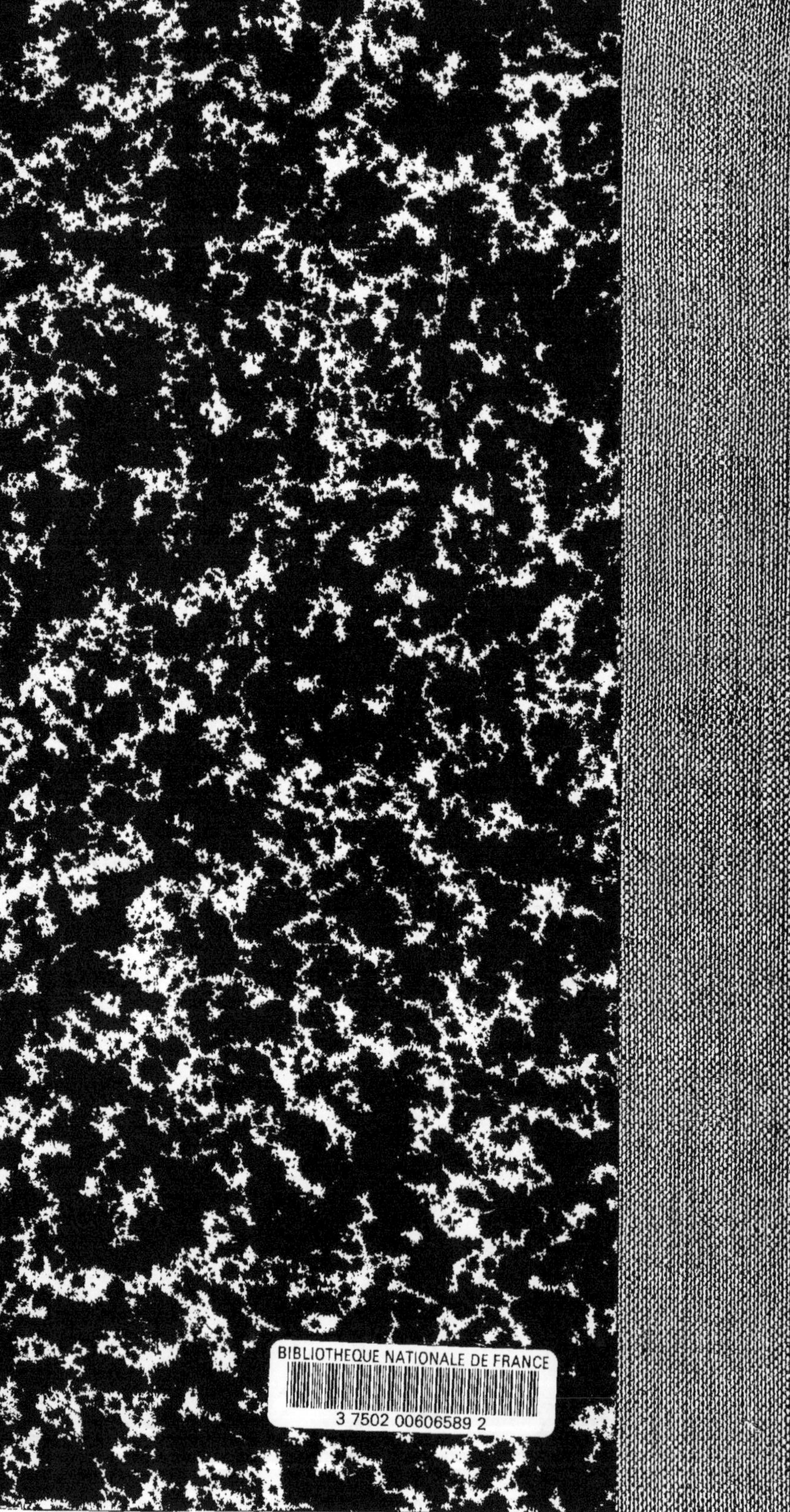

www.ingramcontent.com/pod-product-compliance
Ingram Content Group UK Ltd.
Pitfield, Milton Keynes, MK11 3LW, UK
UKHW012151240726
13966UKWH00002B/263